你的企业离倒闭还有多远

情景案例

案例评点

实战技巧

周锡冰 ⊙ 著

著名财经写作者
财富书坊创始人

深度解析企业倒闭的50个原因

兄弟式合伙，仇人式散场，共苦容易同甘难？
随意做决策，盲目抢上市，企业制度是摆设？

企业管理出版社
EMPH ENTERPRISE MANAGEMENT PUBLISHING HOUSE

图书在版编目（CIP）数据

你的企业离倒闭还有多远 / 周锡冰著 . -- 北京：企业管理出版社，2019.1
ISBN 978-7-5164-1825-3

Ⅰ. ①你… Ⅱ. ①周… Ⅲ. ①企业经营管理 Ⅳ. ① F272.3

中国版本图书馆 CIP 数据核字（2018）第 251561 号

书　　名：	你的企业离倒闭还有多远
作　　者：	周锡冰
责任编辑：	侯春霞
书　　号：	ISBN 978-7-5164-1825-3
出版发行：	企业管理出版社
地　　址：	北京市海淀区紫竹院南路 17 号　　邮编：100048
网　　址：	http://www.emph.cn
电　　话：	发行部（010）68701816　　编辑部（010）68420309
电子信箱：	zhaoxq13@163.com
印　　刷：	三河市聚河金源印刷有限公司
经　　销：	新华书店
规　　格：	720 毫米 ×1000 毫米　　16 开本　　16.25 印张　　279 千字
版　　次：	2019 年 2 月第 1 版　　2019 年 2 月第 1 次印刷
定　　价：	56.00 元

版权所有　　翻印必究　　印装有误　　负责调换

目 录

第一篇 识人无术 ………………………………………………… 1

第一章 兄弟阋于墙：哥们儿式合伙，仇人式散伙 …………… 2
"哥们儿式合伙，仇人式散伙"发端于传统文化 ………… 2
"当你没想清楚N年之后彼此用什么方式分手之前，
不要轻言合伙" ……………………………………………… 7
不是所有"好哥们儿"都能成为"好合伙人" …………… 11
"哥们儿式合伙，仇人式散伙"是梁山式的江湖做法 …… 11

第二章 用人的硬伤：可用之人不可信，可信之人不可用 …… 15
企业里的任人唯亲现象 …………………………………… 15
"有德有才，大胆启用；有德无才，可以试用" ………… 17

第三章 识人无术：关键岗位用错人 …………………………… 23
防范核心员工的风险 ……………………………………… 23
人力资源存在的三个风险 ………………………………… 25
降低企业用人风险 ………………………………………… 27

第二篇 决策就是拍脑袋 ………………………………………… 29

第四章 哪行赚钱做哪行：盲目跟风，一哄而上，一哄而下 …… 30
哪行赚钱就做哪行，其实就是投机心理在作祟 ………… 30
与其选择市场热点，不如寻找市场空白点 ……………… 33

第五章 贪大求全死得快：一味地扩大营运规模 ……………… 35
盲目扩大规模会导致业绩恶化 …………………………… 35
盲目扩大规模等于饮鸩止渴 ……………………………… 37

第六章 盲目多元化：宁可错过一百个项目，也决不放过一个机会 …… 39
盲目多元化的结局只能是失败 …………………………… 39
企业战略必须聚焦，聚焦，再聚焦 ……………………… 43

第七章 房客变房东：盲目进入房地产市场 …………………… 45
盲目进入房地产，企业本身发展面临缺血 ……………… 45
理性回归实业才能真正解决问题 ………………………… 47

I

第八章　过度的增长欲：战略缺乏规划，想到什么就做什么⋯⋯⋯ 50
　　战略管理普遍缺失⋯⋯⋯⋯⋯⋯⋯⋯⋯⋯⋯⋯⋯⋯⋯⋯⋯ 50
　　战略规划的有效性⋯⋯⋯⋯⋯⋯⋯⋯⋯⋯⋯⋯⋯⋯⋯⋯⋯ 54

第九章　决策就是拍脑袋：想到什么就做什么⋯⋯⋯⋯⋯⋯⋯ 56
　　拍脑袋做出重大决策⋯⋯⋯⋯⋯⋯⋯⋯⋯⋯⋯⋯⋯⋯⋯ 56
　　拍脑袋决策已经不再适用⋯⋯⋯⋯⋯⋯⋯⋯⋯⋯⋯⋯⋯ 57

第十章　低端产业没面子：过分迷信高科技，越是高科技的产品
　　　　越能赚钱⋯⋯⋯⋯⋯⋯⋯⋯⋯⋯⋯⋯⋯⋯⋯⋯⋯⋯⋯ 60
　　当今许多科技型企业为什么搞不出名堂？⋯⋯⋯⋯⋯⋯⋯ 60
　　越是高科技的产品越能赚钱，这显然是一个悖论⋯⋯⋯⋯ 62

第十一章　缺乏危机意识：企业形势一片大好⋯⋯⋯⋯⋯⋯⋯ 64
　　将危机对公司的损害尽可能地降至最低⋯⋯⋯⋯⋯⋯⋯ 64
　　居安思危，警觉到明天可能出现的不利因素⋯⋯⋯⋯⋯ 66

第三篇　我是老板，一切都是我说了算⋯⋯⋯⋯⋯⋯⋯ 71

第十二章　项目投资靠神灵：项目投资前焚香拜佛，全凭运气⋯⋯ 72
　　一年企业靠运气，十年企业靠经营，百年企业靠文化⋯⋯ 72
　　投资是一门科学，不是仅凭运气就能成功⋯⋯⋯⋯⋯⋯ 73

第十三章　管理＝集权：我是老板，一切都是我说了算⋯⋯⋯ 75
　　"管理＝集权"主要集中在创业初期⋯⋯⋯⋯⋯⋯⋯⋯ 75
　　"管理＝集权"归根到底还是缺乏制度保障⋯⋯⋯⋯⋯ 76

第十四章　对谁都不放心：大小事情都事必躬亲⋯⋯⋯⋯⋯⋯ 79
　　事必躬亲累死自己，却搞乱企业⋯⋯⋯⋯⋯⋯⋯⋯⋯⋯ 79
　　不敢放权的核心原因还是人的问题⋯⋯⋯⋯⋯⋯⋯⋯⋯ 80

第十五章　重"术"轻"道"：企业制度形同虚设⋯⋯⋯⋯⋯ 83
　　制度形同虚设源于情、理、法⋯⋯⋯⋯⋯⋯⋯⋯⋯⋯⋯ 83
　　制度管理没有下不为例⋯⋯⋯⋯⋯⋯⋯⋯⋯⋯⋯⋯⋯⋯ 85

第十六章　刑不上大夫：制度是员工的制度，老板却例外⋯⋯ 87
　　制度就是老板手上牵的狗，想咬谁就咬谁⋯⋯⋯⋯⋯⋯ 87
　　曹操"割发代首"的启示⋯⋯⋯⋯⋯⋯⋯⋯⋯⋯⋯⋯⋯ 88

第四篇　百本图书治天下 ········· 91

第十七章　有文无化：满嘴管理学词汇，其实只知道用隐形规则主导企业管理 ········· 92
　　清洁工就能让财务总监下课 ········· 92
　　隐形规则具有致命性 ········· 94

第十八章　有公无关：需要什么就送什么 ········· 95
　　危机发生后往往试图隐瞒真相 ········· 95
　　适时地公开真相，增加危机事件的透明度 ········· 97

第十九章　百本管理图书治天下：经管图书满天飞，用无效激励手段激励员工 ········· 99
　　用无效激励手段激励员工还不如不激励 ········· 99
　　中小型民营企业存在的四个激励问题 ········· 101

第二十章　外来的和尚会念经：照搬照抄其他公司成熟的激励制度 ········· 103
　　画虎不成反类犬 ········· 103
　　制定适合公司的激励制度 ········· 104

第二十一章　经验胜过百万雄师：盲目崇拜经验，教条主义严重 ········· 108
　　过度迷信可能就是下一个柯达 ········· 108
　　经验往往是绊脚石 ········· 110

第二十二章　文山会海症：会议召开太频繁 ········· 113
　　开会是为了解决问题，提高效率 ········· 113
　　提升会议效率的十个方法 ········· 114

第二十三章　我们5年内进入世界500强：给企业制定的宏伟目标不切合实际 ········· 116
　　不切实际的宏伟目标是非常危险的 ········· 116
　　制定切合实际的业绩目标最为重要 ········· 118

第五篇　宁愿我负天下人，不愿天下人负我 ········· 121

第二十四章　低估商誉的价值：××品牌倒了，再注册一个就是 ········· 122
　　商誉没有了，就意味着品牌没有什么价值可言 ········· 122
　　商誉价值连城 ········· 124

第二十五章　损害合作者的利益：宁愿我负天下人，不愿天下人负我 ········· 126
　　要在游戏规则的框架内诚信经营 ········· 126

不能损害合作者的利益 ·················· 128
　第二十六章　心态过于失衡：合作伙伴什么都没做，
　　　　　　　凭什么分45%的利润 ·············· 130
　　　合作伙伴什么都没做，凭什么分45%的利润 ······· 130
　　　涉及利益格局和利益分配时，必须要正确对待 ······ 132
　第二十七章　夫妻反目：企业做到一定规模就离婚 ····· 133
　　　婚变可能给企业带来诸多不确定性 ············ 133
　　　企业家的婚变凸显了民企风险管理之殇 ·········· 137
　第二十八章　坐山观虎斗：坐收"诸侯"内斗之利 ····· 139
　　　坐山观虎斗其实是一种伪谋略 ··············· 139
　　　内斗的结果可能不可控 ··················· 140
　第二十九章　钻营又何妨：国家税收的空子不钻白不钻 · 142
　　　逃税漏税的后果就是付出惨重的代价 ·········· 142
　　　"不逃税就倒闭"本身是一个伪命题 ··········· 144
　第三十章　天下唯我独尊：打败所有竞争对手，独霸市场 · 147
　　　挑战别人的人基本上不会长久，终有一天会倒下 ···· 147
　　　商业就不该害怕竞争，害怕竞争就不该做商业 ······ 148

第六篇　在商不言商，我认识谁谁谁 ·············· 151

　第三十一章　企业政治化：在商不言商 ············ 152
　　　做好商业是企业家的本分 ·················· 152
　　　获得政府支持并不等于大谈政治 ············· 153
　第三十二章　关系重于泰山：我认识谁谁谁 ········· 157
　　　贪官倒一个，企业家倒一批 ················ 157
　　　做生意不能凭"我认识谁谁谁" ············· 159

第七篇　有销无营，营销就是靠忽悠 ·············· 161

　第三十三章　明星代言要大腕：名气够响、派头够足，就是
　　　　　　　企业合适的代言人 ················ 162
　　　明星代言既能给企业带来品牌效应，也能带来巨大灾难 ·· 162
　　　明星代言存在大量的负面因素 ··············· 165
　第三十四章　有销无营：急功近利求业绩，闭门造车论营销 ··· 167
　　　营销不等于策划，也不等于忽悠 ············· 167

消费者比营销专家更有话语权·················169
第三十五章　打个擦边球：做广告时偶尔触及法律的红线·········171
　　过分追求创意的新奇而忽略广告的法律限制·············171
　　广告创意应规避营销风险························173

第八篇　不惜一切代价上市·························175

第三十六章　迎合风险投资家：在引进风投时失去对公司的控制权·····176
　　不能在资本层面失去对企业的控制权·················176
　　外资不会控制阿里巴巴，自己会掌控阿里巴巴的未来·········177
第三十七章　不惜一切代价上市：企业的终极目标就是上市·········179
　　不惜一切代价上市简直就是拔苗助长·················179
　　上市要根据自身条件，还要坚持循序渐进···············182
第三十八章　别人的钱不用白不用：从创业第一天起就开始想着融资···185
　　不要从创业第一天起就想着融资·····················185
　　企业老板要善用"他人的钱"·······················186
第三十九章　缺乏长远规划：用短期借款搞固定资产投资··········189
　　固定资产投资存在不确定性或风险性·················189
　　租赁闲置厂房、设备比用短期借款搞固定资产投资风险要小···191
第四十章　财务报表睡大觉：财务紊乱，资金断流·············193
　　不懂财务就可能失去对项目风险的控制···············193
　　提升中小企业的财务管理能力······················197

第九篇　把飞机引擎装在拖拉机上·····················201

第四十一章　一山二虎：核心团队非互补组合···············202
　　核心团队中不能个个都是孙悟空·····················202
　　最好的创业团队是唐僧团队························203
第四十二章　明星团队就是成功保证：创业时期就重金引进
　　　　　　明星团队····························206
　　创业公司不能引进明星团队························206
　　绝对不要迷信 MBA 团队··························208
第四十三章　把飞机引擎装在拖拉机上：盲目引进世界 500 强
　　　　　　企业的职业经理人······················210
　　适合岗位的人就是人才···························210

飞机引擎装在拖拉机上还是拖拉机……………………………………… 211

第十篇　老板总是对的…………………………………………… 213

第四十四章　老板总是对的：把责任尽可能推卸到员工身上………… 214
老板总是对的，其实就是帝王思想在作祟…………………………… 214
对于任何人，责任都必须止于此………………………………………… 216

第四十五章　员工是螺丝钉：我雇用了他，放到哪里我说了算……… 218
员工就是螺丝钉，哪里需要在哪里……………………………………… 218
把员工当作个人，而不是机器中的螺丝钉…………………………… 221

第四十六章　心理契约的空中楼阁：给员工的承诺都是镜花水月…… 223
空头承诺可能激化员工和企业的矛盾………………………………… 223
许多中国企业老板常常忽略员工关系管理…………………………… 225

第四十七章　工作错误零容忍：不能容忍员工犯任何一个错误……… 227
工作错误零容忍，禁锢员工创新思维…………………………………… 227
尽可能地容忍员工所犯的错误…………………………………………… 229
摒弃传统的"成王败寇"管理模式……………………………………… 230

第四十八章　惯以成败论属下：企业老板进步了，
　　　　　　　团队和员工拖后腿………………………………… 232
"成王败寇"的思维模式过于僵化………………………………………… 232
优秀企业需要容得下"歪瓜裂枣"……………………………………… 234

第四十九章　员工就是包身工：从不尊重员工，不打不骂不成才…… 238
随意践踏员工人格和尊严的管理模式已经过时……………………… 238
尊重员工才符合当下的管理潮流………………………………………… 239

第五十章　不懂得分享：功劳是自己的，苦劳都是员工的…………… 241
独占功劳会打击员工的积极性…………………………………………… 241
把功劳尽可能让给员工…………………………………………………… 243

参考文献………………………………………………………………… 245

后　记…………………………………………………………………… 247

第一篇 识人无术

虽有贤才，苟不适于用，不逮庸流。……当其时，当其事，则凡材亦奏神奇之效。否则龃龉而终无所成。故世不患无才，患用才者不能器使而适用也。

——晚清重臣 曾国藩

第一章

兄弟阋于墙：哥们儿式合伙，仇人式散伙

> 所有的合伙创业最终都以分手告终，扯皮散伙、反目成仇、分道扬镳、和平分手，从此相忘于江湖，兄弟般合伙、仇人般散伙，必有一款适合你。当你没想清楚N年之后彼此用什么方式分手之前，不要轻言合伙。
>
> ——碳9加速器创始人 冯新

"哥们儿式合伙，仇人式散伙"发端于传统文化

在纷繁复杂的商业世界里，唯有团队方能制胜，这似乎成为亘古不变的真理。2013年，由陈可辛执导的《中国合伙人》掀开了"合伙人机制"的盖头。

《中国合伙人》讲述了创业者成东青、孟晓骏和王阳三人白手起家，共同创办"新梦想"英语培训学校的商业故事。

笔者看完《中国合伙人》这个商业故事时陡然发现，黄晓明饰演的成东青，其人物原型就是新东方创始人俞敏洪，甚至很多故事情节都取自"新东方"三位创始人俞敏洪、徐小平和王强的真实创业故事。

电影《中国合伙人》的公映或许超出俞敏洪的预料。俞敏洪曾在博客中写道："我坚决反对把新东方搬上银幕，所以现在和未来这部电影和我都没有关系。……总是不自觉地在对照自己和成东青，所以就没有了审美距离。……成东青在电影中展示的个性，包括孟晓骏、王阳展示的以徐小平和王强为原型的个性，则和现实中的我们大大不同。现实中我的个性没那么窝囊，也不是一个'把演讲当作自己性生活'的人。"

虽然俞敏洪撇清了《中国合伙人》中成东青与自己的关系，但是一个不容忽视的现象是，该电影激活了中国合伙人制。从新东方的"三驾马车"到阿里巴巴的"十八罗汉"，从巨人的"四个火枪手"到小米科技的"八个拓荒者"……尤其是当俞敏洪、马云、史玉柱、雷军等企业家相继爆红之后，不管是创业企业，还是声名显赫的传统名企，"合伙人机制"已经成为当下管理

界的热点。

不可否认的是，合伙人制度的爆红，其实是中国创业者在创业和经营过程中的一次尝试，他们想以此为基础来打造百年老店。然而，往往是理想很丰满，现实却很骨感，因为创业企业能够基业长青和永续经营的寥寥无几。笔者在采访和给一些企业老板做培训的过程中发现，要想实现基业长青和永续经营这样的梦想，可谓"难于上青天"。

可能读者会问，这是为什么呢？这主要源于中国的传统文化。中国传统文化倡导儒家的"五常"——"仁、义、礼、智、信"。在这样的文化熏陶下，中国人时刻把这"五常"作为做人、经商的训条。客观地讲，中国人重感情、讲义气，这的确是一种传统美德。在儒家"五常"文化中，把"义"列在"仁"之后，足以看出"义"在中国古代传统文化中的分量。

当然，今天的中国人虽然早已打破了封建社会的精神桎梏，接受了中国现代的系统教育，但是骨子里潜藏的儒学传统却不可能被全部遗忘。在很多论坛上，一些企业家高调地呼吁"仁、义、礼、智、信"的回归。

据资料显示，中国中小企业已经达到5000万家。在这样的情况下，众多中国企业创始人将"重感情、讲义气"这种"美德"带到了企业经营中。在一些小圈里聚会时，笔者目睹了"托孤"时的互助。2004年底，笔者受某企业创始人H邀请，给该企业撰写商业案例。

在该企业调研期间，H让笔者参加了他们的聚会。在聚会上，一个企业家对H说："兄台，如果哪天我的企业倒了，各位赞助10万元来给我那个熊孩子完成学业。当然，如果在座的各位遇到同样的问题，我赞助20万元。"

在聚会上，该企业家泪流满面，推杯换盏，直言说道："在家靠父母，出门靠朋友"。研究发现，在中国的商业图景中，互助是固有的一种文化现象，传统的商帮文化中就有抱团现象。基于此，在中国5000万家创业企业中，三五好友聚集，一番热血涌动之后就开始创业的企业老板不在少数。

创办初期，企业的凝聚力是最强的，因为创业伙伴的目标都是一致的——赚钱。在这个目标下，创业伙伴都会同心协力，同甘共苦，努力将创业企业的规模做大。然而，当创业企业规模做大之后，当初"重感情、讲义气"式的友谊就开始出现裂痕，内讧开始产生，利益纠纷开始出现。一旦创业企业出现这样的问题，那么离倒闭就不远了。

事实证明，很多创业企业由于经不起"兄弟阋于墙"的折腾，最终倒在了本来可以高速成长的路上。例如，2005年，雷士照明遭遇股东分家，其危机为后来直接引爆创始人吴长江出局埋下伏笔。虽然此事件早已过去，但至今依然让后来人心有余悸。①

被称为照明行业"三剑客"的吴长江、胡永宏、杜刚，他们都是重庆人，而且还是高中同窗，其中吴长江为班支书，胡永宏为班长。

1984年，吴长江、胡永宏、杜刚三人以优异的成绩分别考入西北工业大学、四川大学、华南理工大学。

由于吴长江、胡永宏、杜刚三人上的大学各不相同，大学毕业后，三人的工作地点自然也就各异——吴长江被分配到陕西汉中航空公司、杜刚被分配到国有企业惠州德赛电子、胡永宏则被分配到成都彩虹电器集团。

1992年，邓小平南方谈话以后，中国创业更是迎来了燎原之势。不甘落寞的吴长江看到越来越多的人加入创业队伍，心中更是踌躇满志。

其后，吴长江从陕西汉中航空公司辞职。不久，吴长江辗转南下广东，加盟了位于广州番禺的一家名为雅耀电器的港资灯饰企业。

1993年底，吴长江毅然从雅耀电器辞职，并筹划创业，创业项目就是围绕照明行业。当然，吴长江没有把创业地点选择在番禺，而是选择在惠州，因为他有着自己的盘算。当时，吴长江的高中同学杜刚已经升任惠州德赛下面一家二级公司的副总经理。吴长江前往惠州创业，起码有同学照应。

1994年，杜刚邀请了三位德赛的老总，而吴长江则邀请了大学校友王戎伟，六个创业伙伴每人出资15000元，总共募集了10万元创业资金，成立了惠州明辉电器公司，专做电子变压器的代工生产业务。

惠州明辉电器公司创办当年就盈利100余万元。但是，因股东数量太多，战略分歧过大，一年之后的1995年，创业伙伴决定卖掉惠州明辉电器公司，每个创业伙伴分得30多万元。

惠州明辉电器公司卖给了给吴长江他们订单的港商，而港商又把吴长江返聘为该公司总经理，并且答应给予吴长江15%的股份。该港商则在中国香港成立贸易公司，把明辉电器的产品卖到海外。但是吴长江后来发现，香港老板承诺他的15%的股份几乎拿不到分红，原因是该公司的利润都转到香港贸易公司去了，内地这边的公司压根就赚不到钱。

几年之后，吴长江离开了该企业。其后，吴长江找到了高中同学胡永宏，并说明创业的方向。胡永宏所在的成都彩虹电器集团从事的是小家电行业，而且胡永宏毕业十年来一直在营销岗位上工作。

相比胡永宏，吴长江更擅长工厂管理，但如果做自主品牌，仅仅有工厂

---

① 一凡.照明企业：合资办企不能光靠讲义气[N].古镇灯饰报，2009-08-28.

管理的能力显然还是不够的。所以，胡永宏的市场营销经验就成为吴长江所急需的。

1998年底，由吴长江出资45万元，而他的另外两位同学杜刚与胡永宏各出资27.5万元，以100万元的注册资本在惠州创办了雷士照明。

从雷士照明的股权结构来看，吴长江是雷士照明的第一大股东，持股占比45%，而相对两位同学杜刚与胡永宏的合计持股55%来说，吴长江又是小股东。

雷士照明正是在这种"有控制权，但又被制约"的股权结构中，被作为同窗的"三剑客"合力迅速做大。雷士照明创办的第一年，其销售额达到3000万元，此后每年以近100%的速度增长。

随着雷士照明的做大，从2002年开始，雷士照明的事情正在起变化，雷士照明股东之间的心态也开始悄然转变，裂痕随即产生。

在雷士照明中，吴长江担任总经理，负责雷士照明的全面运营。在对外合作中，吴长江代表雷士照明。因此，其他两位股东杜刚与胡永宏认为自己的功劳被忽略了。

于是，掌管雷士照明销售业务的胡永宏开始越位干涉雷士照明的企业经营，原本只需向总经理吴长江汇报的事情，胡永宏也以股东身份要求职业经理人向其汇报，并且单方面下达他的指示。胡永宏的举动造成一旦雷士照明的股东意见不一致，雷士照明的职业经理人将无所适从。

随着雷士照明局势的恶化，但凡雷士照明开会，常常是股东一方提出新的建议，另一方表示反对，致使雷士照明的会议无法正常进行。

不仅如此，杜刚与胡永宏认为，一旦这种情况持续下去，雷士照明将无法持久经营，于是提出只要雷士照明有收入就马上分红。

在日后的分红中，由于吴长江的股份相对于杜刚与胡永宏而言，个人股份较多一些，因而所分得的现金也较其他两位股东多。这就使得其他两位股东的心理进一步不平衡，于是他们要求分红必须一致。

经过一番交涉，吴长江把自己的股份向其他两位股东杜刚与胡永宏分别转让5.83%。于是吴长江、杜刚、胡永宏三人的股份形成33.34%、33.33%、33.33%的均衡状态，三位股东在雷士照明的工资、分红也完全均等。

然而，尽管股东股份均等的问题解决了，但是三位股东的关系却并未因此而改善。2005年，随着雷士照明销售渠道的改革，三位股东的矛盾全面爆发，杜刚与胡永宏激烈反对吴长江的改革方案。

吴长江当时采取了一个"以退为进"的策略。由于吴长江负责雷士照明的全面管理和经营，如果自己离开，杜刚与胡永宏是"玩不转"雷士照明的。吴长江向杜刚与胡永宏提出，吴长江出让自己所有的股份给杜刚与胡永宏，分走8000万元现金并彻底离开企业。杜刚与胡永宏欣然同意，随即签署协议。

然而，让杜刚、胡永宏没有想到的是，当吴长江离开雷士照明还不到一周时间，雷士照明就遭遇全体经销商的纷纷讨伐——要求吴长江重掌企业，杜刚与胡永宏被迫各拿8000万元彻底离开雷士照明。

在这一"赌局"中，吴长江"以退为进"的策略最终赢得胜利，而且付出的成本低于预期。有媒体报道说，如果不是吴长江"以退为进"的策略，要想让杜刚与胡永宏顺利离开，吴长江付出的成本远不止1.6亿元。

事实上，尽管股东问题相对来说被妥善解决了，但是留给吴长江的雷士照明依然前途暗淡。在雷士账上，已经没有足够的现金支付杜刚与胡永宏离开的股东款了。

经过协商，最终达成一个折中方案，就是杜刚与胡永宏先各拿5000万元，剩余款项半年内付清。当吴长江兑现给杜刚与胡永宏1亿元的股东款后，雷士账上几乎变成"空壳"，资金问题直接横亘在吴长江面前，且面临的真正挑战才刚刚开始。据吴长江自己称，从2005年底到2006年的下半年，他唯一做的事情就是找钱，其他的一概不管。[①] 正因为如此，为后来被踢出局埋下了隐患。

在中国，"合伙的生意做不长久"的观点深得古今商人阶层的认同。研究发现，同学、好友合伙创业绝大多数是"有善始，无善终"，即哥们儿式合伙，仇人式散伙。

当然，相对好一点的结局就是分道扬镳，各自独立经营自己的公司。相反，最糟糕的结局是兄弟反目成仇，对簿公堂，最终将创业企业推下山崖。

客观地讲，创业企业股东之间的矛盾向来是公说公有理，婆说婆有理。在雷士照明这个案例中，吴长江与另外两位股东之间究竟孰是孰非，至今依然是一个谜团。

真实的问题是，雷士照明被两位股东抽走了1亿元资金后，面临资金链断裂而轰然倒地的风险。几经努力，雷士照明的城池得以保住，但是吴长江却为此付出了1.6亿元的巨额代价。对此，吴长江在接受媒体采访时叹道："你身上背着黄金，掉进了水里，你要是不丢掉黄金，你的命就没有了。当时企业非常危险，我只有丢掉'黄金'，将企业牢牢抓在手里。"

---

① 苏龙飞.雷士照明：资本猎手之间的博弈[J].经理人，2010（12）.

在吴长江看来，将雷士照明牢牢地抓在手里，比支付 1.6 亿元资金更为重要。根据双方签订的协议，吴长江必须支付给杜刚与胡永宏每人 8000 万元总共 1.6 亿元的股权转让金。

在当时，1.6 亿元的股权转让金对于吴长江来说，不仅数目庞大，而且有时间限制。吴长江需要在一个月内给杜刚与胡永宏每人 5000 万元总共 1 亿元的资金，而余款 6000 万元也必须在半年内全部支付。

协议签订两天后，杜刚与胡永宏两位前股东的律师又给吴长江一纸补充协议，提出一旦吴长江不能按期支付，杜刚与胡永宏则会拍卖他的股份和品牌。

当雷士照明命悬一线时，很多学者和媒体记者想到了曾经的爱多 DVD。当年，就是因为一场股权风波，爱多 VCD 被股东抽走了 5000 万元，导致资金链断裂而轰然倒地。

对于此刻的吴长江来讲，此次雷士照明所遭遇的危机更为甚之。经过一系列的拯救，尽管当时吴长江赢得了胜利，但也为自己日后与阎焱的对决，以及与王冬雷的决裂埋下了祸根。

在其后的股权之争中，吴长江直接出局。2016 年 12 月 21 日，香港上市公司雷士照明（中国）有限公司原法定代表人、董事长吴长江因挪用资金罪、职务侵占罪，被判处有期徒刑 14 年。这样的结局意味着，山城汉子吴长江就此陨落。

2017 年 3 月，雷士照明公布 2016 年财报，全年收入 38.06 亿元，录得利润 1.78 亿元，较 2015 年度（1.27 亿元）同比增长 39.80%。

此刻，身在狱中的吴长江或许感到欣慰，因为自己一手打造的雷士照明尚在盈利。只不过要想重新进入雷士照明，那只能等到 14 年后，届时吴长江已年满 63 岁，其翻盘的可能性依然有，但是却很小。

"当你没想清楚 N 年之后彼此用什么方式分手之前，不要轻言合伙"

吴长江的悲歌虽然已尘埃落定，但是新的创业者因为合伙人问题，再次把合伙人制度聚焦在媒体的头条上。

2017 年的某天，一篇讲述合伙创业七年而被净身出户的文章[1] 瞬间刷爆

---

[1] Emily Liu. 就算老公一毛钱股份都没拿到，在我心里，他依然是最牛逼的创业者[EB/OL]. https://mp.weixin.qq.com/s/C5aDa0pzoUGk6_4q-qKCaQ?, 2017-02-22.

朋友圈，摘录如下：

今天，初春的北京下起了雪。老公八点多回家的时候说，跟CEO谈股份谈崩了，如果走的话就是净身出户，留下来的话就是继续拿每个月的死工资。7年的创业，最后就是这样。

我一下子不知道该跟他说什么了，一时间想起了太多的事。

四年前认识我老公的时候，我就知道他在创业。当时我们都在苏州街上班，我在神州数码大厦，他在维亚大厦，我俩上班只隔着一条街。认识他的时候，他说已经创业第三年了，他们公司有三十来个人，做手机游戏。他说他是公司的第二个员工，算是联合创始人，负责技术。我记得我们第一次见面的时候聊得全是APP推广，当时刚学着做APP推广的我，听着他讲各种渠道如何推广、如何谈框架的时候，感觉真的是崇拜极了。

尽管老公当时没车也没房，可我那个时候就想找个创业的，感觉创业似乎代表着无限的可能，当然心里多少有点期望有朝一日他们公司上市分个几百万然后去环游世界。可说心里话，我好像就是特别喜欢他敲代码的样子，喜欢他的实在和幽默，虽然正脸侧脸都一样坑坑洼洼，但就是感觉特别可爱。

在潮水般的评论中，绝大多数的网民同情这位被净身出户的创业者，甚至有网民称要人肉该游戏公司，让CEO知道民意的力量。

在一边倒地同情这位被净身出户的创业者时，也有理性的诉求在传达，其中一条评论是这样的：

你在这家公司创业七年，有这么多次学习股权和公司架构的机会，为什么不提前避免风险，而一拖七年？这样作为创业人，面对如今已经壮大的公司，面对这么多员工，哪里有作为创业人的责任感呢？

虽然这样的批评有点残忍，有些事后诸葛亮，但是何尝不是呢？作为创业者必须清楚，合伙创业绝对不是自己一个人的事情，也不是和朋友之间意气相投的一时冲动。一旦确定与朋友合伙创业，就必须清楚自己经营企业的责任，同时要为所有员工负责，毕竟这不是小孩子玩游戏。

基于此，在这个合伙打天下的创业时代，作为创业者，首要需要撇开自己的感情，撇开自己的热血和冲动，完善合伙创业的基本规则，否则，净身出户这样的悲剧注定要发生。

2013年，电影《中国合伙人》的公映迎来了中国合伙人创业的时代，合伙人制度也风靡大江南北。电影里有段经典台词："千万别跟丈母娘打麻将，千万别跟想法比你多的女人上床，千万别跟好朋友合伙开公司。"在电影的最后，三个合伙人最终还是分道扬镳，没能避开从兄弟式合伙到仇人式散伙的路径。

在中国传统的人际关系中,"千万别和好朋友合伙创业"的告诫由来已久,这不仅适用于合伙创建一个小企业,而且适用于大企业。如新东方的"三驾马车"、万通六兄弟、柳传志与倪光南等,都是曾经的好兄弟、好哥们儿,但是当经营战略发生冲突时,还是会剑拔弩张,甚至分道扬镳。

基于此,对于创业者来说,合伙创业真的很难。对于那些即将合伙创业的创业者而言,只有找对合伙人,才能真正地众人拾柴火焰高。一旦找错了合伙人,辛苦创建的企业可能分崩离析,顷刻倒闭。

在合伙创业时,从合伙到散伙可能只是一步的距离。创业者既要运用自己的经营智慧,更要提升自己的胸怀和格局。

2014年,阿里巴巴在美国成功上市,由此把阿里巴巴的合伙人制度聚焦在媒体的头版头条。

阿里巴巴的合伙人制度到底是什么呢?所谓阿里巴巴高层合伙人制度,其实就是公司章程中设置的提名董事人选的特殊条款,即由一批被称作"合伙人"的人,来提名董事会中的大多数董事人选,而不是按照持有股份比例分配董事提名权(合伙制的法律规定)。阿里巴巴合伙人名单如表1-1所示。

表1-1 2014年阿里巴巴合伙人名单

序号	姓名	年龄	性别	加入阿里巴巴（或关联公司）的时间	职务
1	程立	39	男	2005	小微金服集团,首席构架师
2	戴珊	37	女	1999	阿里巴巴集团首席客户服务官
3	樊路远	41	男	2007	小微金服集团,副总裁
4	胡晓明	44	男	2005	小微金服集团,首席风险官司,阿里小贷风险官
5	蒋芳	40	女	1999	阿里巴巴集团副总裁
6	姜鹏	40	男	2000	阿里巴巴集团副总裁
7	井贤栋	41	男	2007	小微金服集团,首席财务官
8	金建杭	44	男	1999	阿里巴巴集团资深副总裁
9	刘振飞	42	男	2006	阿里巴巴集团副总裁
10	陆兆禧	44	男	2000	阿里巴巴集团首席执行官
11	马云	49	男	1999	集团董事局执行主席
12	彭蕾	40	女	1999	阿里巴巴集团首席人才官,兼任小微金服集团首席执行官

续表

序号	姓名	年龄	性别	加入阿里巴巴（或关联公司）的时间	职务
13	彭翼捷	35	女	2000	小微金服集团，副总裁
14	邵晓锋	48	男	2005	阿里巴巴集团首席风险官
15	Timothy A. Steinert	54	男	2007	阿里巴巴集团总法律顾问
16	童文红	43	女	2000	菜鸟首席运营官，资深副总裁
17	蔡崇信	50	男	1999	集团董事局执行副主席
18	王坚	51	男	2008	阿里巴巴集团首席技术官
19	王帅	39	男	2003	阿里巴巴集团首席市场官
20	吴敏芝	38	女	2000	阿里巴巴集团副总裁
21	武卫	45	女	2007	阿里巴巴集团首席财务官
22	吴咏铭	39	男	1999	阿里巴巴集团资深副总裁
23	俞思瑛	39	女	2005	阿里巴巴集团副总裁
24	曾鸣	44	男	2006	阿里巴巴集团首席战略官
25	张剑锋	40	男	2004	阿里巴巴集团副总裁
26	张勇	42	男	2007	阿里巴巴集团首席运营官
27	张宇	44	女	2004	阿里巴巴集团副总裁
28	蔡景现	37	男	2000	阿里云技术团队高级研究员
29	倪行军	37	男	2005	小微金服行业产品部研究员
30	方永新	40	男	2000	阿里人力资源总监

阿里巴巴合伙人是如何选出来的？在回答这个问题之前，我们来看看，成为阿里巴巴合伙人必须满足哪些硬条件。首先，必须在阿里巴巴工作五年以上，具备优秀的领导能力，高度认同阿里巴巴的公司文化和价值观。当选后的阿里巴巴合伙人并无任期的限制，直到该合伙人从阿里巴巴离职或退休。对于合伙人在集团事务决策中权力大小的问题，马云并未具体透露。通过前三批28位阿里巴巴合伙人选举的过程，阿里巴巴认真研讨了合伙人章程，对每一个新入选的合伙人都经过激烈的争论，积累了很多经验。

在这里，值得读者注意的是，阿里巴巴所称的合伙人的权责是有限的，他们并不能直接任命董事，所提名的董事仍须经股东会投票通过后才获任命。

阿里巴巴集团强调，上述制度的出发点并非单纯基于商业的考量，而是源自公司对自身体系变革和制度升级的需要。但不可否认的是，阿里巴巴集团制定合伙人制度的终极目的还是在于更好地控制阿里巴巴这家公司的主导权。这就是阿里巴巴最终放弃在香港上市的根源所在。

不是所有"好哥们儿"都能成为"好合伙人"

作为创业者，要想使自己的创业企业基业长青，就必须避免中国创业模式中那种常见的聚散模式——"哥们儿式合伙，仇人式散伙"。研究发现，诸多创业企业之所以失败，并不是因为竞争对手的问题，而是因为合伙人可以共患难，却难以同享富贵。

在创业时期，合伙人都有一个共同的目标，即如何让企业发展壮大起来。此时合伙人们不怕艰苦，不计较个人得失，只要企业能够快速发展，自己在什么职位都不在乎。一旦企业做到某种规模，尤其是初创企业走上正轨时，合伙人之间的问题也就显现出来了。此时，他们关注的不再是艰苦奋斗，而是"排座次，分金银，论荣辱"。由于剑拔弩张，内耗不止，创业企业四面楚歌。由此看来，中国式合伙创业失败的原因压根就不是合伙人之间的兄弟情义，而是创业者合伙创业的方式——"哥们儿式合伙"。

为什么说在合伙创业中，"哥们儿式合伙"是合伙人创业的大忌呢？原因是"哥们儿式合伙"仅凭着兄弟之间的感情和义气，这样的创业方式掺杂着太多私人的因素。当初创建企业时，彼此把对方当作好哥们儿，这就使合伙创业者压根没有把自己的身份定位好，一旦没有把自己定位成"合伙人"，就可能没有制度约束。"无规矩不成方圆"，一旦企业没有完善的制度，基业长青和永续经营就是一句空话。

对此，史玉柱坦言："建立合伙人团队是一个庞大的系统工程，是办企业第一重要的因素。"客观地讲，"哥们儿式合伙"在创业初期，其中的隐患是不太显眼的，但是一旦初创企业的资产达到一定规模，缺乏完善制度的弊端也就无限地显露出来。最终，只能上演"兄弟阋于墙"的悲剧。

"哥们儿式合伙，仇人式散伙"是梁山式的江湖做法

江湖文化是中国文化在演变中衍生出来的一个非常奇特的现象。不管是唐朝诗人李白，还是梁山泊首领宋江，都把江湖侠文化演绎得博大而又神秘。但一旦把这种文化沿袭到商业经营中，那么必然使企业遭遇重大危机，甚至

企业可能因此倒闭。

很多著作推崇水泊梁山，但我们研究后发现，梁山最终的失败是必然的。在梁山的创业伙伴中，很多是被贪官污吏逼反的，他们对朝廷可以说是恨之入骨。然而，梁山首领宋江一直把招安视为梁山的最终战略目标，这样最终的失败就在情理之中。

宋江为什么要招安呢？在《水浒传》中，宋江由于仗义疏财，得到了江湖好汉的尊崇和照顾，如戴宗和李逵。但宋江不得志，醉酒后在浔阳楼墙壁上题了一首诗："心在山东身在吴，飘蓬江海谩嗟吁。他时若遂凌云志，敢笑黄巢不丈夫。"宋江敢把自己与黄巢相比，甚至一度认为自己比黄巢更加有志气、有见识，一旦得志，自己绝对会比黄巢拥有更大的影响力。

宋江没有想到的是，该诗被定性为反诗，江州知府蔡京的儿子蔡九为此直接将宋江判处死刑。正当准备行刑时，梁山泊的各路英雄好汉在智多星吴用的筹划下，大闹江州法场，同时劫走了宋江、戴宗。事后，二十九位英雄聚会在江州白龙庙，迫不得已的宋江就这样加入了梁山泊。由于此前的好名声，宋江坐上了第二把交椅。

尽管宋江最终还是走上梁山，但他骨子里依然追求报效朝廷。这样的初衷决定了创业合伙人宋江不可能跟其他英雄一样。这就是宋江推行一条彻头彻尾的投降主义路线的真正原因。

从宋江所写的诗可以看出，他还是很有抱负的，但是父亲的反复交代让宋江彻底放弃了革命，从而树立起忠君报国的思想。经过慎重考虑后，宋江还是接受了"修身，齐家，治国，平天下"的儒学逻辑。基于此，宋江那点反叛意识就这样"投降"了，也就是说，宋江从来没有真正地想要彻底革命、彻底推翻赵宋王朝。

在各种利益的交织下，宋江热衷招安，等待招安，迫不及待乞求招安。在招安这条战略路线中，很多英雄不愿意被招安。然而，他们只能屈从于宋江，这就为日后的战略冲突留下了隐患。封建礼教中时常宣扬"忠义"思想，由于各自对"忠义"的解读不一样，导致战略分歧越来越大。有人在《梁山好汉为什么会失败》一文中分析道：

《水浒传》里有些头领是不愿意被招安的，然而他们仍然屈从于封建礼教中宣扬的所谓"忠义"。宋江"忠义"于腐朽的朝廷，"忠义"于封建专制，企图把已经十分尖锐的、不可调和的农民和地主之间的阶级矛盾竭力地抚平，而他们"忠义"的却是热衷于搞投降的宋江。每次激烈的争辩中，他们总是被宋江那张巧舌如簧的嘴里吐出的看似是战略和策略性的言论，以及封建统治者为了维系其统治大肆向人们灌输的封建"忠义"柔和地压制下去。因此，在《水浒传》里就形成了"宣传投降就是忠义，忠义就必须投降"的荒谬理论。反对者立场不坚定，虽然不像宋江那样铁了心地想招安，却碍于所谓的兄弟义气，最后总是唉声叹气，有的闭口不谈，有的以哄堂大笑来收回自己明正确的言论，导致最后的"被投降"。最终这场轰轰烈烈的农民革命草草了事，惨淡收场。①

在梁山上，"任何政治斗争都基于一定的经济利益，梁山泊聚义也具有明确而具体的经济目的。作为聚义领袖的宋江用拜金主义指导梁山泊聚义，使拜金主义浸透了梁山军的政治理想，损害了梁山军领袖的权威性，削弱了梁山军的战斗力，最终使整个聚义军深深淹没在拜金主义祸水中而彻底灭亡。"②

梁山这个案例警示每一个企业老板，要想使自己所经营的企业基业长青，在创建企业时，必须选择一些与自己价值观相同的创业伙伴，否则，"哥们儿式合伙，仇人式散伙"的问题就很难避免。

对此，大唐帝国的开拓者唐太宗李世民的经验值得借鉴。在《资治通鉴》里，就有唐太宗关于选择创业伙伴的言论：

上令封德彝举贤，久无所举。上诘之，对曰："非不尽心，但于今未有奇才耳！"

上曰："君子用人如器，各取所长。古之致治者，岂借才于异代乎？正患己不能知，安可诬一世之人！"

德彝惭而退。③

这段话的大意是：唐太宗下旨让宰相封德彝举荐能人异士，可是让李世民困惑的是，过了很久封德彝也没有推荐一个有才能的人。于是李世民就责问封德彝为什么没有举荐。封德彝回答说："不是我没有去尽心找，而是当今大唐帝国的确没有杰出的人才。"

李世民了解了封德彝的想法后说："在用人这个问题上，其实跟使用器物的道理是一样的，每一种东西都要选用它的长处，避免它的短处。古来能使国家达到大治的帝王，难道是向别的朝代去借人才来用的吗？我们只是担心自己不能识人，怎么可以冤枉当今一世的人呢？"

封德彝听了唐太宗的话，惭愧地走了。

李世民的观点是正确的，要想让大唐帝国千秋万代，就必须有人才，得人才者，方可得天下、安天下、治天下。在李世民看来，封德彝之所以没有选拔出人才是因为缺乏赏识人才的能力，而并非大唐帝国无才俊。在李世民

---

① 铁血社区.梁山好汉为什么会失败[EB/OL]. http://bbs.tiexue.net/post_6599332_1.html, 2008.
② 沈端民.拜金主义："梁山聚义"失败的根本原因[J].湖南财政经济学院学报, 2011（3）.
③ （宋）司马光.资治通鉴[M].北京：中华书局, 2009.

的管理团队中,就有善谏的魏徵、长于谋划的房玄龄、敏于决断的杜如晦等。

李世民用人如器,用其所长,为一大批人才提供了施展才华的舞台,从而为成就李世民的帝王之业和贞观之治打下了坚实的人才基础。正如司马光在《资治通鉴》里所言:"夫聪察强毅之谓才,正直中和之谓德。才者,德之资也;德者,才之帅也。云梦之竹,天下之劲也;然而不矫揉、不羽括,则不能以入坚。棠溪之金,天下之利也;然而不熔范,不砥砺,则不能以击强。是故才德全尽谓之'圣人',才德兼亡谓之'愚人';德胜才谓之'君子',才胜德谓之'小人'。"

在司马光看来,唯才、唯德都有失偏颇,只有德才兼备,才是应持有的用人观。既然唯才、唯德都有失偏颇,那么企业老板如何才能选择理想的创业伙伴呢?对此,业内专家认为,以下几点值得创业者学习和参考(见表1-2)。

表1-2 选择理想的创业伙伴的三个标准

标准	具体内容
人品好是必要条件	在企业经营过程中,选择人品好的合作伙伴是保证企业生存和发展的必要条件。ZCOM智通无限科技有限公司创始人坦言:"更多品质要在遇到困难和压力时才能体现出来。因此,选择创业伙伴时,有时自己的感觉比理性判断更加重要。要坦诚,要正直,如果创业合作伙伴品质有问题,公司一定走不远。"ZCOM四个创业合伙人,至今没有因为个人利益而出现过争执
志同道合是基础	在创业和经营过程中,选择志同道合的合作伙伴是保证战略一致的关键因素。这为统一战略的方向打下了基础。在《水浒传》中,宋江和其他英雄由于在招安问题上存在巨大分歧,尽管有情义在维持,但是最终还是大厦将倾
有韧性、开放的心态和非常强的执行力	在创业和经营过程中,可能面对许多想象不到的困难,这就需要选择有韧性、开放的心态和非常强的执行力的合作伙伴。对此,360公司创始人周鸿祎认为:"选择投资对象和合作伙伴,最重要的是要有韧性;其次是要有开放的心态和有非常强的执行力。有的人有激情,但激情了三天,碰到了困难就放弃了。而有韧性持之以恒的人才能获得成功,所以这是第一位的。在互联网上要不断地学习听取别人的建议,不断地调整和变化,故步自封不愿意改变的团队是不会成功的。企业最终是天使还是魔鬼都在细节之中,特别是创业的公司,只有卷起袖子做事的人,才可以做好创业的企业。"[1]

---

[1] 李冰心.周鸿祎:选择伙伴韧性比激情更重要[N].中国青年报,2007-04-30.

第二章

用人的硬伤：可用之人不可信，可信之人不可用

> 我历来相信，一个不招人妒的人是没有能力的，或者他根本不敢招人忌恨，因为他没有自己的主见，唯众人的意志是图，我的公司不需要这样的人。
>
> ——日本松下公司创始人 松下幸之助

企业里的任人唯亲现象

在"百年家族企业是如何传承"的培训课上，一个学员向笔者咨询说："我最近被一个家族企业聘请为华北区经理。我的上级是营销总监、副总裁甲某。甲某是老板乙某（董事长兼CEO）的妻子。甲某没有上过一天大学，也可以说，甲某不懂任何营销理论，可就是这样一个人，对市场部的所有人进行考核，当然，也包括我们几个MBA毕业的科班管理人员。我最近刚听一线的员工说，在我之前有好几个能力非常强的职业经理人就是因为受不了甲某而辞职了。我还听说，甲某在公司里飞扬跋扈，颐指气使，谁不同意她的看法，她就辞退谁。而且，她的丈夫居然还全力支持她。尽管这些问题会很多，但是我目前还没有打算辞职。周老师，请问如果不辞职的话，我该怎么面对这种裙带关系？"

笔者告诉这位学员必须摆正心态，因为既然加盟了这个家族企业，就必须做好自己的本职工作，至于其他，可以尝试各种有效的沟通，但不能意气用事，更不能因为甲某没有上过大学就认为她不懂营销。倘若真如该学员所言，甲某不懂营销，那么他们的企业规模也不会太大，起码不会招聘职业经理人。

在家族企业中，老板是董事长兼总经理、其妻子是财务总监兼出纳会计、其兄长是采购总监、其妻弟是后勤部长的事情屡见不鲜。在"传统企业到底该如何转型"的培训课上，一半学员谈及对家族企业的第一印象时都会说任人唯亲。

可见，任人唯亲在家族企业生存和发展路径中的痕迹较为明显。对此，笔者一点也不感到意外，因为家族企业在初创时期，高级管理人才因为薪水较低、平台无法施展其才华而不愿意加盟，家族企业老板只能选择家族成员来负责重要的岗位。具体而言，家族企业老板任人唯亲主要有三方面的原因：①在创业时期，由于实力较弱，无法提供较高的薪水和福利来聘请高级管理人才，而选择家族成员则可以省去这笔费用。②家族企业老板通常认为家族成员不会背叛自己。在改革开放初期，很多家族企业老板游走在法律的边缘，而家族成员不会去举报。③在决策过程中，创始人既是管理者又是决策者，威权意识较重。当发现商机时，决策效率高。倘若实行民主决策，则可能错失商机。

在创业初期，创始人坚持任人唯亲是可以理解的，但是当家族企业达到一定规模，家族企业老板就必须考虑家族企业社会化，即从家族外部聘请一些高级管理人才来协助家族企业发展。

很多家族企业老板在如何科学、合理使用人才方面仍然存在认识偏差，有的家族企业老板甚至宁愿"让肉烂在锅里"，也不愿改变用人方面的落后僵化思想。这种思想顽疾会导致家族企业"管理混乱、效益低迷、人心涣散"。在这里，笔者以一个曾培训过的家族企业为例进行说明。

M公司是一个典型的家族企业，该企业在管理方面比较随意，甚至没有制定任何现代企业管理的规章和制度。

该家族企业创始人名叫宁建新（化名），也是该家族企业的董事长兼总经理。宁建新的儿媳是M公司经销部经理；女儿是企划部经理；妻子是财务部经理；女婿是办公室主任；父亲是库管部经理；妻子的弟弟是仓库保管员；堂弟是品管部主管；高中同学是技术部总监；侄女是出纳员；外甥是司机……

宁建新为了能够把M公司做大，的确也费了不少心思。M公司成立于20世纪80年代，其主业是经营瓜果蔬菜种子，且发展势头较为良好。

M公司发展到1991年时，已经是一个拥有固定资产数百万元，员工250人，产品行销全国15个省份的中型企业。到了20世纪90年代中后期，M公司每年营销瓜菜种子3000万～4000万元。

然而，由于公司高层经理个人的工作能力有限，特别是在21世纪初期，瓜菜种子的竞争日趋激烈，加之管理不善导致种子质量下降等，公司产品销售疲软，失去了中国南方地区的市场份额，企业也因此亏损严重。

当家族成员无力挽回其颓势时，宁建新才有了聘请一位总经理来拯救M公司的想法。

然而在M公司召开的管理层会议上,财务部经理说:"老公,请总经理的事情能不能缓缓再说。"

企划部经理说:"爸爸,您请总经理的方法不好使。"

办公室主任说:"爸爸,请来个总经理让人家怎么工作呀?"

……

这样的管理层会议简直就是十足的家庭议事。

宁建新毫不掩饰地说:"周老师,您说得没错。就是一个家庭会议,要不请您给出个主意。随着企业规模的不断壮大,儿子、闺女、儿媳、女婿等成为家族企业管理队伍的主力军,毕竟都是自家人,关键是其他人我也不相信。"

笔者给宁建新提出几点建议:第一,建立规范的规章和完善的企业管理制度;第二,公开招聘各职能部门管理人员;第三,建立科学、合理的全员考核制度,整顿之前混乱的管理秩序;第四,有针对性地让家族成员退出。具体的方式是,根据家族成员的工作能力,把能力差、工作态度差的家族成员请出家族企业,尤其是管理层。当聘请的职业经理人进入家族企业后,部分放权,部分授权,部分留权,最后再提拔或者招聘一位执行副总经理。

最后,宁建新拒绝了笔者的建议。2004年4月,宁建新的手机已经换号了,M公司办公室的座机也停机了。

在D地,很多人都不知道M公司到底发生了什么事。据一些企业家介绍,由于种子市场萎缩很厉害,该公司销售急剧下滑,持续亏损,最终资不抵债,积压的种子竟然达到500多万千克,应收账款高达9000多万元,欠债2500多万元。最后,这个种子公司竟然莫名其妙地消失了。

在给很多家族企业做内训时,笔者都以上述案例来分析。宁建新也是有苦衷的,毕竟在艰苦创业时职业经理人是不可能与自己同甘苦、共患难的,只有家族成员才能把自己的命运与企业的命运紧密地联系在一起。当M公司规模做大后,引进人才的时机已经成熟,但宁建新依然坚持用家庭成员来作为高层经理,犯了无法挽回的错误。

"有德有才,大胆启用;有德无才,可以试用"

在中国家族企业中,任人唯亲的现象非常严重,但像宁建新一样的老板通常不会承认自己任人唯亲。当笔者向宁建新提出重新聘用各职能部门人员时,他显然是不愿接受的。从宁建新经营M公司的情况来看,老板对家族成员的过分倚重是任人唯亲的重要原因之一。

针对企业老板任人唯亲的问题,《华尔街日报》引述的一份研究报告的数据显示,在15000个样本中,有92%的受访者坦言,在他们公司,老板任人唯亲的事情经常发生;有3%的受访者承认,在提拔员工时,自己曾经有过任人唯亲的做法;有5%的受访者明确表示,在他们上一次提拔员工时,"唯亲"就是考虑提拔的一个依据(见图2-1)。

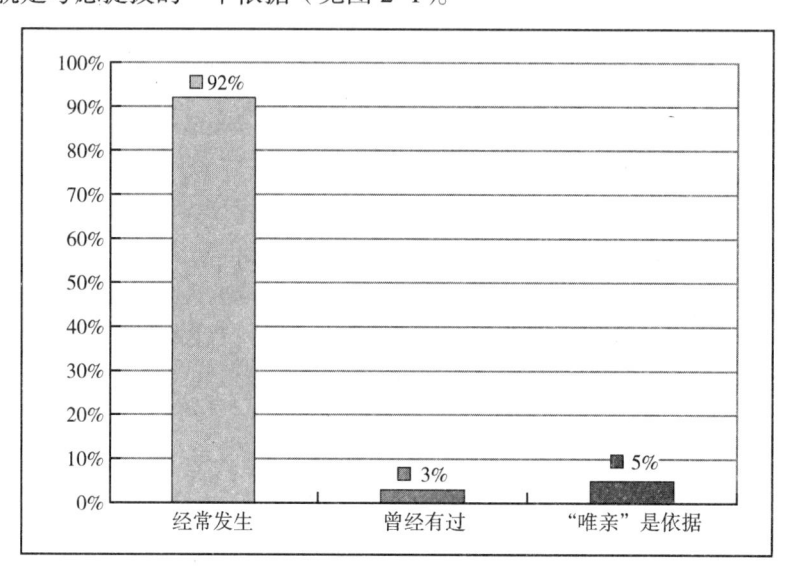

图2-1 任人唯亲的调查数据

资料来源:《华尔街日报》。

从图2-1可以看出,老板任人唯亲的现象非常普遍。

世界经济一体化的纵深发展,必然会加剧人才市场的竞争。尽管很多任人唯亲的老板不愿意引进优秀人才,但是在这样的背景下,老板对人才的需求自然也越来越高。从M公司的发展就能看出,在企业自身的成长过程中,不可能拥有数量庞大的既优秀又可靠的人才。

一些家族企业坦言,家族成员的忠诚度极高,但是他们忽视了一个重要的问题,那就是一些家族成员缺乏管理企业的能力。如果从这个角度来看,既忠诚又具备才干的人才就不多了。

很多企业之所以人才匮乏,是因为企业老板的人才观念落后,只相信自己的家族成员。笔者在很多地方都碰到过这样的老板,在给K企业写企业案例时,K企业老板说他在各地都有分公司,但是分公司的负责人和财务总监必须是从总部派过去的,而这些分公司的经理们都是K企业老板的亲戚。

在 K 企业老板看来，只有亲人才不会背叛自己。这样的认识虽然存在一定的合理性，但是忽视了家族企业社会化的必要性。人才，不管是自己培养，还是从外部招聘，都不能局限在家族成员内部。因此，要想把企业做强做大，企业老板就要善于用人。

之所以把企业老板善于用人与企业做强做大联系起来，是因为任何一个企业老板及其家族成员都不可能担负起世界 500 强企业的岗位职责。就算某些家族拥有数量相对较多的人才，但是把这些人才安排到世界 500 强企业的高管职位上也未必能胜任。

基于此，适当地培养和引进职业经理人，对于家族企业来说，无疑是一种人才补充模式。在这里，需要提醒家族企业创始人的是，由于职业经理人的综合素养参差不齐，在引进人才时，应该把对"德"的考核放在首位，这里的"德"包括社会道德、职业道德。其次要从企业安全经营的角度考虑，但凡从外部引进的职业经理人，必须按照管理岗位和信息的机密程度逐步任命，做到先"知"后"用"。这样的做法既可以让刚加盟的职业经理人熟悉企业的价值观、企业文化，也可以让企业对职业经理人进行观察、考核，合格后再予以进一步的重用。[①]

万向集团创始人鲁冠球探索出了一套引进职业经理人的理论。2001 年，鲁冠球颁布了一个关于企业接班人的标准：

有德有才，大胆启用、大胆聘用，可以三顾茅庐，高薪礼聘；有德无才，可以试用，通过教育培训，视其发展而定无妨；无德无才，可以不用，因为一看就知道，不易混入；有才无德，绝对不能用，让其伪装混入，后患无穷。

鲁冠球的这个接班人标准，思路清晰，方法得当。作为企业老板，如何才能做到知人善任呢？对此，企业老板一定要牢记四个用人原则。

1. 用人所长

在经营管理中，特别是在提拔员工时，要尽可能懂得用员工之长，避员工之短。如骏马能日行千里，但用骏马来耕田还不如一头老黄牛。

在考察人才的过程中，如果能够最大化地利用骏马和老黄牛的优点，规避其缺点，那么骏马和老黄牛就都能发挥最大的岗位效率。

正如鲁迅所言："倘要完全的人，天下配活的人也就有限。"企业老板在用人时，一定要反对那种论亲疏的错误做法，从多渠道、多层次、多视角、多方位了解和考察员工，再将其放到最适合、最能发挥其作用的岗位上。

---

① 曹建海.突破家族企业发展局限　向现代企业制度过渡[J].四川经济研究，2003（1）.

2. 不求全责备

在启用员工时，要尽可能避免为求"完人"，而把事业心和责任心较强、工作技能较为全面但又有若干缺点的员工辞退，把那些企业老板眼中"完美无瑕"但事业心和责任心较差、工作技能较为一般的员工提拔到重要岗位上。企业老板不求全责备，不仅能避免组织蒙受损失，而且能提升企业的竞争优势。

3. 善于揽过

员工无论多么聪明能干，都不可能不犯错误。对员工而言，犯错与破产、税收一样都是不可避免的。既然不可避免会犯错误，那么当员工犯错误时，企业老板就应尽可能地指出犯错误的原因，促使其改正。对于员工所犯的错误，企业老板要主动承担责任，不能推卸责任。

值得注意的是，为员工揽过绝对不是简单的、无原则的纵容，而是要分清员工犯的是什么样的错误，分清错误的大小。对事关大局的重大问题，必须严惩不贷，绝不能姑息迁就。

从这个角度来看，善于揽过不仅是企业老板的领导艺术，而且是有效提升岗位效率的重要手段。

4. 明责授权

在用人时必须明责授权，同时监控其职责。如果不能明责授权，那么就很难重用员工。就像古人所说的那样："非得贤难，用之难；非用之难，信之难也。"

因此，企业老板在用人时需要充分地予以信任，在职权范围内，放手让其大胆地工作。前提是明责授权，权责统一，但又要时时对其进行监控，一旦出现问题，企业老板能够立马制定出相关的应对策略，否则等到事件不可控时，就已经晚了。在这里，笔者以巴林银行的倒闭为例予以说明。

1995年2月，具有200多年历史的英国巴林银行不得不向外界宣布该企业倒闭。巴林银行倒闭的消息强烈震动了当时的国际金融界。事后调查发现，巴林银行的倒闭是由于该行在新加坡的期货公司交易中形成了巨额亏损。

查阅相关资料发现，巴林银行（Barings Bank）由弗朗西斯·巴林爵士创建于1763年，是一个拥有200多年历史的英国老牌贵族银行。截至1993年年底，巴林银行的资产总额达到59亿英镑。1994年，巴林银行的税前利润高达15亿美元。巴林银行的核心资本在全球1000家大银行中排名第489位。连英国伊丽莎白女王都是巴林银行的长期客户，足以说明巴林银行拥有较高的信誉度。

然而，正是这样一个拥有200多年历史的银行，因为监控不到位，被一个员工毁掉了。毁掉巴林银行的员工叫尼克·李森（Nicholas Leeson），曾被国际金融界誉为"天才交易员"。熟知尼克·李森的人都知道，尼克·李森以稳健、大胆著称。在日经225期货合约市场上，他被誉为"不可战胜的李森"。然而，天才也有失误的时候，正是因为一个"88888"账户，尼克·李森为掩饰交易员的失误而设立的独立于银行清算系统的交易账户，最终毁掉了巴林银行。

1992年，28岁的尼克·李森被巴林银行总部任命为巴林期货（新加坡）有限公司的总经理兼首席交易员，负责该行在新加坡的期货交易并实际从事期货交易。此刻，尼克·李森可谓志得意满，终于可以大显身手。

1992年7月17日，一名刚加盟巴林银行的交易员出了差错，该交易员将客户的20份日经指数期货合约买入委托误为卖出。

尼克·李森在当晚清算时发现了此笔差错。尼克·李森知道，要想矫正这笔差错，就需买回40份合约，按当日收盘价计算，损失大约为2万英镑，并应立即报告巴林银行总部。

然而，尼克·李森却在种种考虑后，决定利用错误账户"88888"承接40份卖出合约，以使账面平衡。由此，一笔代理业务便衍生出了一笔自营业务，并形成了空头敞口头寸。

数天以后，日经指数上升了200点，这笔空头头寸的损失也由2万英镑增加到6万英镑。在当时，尼克·李森的年薪还不足5万英镑，而且先前已经存在隐瞒不报的违规做法。此次，尼克·李森更不敢向巴林银行总部上报了。

此后，尼克·李森频频利用"88888"账户，不断地矫正下属的交易差错。仅仅在其后不到半年的时间里，该账户就矫正了30次差错。

尼克·李森为了应付每月底巴林银行总部的账户审查，不得不将自己的佣金收入转入账户，以弥补亏损。由于这些亏损的数额不大，结果倒也相安无事。

1993年1月，尼克·李森的一名交易员再次出现了两笔大额差错：一笔是客户的420份合约没有卖出，另一笔是100份合约的卖出指令误为买入。

面对此种错误，尼克·李森再次决定，依然用"88888"账户保留敞口头寸。由于这些敞口头寸的数额越积越多，随着行情出现不利的波动，亏损数额日趋增长至600万英镑，以致无法用个人收入予以填平。

在这种情况下，尼克·李森被迫尝试以自营收入来弥补亏损。幸运的是，到1993年7月，"88888"账户居然由于自营获利而转亏为盈。此刻，倘若尼克·李森就此收手，巴林银行的倒闭也许得以幸免。然而，正是此次成功转亏，为尼克·李森继续利用"88888"账户矫正差错增添了信心。

1994年下半年，尼克·李森开始看多日本股市。1995年1月26日，尼克·李森竟用了270亿美元进行日经225指数期货投机。

始料不及的是，日经指数从1995年1月初起一路下滑，尼克·李森所持的多头头寸损失惨重。1995年1月16日，日本关西大地震引发股市暴跌，尼克·李森所持的多头头寸遭受重创，损失高达2.1亿英镑。

为了反败为胜，尼克·李森继续从伦敦调入巨资，增加持仓，即大量买进日经225股价指数期货，沽空前日本政府债券。到1995年2月10日，尼克·李森已在新加坡国际金融交易所持有55000份日经股价指数期货合约，创下该所的历史纪录。

尽管此刻的情况相对糟糕，但还不至于让巴林银行倒闭。为了反败为胜，尼克·李森再次大量补仓日经225期货合约和利率期货合约，头寸总量已达十多万手。这是以"杠杆效应"放大了几十倍的期货合约。当日经225指数跌至18500点以下时，每跌一点，尼克·李森的头寸就要损失200多万美元。

1995年2月23日，日经股价指数急剧下挫276.6点，收报17885点，由此造成的损失激增至86000万英镑。正是巨大的亏损数额，最终导致巴林银行的倒闭。

当天，尼克·李森已经意识到，自己再也无法弥补其巨额的亏损，不得不仓皇出逃。最终查明，巴林银行最后的损失金额高达14亿美元。面对难以抵补的巨额亏损，这个曾经辉煌的巴林银行就这样倒闭了。

1995年3月2日，警方将尼克·李森拘捕。1995年12月2日，新加坡法庭以非法投机并致使巴林银行倒闭的财务欺诈罪判处尼克·李森有期徒刑6年6个月，同时令其缴付15万新加坡元的诉讼费。1995年2月26日，由于未能筹集到足够的款项，这个拥有200多年历史的银行以1英镑的象征性价格被荷兰国际集团收购。

巴林银行的倒闭，其管理层难辞其咎，因为存在监控不到位的问题。巴林银行倒闭给中国企业的启示是，即使是曾排名世界银行489位的巴林银行，一旦对关键岗位的高管监控不力，也依然会轰然倒塌。

基于此，中国企业经营者应完善监控机制，及时发现监控中的盲点。一旦发现了监控中的盲点，就要有针对性地采取相应的措施解决存在的问题。倘若发现不了监控中的盲点，那么企业内部就可能存在着永远都无法解决的问题，种种潜在的危机便会接踵爆发。

第三章

识人无术：关键岗位用错人

> 在现代职业经理人队伍尚不成熟、缺乏有效的信用机制的情况下，民营企业家必须能够正确地评估企业的用人风险，并具备相应的风险承担能力。长期而言，民营企业必须通过建立完善的内部管理体系和人才梯队来降低企业对个人的依赖，以从根本上降低用人风险。
>
> ——人力资源资深管理专家　宋珂

防范核心员工的风险

对于任何一个企业来说，企业竞争的实质就是核心员工的竞争。根据二八原则，企业80%的业绩通常是由20%的核心员工创造的。这意味着20%的核心员工对企业来说不仅至关重要，而且不可或缺。因此，必须防范核心员工的风险。

然而，在任何一个企业的人力资源管理中都存在着诸多风险。企业老板在人力资源决策中稍有不慎，就有可能给企业带来不必要的损失，甚至灾难性的后果。下面，我们从一个真实的案例开始讲起。

1998年，从北京某大学计算机科学与技术专业毕业的刘东进了诺基亚公司。两年后，刘东独立创业，主要经营业务就是手机短信。

在刘东的意识中，只要有了好的产品，市场是不用发愁的。在这样的思路下，刘东更加专注于技术和产品的完善与研发。

由于刘东不关注市场，加上缺乏管理企业的能力，导致公司管理非常混乱，大部分能力较强的员工另觅高枝。这样一来，不仅刘东坚持做的产品没有做好，而且客户不接受刘东非常看好的产品。

此刻，东科科技公司已经濒临倒闭，公司的困境让刘东非常发愁。然而，一个IT技术研讨会让东科科技公司燃起了一丝复活的希望。

刘东偶然认识了作为发言嘉宾的王刚。在该IT技术研讨会上，王刚的发言给刘东留下了极深的印象。刘东觉得王刚不仅有着很丰富的500强企业管理经验，而且非常了解手机短信市场。

于是刘东以年薪80万元聘请王刚做东科科技公司的副总经理，主管销售和行政。而刘东自己仍然担任总经理，主抓技术。

为了改变公司的颓势，刘东把所有的希望都寄托在这个对手机短信市场业务非常了解的王刚身上。因此，刘东对王刚非常信任，积极放权。

王刚上任之后，先对东科科技公司进行了一些了解，然后马上大刀阔斧、信心十足地干起来，"重新进行产品定位，制定销售策划，招聘销售人员，建立销售网络，再不断地对公司员工培训，建立绩效管理体系等"。

功夫不负有心人，王刚的到来使得东科科技公司业绩倍增，不仅提高了东科科技公司的岗位效率，而且对东科科技公司进行了制度化管理。

经过一年多的艰苦奋斗，东科科技公司发展势头非常迅猛，公司规模也一步步扩大了。

然而，东科科技公司的危机再次袭来，刘东和王刚之间的矛盾也就开始了。由于王刚挽救了东科科技公司，在公司里王刚的威信较高，刘东开始担心东科科技公司失控于王刚。

以前从不过问公司大小事务的刘东渐渐地开始亲自处理，甚至由王刚分管的事情都要经过刘东的最后批准。

刘东的突然收权使得王刚的工作很被动。因为王刚是东科科技公司的功臣，所以也开始对自己的待遇和职位不满意了。刘东的收权激化了两个人的矛盾，他们不仅对东科科技公司目前的运作管理出现分歧，而且对东科科技公司今后的发展方向看法各异。

半年之后，王刚辞职了，而且随同辞职的还有东科科技公司的技术部经理陈跃、销售部经理袁军，并带走了刚刚策划好的企业产品和市场机密。

这一次，刘东的东科科技公司彻底垮了。

其实，当刘东在高薪聘请王刚时，就应该评估其中的风险，从而有针对性地放权。然而，在企业经营管理中，像刘东一样的企业老板只知道解决公司的困难，忽略了对核心员工的风险防范，这就导致东科科技公司彻底垮掉。因此，如果企业老板在人力资源管理中缺乏风险防范意识，对风险控制不当，那么就可能给企业带来不少劳资争端，甚至会付出惨重代价。

在目前中国缺乏职业经理人制度的情况下，企业老板在选择核心人才时必须能够正确地评估其各个方面，如工作经历、人品等，从而更好地预测用人风险，并具备相应的风险承担能力。

人力资源存在的三个风险

在"传统企业到底该如何转型"的培训课上,一个学员问:"周老师,人力资源风险防范那么重要,那企业一般有哪些人力资源风险呢?"

研究近20年,加上经常与企业老板们接触,笔者发现人力资源往往存在三个风险,我们主要以情景再现的案例来说明,如表3-1所示。

表3-1　人力资源存在的三个风险

风险内容	案例
缺乏核心人才风险防范意识	刘东非常匆忙地拍板决定以80万元年薪聘请王刚,只关注了王刚的管理能力和市场经验,却没有考察王刚的工作经历、人品等因素,这就埋下了因王刚离开东科科技公司而重新陷入更大危机的种子。王刚在跳槽的时候将东科科技公司的先进技术和科研成果带走,尤其是带到企业的竞争对手那里,不仅使企业失去宝贵财富,还可能改变市场竞争格局,间接损失巨大
用人风险控制不当	为了改变东科科技公司的颓势,刘东把所有的希望都寄托在王刚身上。王刚加盟时,刘东对他的过分信任和无限制的放权加剧了用人风险。当东科科技公司的经营状况有所好转时,刘东突然亲自过问的做法激化了他与王刚之间的矛盾
缺乏对用人风险的驾驭能力和解决办法	对于刘东来说,在聘请王刚时,就必须知道自己对用人风险的驾驭能力和解决办法,即刘东在放权的同时必须监控王刚的工作

从表3-1中可以看出,企业老板一旦处理不好人力资源存在的三个风险,将付出惨重的代价。因此,企业老板在引进人才时,要把好人才招聘选拔关,为解决风险问题起到很好的防护作用。一旦招聘、筛选一个与企业价值观不相同的员工,那么就会为日后的员工流失留下隐患。如果在人才选聘这一入口就把好关,起到过滤层的作用,引进合适的、与企业价值观相同的人才,那么在成功选聘人才的同时,还可以保持人才在企业发展的可持续性,为留住与企业价值观相同的人才起到重要作用。

目前,大多数管理者已经意识到人才选聘的重要性。在选聘时从战略上考虑人才在企业的持续发展性,为杜绝招聘那些既缺乏责任心又与企业价值观不相同的人起到了第一层过滤网的作用。因此,在选聘人才的过程中,除了关注人才个体的素质外,还应认真分析其是否认可企业的价值观等,如人才的学历、性别、年龄、观念、价值取向。

在中国古代及近现代商业史上，中国商人在招聘选拔人才的问题上非常慎重。商家在选择学徒时非常严格，通常选取15~20岁的年轻人，不录用五官不端正以及家世不清白者。商家要求店员能够熟练使用算盘，同时能够写出端正的楷书。不仅如此，店员必须懂得察言观色，端茶倒水，小心翼翼地侍奉掌柜，即"五壶四把"。所谓"五壶"，是指茶壶、酒壶、水烟壶、喷壶和夜壶；所谓"四把"，是指笤帚、掸子、毛巾和抹布。

可能今天的读者无法理解中国商人在招聘选拔人才时近乎苛刻的条件，但是正是这样的历练和塑造，才造就了很多中国古代、近现代商业史上的奇迹。

在近现代商业史上，有一个令中外研究学者惊叹的商家，那就是号称中国第一家票号的日升昌。在日升昌的人力资源管理中，往往倡导"避亲用乡，慎重选人"的原则。何谓"避亲用乡，慎重选人"呢？避亲，即用人回避亲族，包括财东与掌柜也不能荐用自己的亲戚（绝对忌讳"三爷"，即舅爷、姑爷和财东家少爷）。用乡，是指录用本乡本土之人，因为同乡之间最为知根知底，所谓"同事贵同乡，同乡贵同心，苟同心，乃能成事"。

在此基础之上，日升昌在引进人才时遵循了以下几个原则：

（1）避亲用乡。尽可能地避免任人唯亲，使人才能够最大限度地进入日升昌。

（2）择优保荐。被录用者必须有保证人推荐，否则不予录用。一旦被保荐者入号后有越轨行为，当初推荐的保证人要承担所有责任。

一般由日升昌的掌柜或者其他人向财东推荐，或由财东直接考察。但派往各地分号的老帮和副帮这样的管理者必须由掌柜遴选。公开资料显示，选择老帮和副帮的条件必须满足四个：①多谋善断，能攻善守，德才兼备，精明干练；②善于交际，能说会道，能写会算；③人品端正，无恶习；④出身正派、善良，不要皂隶之子或鼓手后代，必须是孝子。

（3）选拔甚严。日升昌的管理者对票号从业者的要求非常高，而且选拔甚严，尤其是在招聘掌柜时，不仅考察应聘者是否具备驰骋商场的雄才大略，还要打听应聘者为人处世时的道德品行。

在招聘学徒时，首先，对有意向录用的学徒上查三代，了解前三代操何业，以示出身贵贱；其次，要询问应聘者本人的履历、资历。

一旦通过上述考核，还必须通过面试、口试和笔试。具体内容如下：

第一，五官端正，身材适中，背直足小。在日升昌厅内，时常备有铁鞋一双，以查看应聘者的足大足小。对于不合要求的应聘者，掌柜就会拿出铁鞋和铁帽让这些应聘者试穿、试戴，以"祖宗旧例，晚辈难违"为名加以婉言谢绝。

第二，口齿伶俐，思维敏捷。

第三，能写会算。通过者，入号以后还有三验：一验是否人品端正，遵守号规；二验是否勤劳俭朴，谦恭好学；三验是否忠诚廉洁，专心敬业。

（4）破格提升。一旦发现人才，通常会打破常规，破格提拔，委以重任。

在近一百年的商业经营中，日升昌的疆域拓展至新加坡、俄罗斯等国家。这自然与其任人唯贤、选贤用能的人力资源管理分不开。日升昌是晋商的代表之一，在晋商数百年的辉煌中书写了浓墨重彩的一笔。日升昌的选人策略值得中国企业经营者学习和借鉴。

降低企业用人风险

电影《天下无贼》中，盗贼头目黎叔谈到管理的难度时说："21世纪什么最贵？人才。"很难想象，这句话出自一个盗贼之口，但从侧面说出了中国企业经营的要义。让成千上万的中小企业老板们无奈的是，他们何尝不知道这句话的分量，但是却无能为力。

随着科学技术的迅猛发展，核心科技成为一个国家或企业是否具有竞争优势的决定因素，而核心科技只有核心人才才能完成。因此，核心科技的较量归根到底是核心人才的较量。

基于此，那些掌握核心科技的核心人才，日益成为各个跨国企业争夺的目标。尤其在中国加入WTO之后，跨国企业几乎都在中国拓展，这意味中国企业不可避免地会与实力雄厚的跨国企业争夺核心人才。

大兵压境之下，如何留住本企业的核心员工，尽量不让本企业的核心员工流失，降低流失风险，已经成为中国企业老板必须解决的一大课题。

不可否认的是，当企业做强做大后，招聘更多有能力的人才就成为一种趋势。特别是近年来随着世界500强企业进入中国，企业对人才的需求也相应增加，加上中国严重缺乏人才信用机制，企业老板找到合适的人才、有效地降低用人风险就成为工作的重心之一。

对于任何一家企业的老板而言，面对用人风险，必须调整人力资源管理思维，依据用人风险有针对性地改进人力资源方面的管理方法，从而进一步建立起更加专业、合理、精细的人力资源体系，以达到控制用人风险的目的。

企业老板应该用哪些策略降低风险呢？我们团队经过长期的观察和总结，认为以下九种策略可以借鉴和参考，如表3-2所示。

表 3-2　降低企业用人风险的九种策略

策略	具体内容
正确认识与人才的关系	很多老板认为，老板与人才之间是简单的雇佣和被雇佣关系。其实，这样的看法是不全面的，老板与人才是一种合作、共赢的关系。只有老板充分认识到这一点，给予人才更多的重视和认可，才可能建立起良好的合作基础
制定符合公司发展需要的人事政策	企业老板必须依据企业的发展阶段、发展战略、内外环境、文化等因素，确定企业的基本人事政策，书面确定企业引进何种技能的人才、怎样激发和留住人才等，从而更好地指导企业的人才引进、使用及其他人力资源工作
根据企业发展需要对人力需求做出系统分析	企业老板要依据企业人力资源和工作岗位的匹配程度，对人力需求做出系统分析，从而了解哪些岗位需要何种人才，哪些岗位的人才需要从外部引进等
制订用人计划	在制订用人计划时，企业老板要根据本企业发展的实际需要确定何种岗位需要引进人才，以及人才引进的时机、数量、方式等，从而有效地减少盲目及应急地引进人才，降低用人风险
健全人才选拔机制，用适当的方式选择适当的人才	在很多公司中，企业老板在引进人才时往往借助猎头公司提高选人的成功率。尽管这一方法可以规避一部分用人风险，但是要想彻底解决用人风险，还必须依靠健全和完善的人才招聘、选拔机制，从制度流程上降低和避免企业的用人风险
建立合理的激励约束机制	要降低用人风险，企业老板就必须建立合理的激励约束机制。在实际的管理中，企业老板和人才是合作的关系，必须建立相应的激励约束机制来明确双方的权利与义务，维护双方的利益
保持适当的期望	不可否认的是，有些企业老板打算通过高薪聘请一个或几个人才来解决所有的问题。这样的观点是不正确的，也是十分盲目和不现实的。企业老板对引进人才的期望过高，往往会失去信心。因此，在引进人才时，企业老板要保持适当的期望
合理地使用人才	当人才引进后，企业老板必须善用各种激励约束机制，合理地使用人才，最大限度地为人才提供发挥的空间，达到合理使用人才的目的，从而降低用人风险
必要、适时、有效的沟通	必要、适时、有效的沟通可以降低企业老板的用人风险。这就要求企业老板与人才就工作目标、工作进度等问题进行沟通，适时地解决问题，以避免问题的堆积和矛盾的激化，从而最大限度地降低用人风险[1]

---

[1] 王启军，王军爱，宫照馥. 高薪下的陷阱 [J]. 人力资源开发与管理，2008（12）.

第二篇 决策就是拍脑袋

巨人集团也设立了董事会,但那是空的。我个人的股份占90%以上,具体数字自己也说不清,财务部门也算不清。其他几位老总都没有股份。因此在决策时,他们很少坚持自己的意见。由于他们没有股份,也无法干预我的决策。总裁办公会议可以影响我的决策,但拍板的事基本由我来定。现在想起来,制约我决策的机制是不存在的。这种高度集中的决策机制,在创业初期充分体现了决策的高效率,但当企业规模越来越大、个人的综合素质还不全面时,缺乏一种集体决策的机制,特别是干预一个人的错误决策之力,那么企业的运行就相当危险。

——巨人创始人 史玉柱

第四章

哪行赚钱做哪行：盲目跟风，一哄而上，一哄而下

> 在创业时千万不能盲目跟风，与其选择市场热点，不如寻找市场空白点。创业者在创业前需做好各项准备工作，开展相应的市场调查，了解本地市场的需求和发展趋势，理性分析，结合自身实际选择创业项目。
>
> ——洛阳师范学院商学院院长 刘玉来

哪行赚钱就做哪行，其实就是投机心理在作祟

在"传统企业到底该如何转型"的培训课上，一个学员非常得意地介绍了他的投资经验。他说："周老师，现在投资环境到处都不好，我发现了一个项目投资的好办法，就是哪行赚钱就做哪行。"

虽然一些中小企业老板竭力地想把企业做强做大，但部分中小企业老板总是想投机取巧——只要哪行赚钱，就把创业项目放在哪行。殊不知，中小企业老板这样做的结果是，看似诱人的市场和低门槛的投入却造成了诸多的跟风投资，结果翻了一个大跟头。

2007年初，曾经在哈尔滨遍地开花的香辣鸭脖子店接二连三地倒闭关张。

在哈尔滨这个城市，香辣鸭脖子店从开第一家店开始，就如同热浪一般席卷整个城市，之后就是莫名的沉寂。

哈尔滨香辣鸭脖子店到底出了什么问题？研究发现，香辣鸭脖子店在哈尔滨是以加盟形式开设的。在连锁业界，加盟方式往往成为一种快速做大的模式，但这种模式存在一定的风险，即"同质化"。

香辣鸭脖子店同样出现了这个问题，而且其模式与爆烤鸭、掉渣大饼大致相同。由于人们缺乏专业的投资知识，看到香辣鸭脖子店火爆异常，便纷纷加盟香辣鸭脖子店，结果就使得一些创业者投资失败。

针对此问题，一些创业者纷纷提醒创业者或者想创业的人在选择投资项目时一定要慎重。

据多方了解，2005 年，在哈尔滨开了第一家香辣鸭脖子店。由于香辣鸭脖子的风味非常有特色，加上这一特色饮食在哈尔滨仅此一店，所以食客络绎不绝，生意异常火爆。

尽管当时鸭脖子的价格偏高，达到每根 5 元，但对于那些急于尝鲜的消费者而言，价格不是问题，排队也不是问题，关键是要尝尝南国的风味。

这样火爆的情况大约维持了两个月。一些精明的创业者看到了商机，也纷纷开始加盟香辣鸭脖子店。

就这样，香辣鸭脖子之风在哈尔滨刮了起来。之后，香辣鸭脖子店开始风靡整个哈尔滨。可以说，在哈尔滨这座城市的大街小巷，处处可见香辣鸭脖子店，在最鼎盛的时刻，一条街上就可以看到四家香辣鸭脖子店。

对于哈尔滨这座城市而言，购买香辣鸭脖子的消费者是有限的，但香辣鸭脖子店却是越来越多，加上混乱不堪的品牌，竞争也就异常激烈。在这场香辣鸭脖子的竞争中，各家香辣鸭脖子店加盟的品牌不同，导致不同品牌的鸭脖子都拉开架势，想大干一场。

众多的香辣鸭脖子品牌店，如武汉鸭脖子、精武鸭颈王、菜双扬鸭脖、久久鸭颈王等，都想尽可能占据较大的市场份额，于是大多数香辣鸭脖子店打出了"最正宗武汉鸭脖子"的招牌，其市场竞争形势非常惨烈。

这样的竞争持续了一年，到 2006 年下半年，尝鲜的消费者开始下滑。当然，这也预示着香辣鸭脖子风在哈尔滨开始衰落。在一些街道上，曾经火爆的场面已经一去不复返，甚至一些香辣鸭脖子店由于长期亏损而关门，有的店面开始转项、出兑。

据《新晚报》报道，在哈尔滨的新阳路，一家鸭脖子店已经转项了。经营者林立春介绍，他是在 2006 年初开店的，听人说只需交 2 万元的加盟费，租间房子就行了，而且每天的销售额挺大的，一个月能有几千元的收入。然而，让林立春没想到的是，刚加盟就出现了"全市都开店"的现象，市场受到了极大的冲击，生意一天不如一天，最惨淡时一天的销售额只有十几块钱。见越来越多的同行都关门了，林立春也只能如此了。[①]

在上述案例中，造成香辣鸭脖子店大规模倒闭的一个原因就是"盲目跟风，哪行赚钱就做哪行"。这种瞬间膨胀的重复开店，给诸多中小企业老板陷

[①] 国语洋，张蕊. 盲目跟风开店 香辣鸭脖子店关门一大半[N]. 新晚报，2007-02-06.

入经营困境埋下了祸根。

资料显示，香辣鸭脖子店在扩张的过程中缺乏相应的专利、商标等保障机制，这就造成了香辣鸭脖子市场的诸多无序竞争。当香辣鸭脖子市场饱和时，香辣鸭脖子店大规模倒闭也就在情理之中了。

虽然如此，香辣鸭脖子店迅速破灭的速度却超过一些营销专家的预料。对此，哈尔滨商业大学市场营销学的研究人士坦言，鸭脖子在哈尔滨市的销售情况与爆烤鸭、铁锅炖鱼、掉渣大饼一样，都是由冷到热，再由热到过剩，这再一次印证了中小企业老板盲目跟风开店的弊端。①

针对上述案例中许多中小企业老板轰轰烈烈的开店风存在的问题，时任四川格力公司总经理的喻筠提出了"小心驾驶"的提醒。据喻筠介绍，在四川地区，各大品牌都在大建专卖店，这与格力电器的"示范效应"以及市场需求增长有关。

只要稍加分析就不难发现，其中难免有盲目跟风者。喻筠说道："专卖店的选择布点往往集中在两类区域：一类是业已成熟的家电商圈，虽然大多数与大卖场相邻，但由于市场有较大错位，双方实际并不处于同一竞争平台；第二类，也就是大多数的专卖店，布局于居住小区，可以向消费者提供专业化服务，成为居民身边的'家电专家'。"

喻筠告诫道："不是所有品牌都有吸引居民走进的能力。"在喻筠看来，专卖店需要建立在品牌的基础上，其生存发展的关键完全取决于消费者对这一品牌的认知度、接受度。因此，从某种意义上讲，家电单品专卖店完全是强者的游戏。②

喻筠分析称，香辣鸭脖子店的失败，大多数是中小企业老板盲目跟风开店造成的。这样的观点得到了中国投资协会副秘书长张永贵的认同。张永贵分析称，目前中小民营企业的投资主要存在信息壁垒和跟风投资两大问题。

在张永贵看来，拥挤驱浪式投资是投资中最没有主见的一种模式，时常被市场、政策、资源、规模淹没，其风险极大，加上此类投资是"吃别人嚼过的馒头"，失误概率较之正常投资要大得多。因此，科学、理性地判断、选择好的投资项目，是投资成功的关键所在，尤其是对于资金有限、技术缺乏的中小企业老板来说，选择一个优质的投资项目就显得异常重要。

喻筠和张永贵都认为中小企业老板在投资项目时，如加盟餐饮、快餐行

---

① 国语洋，张蕊. 盲目跟风开店　香辣鸭脖子店关门一大半[N]. 新晚报，2007-02-06.
② 邹芸. 家电单品自建渠道　开专卖店切忌乱跟风[N]. 成都商报，2007-06-21.

业时，必须警惕盲目跟风、哪行赚钱就做哪行的投资思维。

据资料显示，近年来，广东中小企业发展迅速，数量达到 300 多万户。广州市中小企业服务中心的调研显示，广州平均每天有十几家中小企业退出市场，中小企业平均存活期由 2005 年前的 3.5 年减至 2008 年的 2.9 年。[①]

基于此，笔者在这里告诫中小企业老板，在投资项目时，绝对不能盲目跟风，哪行赚钱就做哪行，必须根据自身企业的实力和管理能力另辟蹊径，这样才能使中小企业做强做大的概率大大增加。

与其选择市场热点，不如寻找市场空白点

媒体多次报道，由于当前的就业形势严峻，越来越多的大学毕业生、下岗人员、返乡农民工，不再把择业作为自己的选择，而是自主创业，再次掀起了创业热潮。在这些创业者看来，只要别人做什么，我也做什么，就一定能赚大钱。

一旦习惯性地依葫芦画瓢，一窝蜂地涌向同一个热门行业，那么势必导致同质化现象严重。因此，与其选择市场热点，不如寻找市场空白点，找到潜力巨大的蓝海市场。

这样的观点得到了浙江义乌商人陈健华的赞同。陈健华坦言："在商贸经营中，一定要在特色商品上做文章。只有坚持特色，这样的商品才是人们关注的焦点，才能迅速占领市场。在海外经商，更是如此。如果你一味地跟在别人后面，不去创新，不去思考，那么你的顾客会一个个走掉，最终你也会尝到失败的苦果。"

据陈健华介绍，他去美国创业前，曾经在深圳锦绣中华苏州一条街上的博士轩商场销售真丝服装、珍珠玉器、宜兴紫砂等商品。这些商品在当时很少有人销售。1997 年，陈健华开始拓展美国市场，销售红木筷、仿寿山石、仿檀香扇等产品。出乎陈健华意料的是，虽然刚开业，但此类商品很快就被美国消费者抢购一空，供不应求。

遗憾的是，一些中小企业老板在项目投资之初，对投资何种类型的项目并没有一个客观的依据，仅仅是看到或听到某人在什么项目上赚到钱了，就心血来潮地投资起那个项目。

当中小企业老板真正地投资之后才发现，整个行业市场不像当初所看到、

---

① 徐静，廖婧文，刘沛思等.中小企业平均寿命仅 2.9 年 [N]. 广州日报，2008-07-24.

听到的那样，竞争对手多如牛毛，并且产品质量以及价格没有优势，持续下去就意味着更多的亏损。对此，洛阳师范学院商学院院长刘玉来说道："如今，许多人把创业想得太简单了，在没有调查清楚市场状况的情况下就开始行动，最后造成经营时困难重重。"

在这里，笔者要告诫中小企业老板的是，不管投资什么项目，项目投资的目的首先是赚钱。在选择项目时，切忌盲目跟风，要尽量选择投资少、回报稳定的项目。

既然如此，中小企业老板到底该如何做才能选对投资项目呢？方法有如下两个：

1. 寻找一个好项目

可能读者会问，什么样的项目才是好项目呢？国务院发展研究中心资源与环境政策研究所副所长李佐军在"襄阳名家大讲坛"上授课时提出了三个标准：第一，获得相关政策鼓励；第二，低碳环保；第三，得到消费者认可。符合上述标准的产业包括文化产业、绿色制造业、现代农业、信息产业等。[1]

2. 不能盲目跟风，与其选择市场热点，不如寻找市场空白点

针对此问题，洛阳师范学院商学院院长刘玉来告诫诸多中小企业老板，特别是诸多创业者，在创业时千万不能盲目跟风，与其选择市场热点，不如寻找市场空白点。在刘玉来看来，创业者在创业前需要做好各项准备工作，开展相应的市场调查，理性分析本地市场的需求和发展趋势，然后结合自身的实际情况选择创业项目。

---

[1] 宋凌，武雅婷，肖斌.北京专家来襄传授"创业经" 选对项目很重要[N]. 襄阳晚报，2012-12-17.

第五章

贪大求全死得快：一味地扩大营运规模

> 巨人集团涉足了电脑业、房地产业、保健品业等，行业跨度太大，新进入的领域并非优势所在，却急于铺摊子，有限的资金被牢牢套死，巨人大厦导致的财务危机，几乎拖垮了整个公司。
>
> ——巨人创始人 史玉柱

盲目扩大规模会导致业绩恶化

规模取胜是很多欧美国家偏好的一种战略模式。不可否认，规模战略在某一个阶段对于企业的发展是有利的，但是如果盲目照搬，那么你的企业可能就离倒闭不远了。

在2008年金融危机发生后，扩大内需成为拉动中国经济的一驾马车。面对中国十几亿人口的市场，一些中小企业纷纷扩大规模，似乎都在抢占这一潜力巨大的市场。然而，过去某些品牌企业犯过的错误，一些中小企业老板还在重蹈覆辙。

在这些中小企业老板看来，十几亿人口的市场足以大展宏图，因此不问市场、不做调查，便匆匆买地买设备，大规模扩充产能。从企业内部来分析，盲目地扩大规模容易使企业经营者陷入追求数量而忽视品质的陷阱中。由于低水平的重复建设，所以其效率低下，竞争优势下降。不仅如此，加上基础不稳固，企业的高速度发展自然无法持久。一旦企业的规模扩张超出了自身的管控能力，那么企业倾覆的危机便随处存在。有的企业规模看似很大，净资产却很差，现金流量很可能断裂，遭遇种种潜在风险也就再正常不过了。在这里，我们就以亚星化学为例予以说明。

亚星化学（潍坊亚星化学股份有限公司）曾经具有生产氯化聚乙烯达世界第一的规模。然而，规模并没有给亚星化学带来乘数效应。相反，其主营业务却连续多年亏损。为了挽救亚星化学的命运，大股东不得不转让手中半数的股权以引进新股东。

2012年9月3日，亚星化学宣布：公司将引入新的大股东。亚星集团与山东盐业集团签署《股份转让协议》。大股东亚星集团将其持有上市公司35%

股权中的17.5%（5523万股）以每股5.12元，总价款约2.83亿元的价格转让给山东省国资委独资企业山东省盐业集团。转让完成后，亚星集团与山东盐业集团并列成为公司大股东。这背后是亚星化学巨大的财务黑洞与亚星集团疯狂的资金占用。

亚星化学公开的报表显示，2011年底，亚星化学流动资产相对流动负债的缺口高达9.4亿元。2012年上半年末，这一数额上升至11.5亿元。此前，在6月18日，证监会对亚星化学与亚星集团逾13亿元的直接非经营性资金往来以及15亿元的间接性经营往来未入账等行为做出处罚决定。①

在其显露败象前，亚星化学可谓行业内当之无愧的规模霸主。在2001年上市时，亚星化学就拥有年产氯化聚乙烯（CPE）2.5万吨、聚氯乙烯（PVC）2.5万吨、烧碱5万吨的能力。而在这些产能中，亚星化学生产氯化聚乙烯的规模已经位居亚洲第一、世界第二。在市场占有率上，亚星化学拥有中国市场40%以上的占有率，排名第一；拥有国际市场18%以上的占有率，排名第二。

亚星化学上市后，募集资金逾7亿元。这就为亚星化学扩大规模提供了充足的资金。2003年，亚星化学氯化聚乙烯的年产能突破7万吨，由此登上了规模世界第一的宝座。

从此，在规模扩张这条路上，亚星化学一直疾驰而行。至2005年，亚星化学氯化聚乙烯的年产能达到11万吨。到了2008年，亚星化学氯化聚乙烯的年产能更是增至17万吨，傲视全球。

然而，规模的急剧扩张却没有给亚星化学带来效益的倍增，相反，还影响了亚星化学的年利润，甚至出现利润逐年下滑的现象，当初的盈利预测全然成了"镜中花、水中月"。

在2003年扩大规模，氯化聚乙烯产能成为世界第一时，亚星化学的净利润达到5270万元。然而，2003年的利润恰恰是亚星化学盈利的顶峰。在此后的2004—2011年，亚星化学的销售收入由9.9亿元增至21.1亿元，而净利润则从3969万元一路下滑至2009年的亏损1.16亿元。虽然2010年盈利1919万元，其中却有1.12亿元的政府补助。2011年，公司再报5433万元亏损。

与之相对应，公司CPE毛利率2002年为23.7%，2003年下滑至19.14%，至2010年沦落到区区0.53%。而造成CPE毛利率下降的，正是公司的无序扩张。最能说明问题的是，2011年，由于公司老厂区搬迁，产量下降，国内

---

① 朱剑平，王春. 亚星化学山东海龙陨落 大股东"抽血"不断[N]. 上海证券报，2012-09-25.

CPE供应降低，其毛利率一下反弹至12.39%。①

盲目扩大规模等于饮鸩止渴

当中小企业发展到一定规模，要想继续做强做大，就必须按照企业的实际情况稳步发展，绝不能盲目扩大规模。如果中小企业老板盲目地扩大规模，必然会犯很多错误，而这些错误就会导致中小企业遭遇重大经营困难，从而危机重重，无异于饮鸩止渴。

在日本，创办于公元578年，现存世上最古老的家族企业——金刚组，只不过是一家日本建筑公司，主营寺庙建设，规模不大，却拥有1400多年的历史。粟津温泉饭店同样历经千年，其规模只有100套房间，只能容纳450人入住。

从上述日本两家规模很小的家族企业可以看出，规模不是做强做久的唯一手段。可以说，如果盲目追求规模，不仅不能做大做强，相反还会使企业遭遇经营困难。对此，业内专家表示，规模效益并非单纯地增加规模就能增加效益。其本质是由规模带来成本的下降，产品竞争力的提升，毛利率的维持或者提升。

就氯化聚乙烯而言，亚星化学虽然占据了全球市场的主要份额，却没有定价权。一是该行业进入门槛不高，二是该产品价格如果超出一定水平，就会被别的产品替代。如果产品竞争力不强而盲目扩张，必然带来行业内企业的非理性拼杀，最终是规模越大受害越深。②

其实，像亚星化学这样启动规模扩张引擎的企业不在少数。中国许多企业在初创阶段发展非常迅速，而且非常稳健，但是，一旦企业发展到一定规模，企业老板就常常开始昏头，表现如下：不听股东、中层经理等的建议；自以为是；好大喜功；盲目冒进……直到最后亲手把自己辛辛苦苦打拼起来的企业给葬送掉。

北京华夏圣文管理咨询公司特此为中国的初创企业做过一个调查，得出的结论非常让人惊诧，那就是有93.25%的创业者在取得第一桶金之后，会快速启动5~10个不关联的比以前更大的项目，以求一次推动初创企业的发展，但最终现金链断裂，使初创企业面临全面崩溃，从而成为媒体吹嘘的对象。

在这里，要告诫中小企业老板的是，当企业发展到一定规模之后，必须

---

①② 朱剑平，王春.亚星化学山东海龙陨落　大股东"抽血"不断[N].上海证券报，2012-09-25.

克服浮躁和急功近利的心态，否则即便取得一时利润，企业也不可能走得太远。

那么企业老板如何避免盲目扩大规模呢？方法有三个，如表5-1所示。

表5-1 避免盲目扩大规模的方法

方法	具体内容
慎重上马新的投资项目	当企业发展到一定规模后，企业老板在投资项目时，必须慎重，不能盲目跟风模仿，而是要根据企业实际情况，稳步扩大企业规模
调研必须充分，尽可能掌握足够多的信息	当企业发展到一定规模后，企业老板在投资项目时，必须充分调研，尽可能掌握足够多的信息。在此基础之上，就能够对新项目的投资回报、投资风险等进行正确的评估，确保投资成功
资金充裕，财务结构安排恰当	事实证明，再好的新项目一旦没有充足的资金支持，也只能是无源之水、无本之木。企业老板上马新投资项目时会同时对资金规模和资金结构产生新的需求。所以，当企业发展到一定规模后，在投资项目时，需要准备充裕的资金和做好恰当的财务结构安排

第六章

盲目多元化：宁可错过一百个项目，也决不放过一个机会

> 那时候，头脑发热，做过十几个行业，全失败了。比如，当时做的脑黄金、巨能钙、治心脏病的药，我们的老本行——软件、计算机硬件。当时传销还不算违法，还成立了一个传销部开始研究传销。（传销）队伍刚培养好，国家（开始）说传销违法了，最后那批人就解散了。
>
> ——巨人创始人　史玉柱

盲目多元化的结局只能是失败

在20世纪90年代的中国，多元化成为诸多创业者绕不过的话题。在这个机会多如牛毛的时代，似乎只要多元化就能成功。

不可否认的是，跑马圈地的结果使得越来越多的创业者陷入了被动。在这场轰轰烈烈的多元化实践运动之中，史玉柱就是其中一个受害者。

为此，史玉柱曾公开反对多元化："但凡是鼓吹自己多元化的，三年就会经营困难；不过五年，就会完蛋。民营企业面临的最大问题，不在于你有没有发现机会的能力，而在于你能不能抗拒各种机会的诱惑。"

史玉柱反对多元化的理由很简单，就是自己在多元化中栽过大跟头。1994年8月，国外软件企业拓展中国市场时，不仅抢走了汉卡的市场份额，还侵占了巨人集团其他软件产品的生存空间。

之后，急于从IT困境中突围的史玉柱不得不把突围的方向转向保健品，于是斥资1.2亿元开发全新的产品——脑黄金。让史玉柱没有想到的是，脑黄金产品却意外走红。资料显示，在1994年10月至1995年2月这短短几个月的时间里，在供货不足的情况下，脑黄金的销售回款竟然突破1.8亿元。

此刻，史玉柱看到了"暴力营销"的巨大作用。1995年5月18日，巨人集团更是将"暴力营销"做到了极致，同时在中国上百家报纸刊发整版广告。

当脑黄金取得开门红之后，巨人集团还推出了保健品、电脑和药品三大系列，共30个新品。在30个新品中，自然又以保健品为主，总共推出12个品种，涉及减肥、健脑、醒目、强肾、开胃等。

广告发挥了巨大的作用。在短短15天之内，经销商的订货量就突破15亿元。在当时，行业巨头三株、太阳神等保健品企业仍然在农村做刷墙体广告，而胆大的史玉柱却通过铺天盖地、无孔不入、狂轰滥炸式的广告策略，以及自身的渠道建设和严格管理，让一款全新的保健品家喻户晓。不到半年，巨人集团的子公司就从38家发展到了228家。

在取得阶段性成果之后，1996年初，史玉柱发起了"巨不肥会战"，以"请人民作证"的口号再次在全国掀起了保健品热销的狂潮。

此刻，史玉柱跟其他多元化的创业者一样，必然面临扩张后的管理不善。资料显示，由于史玉柱盲目地扩张，不仅导致脑黄金保健品管理不善，还导致脑黄金市场迅速萎缩。

在史玉柱这样疯狂的多元化战略中，遭遇惨败也只是早晚的问题。史玉柱失败后，曾经这样介绍当时的疯狂劲头："那时候，头脑发热，做过十几个行业，全失败了。比如，当时做的脑黄金、巨能钙、治心脏病的药，我们的老本行——软件、计算机硬件。当时传销还不算违法，还成立了一个传销部开始研究传销。（传销）队伍刚培养好，国家（开始）说传销违法了，最后那批人就解散了。"

1997年之前，在史玉柱盲目多元化的过程中，步步高电子公司创始人段永平就曾经给过史玉柱不要盲目多元化的忠告："做企业就好像高台跳水，动作越少越安全。"然而，史玉柱少年得志，此刻的脑黄金名噪一时，加上他正处在多元化的冒进之中，自然也就没有过多地琢磨段永平的告诫。

遭遇失败之后，史玉柱明白了段永平当初的忠告："在中国，多元化的企业除了复星之外，成功的没几个，搞多元化百分之百失败。中国企业家10年前的最大挑战在于占据机遇、把握机遇。随着这10年来经济法制的进一步规范，使得各行业进入白热化的竞争，所以现在企业家的最大挑战在于是否能够拒绝诱惑。以前各行业竞争不激烈，你什么也不懂，但只要你进去别人没进去，你就很容易赚到钱。现在竞争激烈了，专业化是非常必要的。但是我们许多民营企业还是沿用过去的思维，即便现在我也有这种认识，有几次我也没忍住，把投资报告提交给（决策）委员会，都被'枪毙'了。专业化不仅对中国企业适用，全球行业的发展趋势肯定也是走专业化道路。"

史玉柱曾经的失败在很大程度上都是多元化惹的祸。对于当时违背经济规律的做法，史玉柱回忆说："比如巨人汉卡，（当时）巨人汉卡确实做得不错，做得很好，销售额也很大，利润也很可观，在同行业里面已经算是佼佼者了。但是很快我们就以为自己做什么都行，所以我们就去盖了房子，搞了药，又搞了保健品。保健品脑黄金还是成功的，但是脑黄金一成功，我们一下子搞了12个保健品。然后软件又搞了很多，又搞了服装。"

在20世纪90年代的中国，倒下的不仅仅是史玉柱所创建的巨人集团，同时期倒下的还有另一个保健品企业——太阳神。

1987年底，"黄江保健品厂"在广东东莞黄江镇正式挂牌营业，这就是太阳神的前身。

谈到太阳神，就不得不提太阳神集团创始人怀汉新。1988年初，在全民经商的号召下，果敢的怀汉新毅然辞去公职下海了。在当时，怀汉新只不过是一项生物健技术的持有人。

在怀汉新看来，该生物健技术有着巨大的市场潜力，于是大胆地投入生物健技术。1988年8月，太阳神正式宣布全面启用整套CIS设计用于营销推广，将"黄江保健品厂"的厂名、商品名和商标统一变更为"太阳神"。

其后，太阳神迅速崛起，红遍大江南北，当年实现销售收入750万元，比预期整整高出10倍以上。1990年，太阳神的销售额达到2.4亿元。1992年，太阳神成为资产总值高达7亿元的企业集团。自此，没有人能否认太阳神在中国保健饮料行业的霸主地位，其市场份额最高时竟然高达63%。

起初，太阳神的企业发展战略坚持"以纵向发展为主，以横向发展为辅"，即以保健品发展为主，多元化发展为辅。但是到了1993年，太阳神的战略开始转向，一改纵向发展与横向发展齐头并进的做法。在短短一年时间内，竟然上马了包括石油、房地产、化妆品、电脑、酒店等在内的20多个项目，甚至还在新疆、云南、广东和山东等地相继成立了"经济发展总公司"，主要进行大规模的收购和投资。

其后，在1992年到1993年这短短的两年时间里，太阳神转移到这20多个项目的资金高达3.4亿元。但是这些项目都没有起色，而投下的3.4亿元就这样血本无归了。1997年，太阳神已经全年亏损1.59亿元。它在中国香港的股价由前一年的每股2.2元惨跌至9分港币。

在当前，对于多元化存在两种截然不同的观点。一种观点认为，企业经营者利用现有的资源，涉足多元化经营，既可以规避把鸡蛋放到一个篮子里的风险，又可以实现资源共享，产生1+1>2的效果。

另一种观点认为，企业经营者拓展多元化经营，既会造成人、财、物等资源分散，尤其是对于那些中小企业，又增加了管理的难度，降低了竞争优势。

客观地讲，多元化经营成败的关键在于企业所处的外部环境及所具备的内部条件是否符合多元化经营的要求。一旦相符，就可能成功；否则，就可能遭遇失败。

反观太阳神，在完成早期积累步入持续发展轨道时，太阳神的管理层一致认为，什么领域利润高，就应进入什么领域。正因为如此，最终使得太阳神因为多元化扩张而陷入重重危机。

从太阳神的快速崛起和面临的危机来看，以怀汉新为首的管理层没能抵抗住诱惑，进行了多元化扩张，从而导致企业迅速倒闭。

在上述案例中，不管是珠海巨人的多元化失败，还是太阳神的多元化失败，都在警示中国的创业者，在创业过程中，一旦盲目地进行多元化扩张，必然遭遇巨大危机，甚至是惨遭失败。

在一些场合下，史玉柱告诫创业者说："中国民营企业面临的最大挑战不是发现机会的能力，而是领导者的知识面、团队的精力、企业的财力问题。现在各领域的竞争都是白热化，企业只有集中精力，形成核心竞争力才能立足，否则就会一夜间完蛋。"

为了让投资决策更加理性化，在企业进行项目投资时，史玉柱把企业"国王"的位置一分为三：①所有者；②经营者；③决策者。

作为巨人创始人，史玉柱的项目投资决策必须经过领导层讨论通过后方能生效。例如，在上海健特，总裁是原来珠海巨人集团的常务副总裁，其他四位副总裁也都是原珠海巨人集团的副总裁，公司高级管理者有2/3是原珠海巨人集团的。对于创始人史玉柱来说，担任的仅仅只是决策顾问的职位。作为决策顾问，史玉柱不能享受老板的绝对权威。尤其是经历过第一次创业失败后，在创建的新公司体系内部设立了七个人的决策委员会，当有新项目时，决策委员会共同投票决定提名的项目。一旦决策委员会对某些项目存在争议，则最后由办公会议决定。

可能读者会问，在公司建立一个决策委员会，是否会影响决策的效率呢？答案是肯定的。史玉柱坦言："速度肯定要受到影响，但对现在的中国民营企业家来说，最大的挑战不在于他能不能发现机遇和把握机遇，而是他能不能抵挡诱惑，这跟10年前的环境不一样了，所以很多人还没有弄明白。中国现在的机会太多了，不用去找机会，机会都会找上门。"

史玉柱介绍道："最近几年出问题的企业家都有一个共同的特点，就是没能经得起诱惑，战线拉得太长，最终才导致问题的出现。而且摊子铺得过大，手中的现金就不足以支撑这些项目，他肯定会做一些非常规的事情，而在中国的法律体系下，非常规的事情常常就是非法的事情。"

史玉柱所建的决策委员会投资机制，能够理性地让史玉柱决定某个投资项目。不可否认，正是这种决策机制给史玉柱的合理决策提供了正反两方面的建议。例如，当吴征退出新浪时，当时希望找一个接盘侠。有人问史玉柱买不买，给出的价格十分公道。事后证明，如果当时出手，史玉柱就会净赚数十亿元。然而，决策委员会一致认为，该项目风险过大，不同意购买，最后史玉柱选择了放弃。虽然如此，但是决策委员会的许多决策为史玉柱抵御了不少投资风险。

企业战略必须聚焦，聚焦，再聚焦

企业就像处在一个充满激烈竞争的原始丛林，而初创企业就像羚羊般弱小，面对狮子、老虎般强壮的大企业，要想谋求生存空间，答案就是"适者生存"。在"适者生存"的策略中，专注成为初创企业生存和发展的一个重要推动力。

客观地讲，多元化扩张还是专业化突破，是横亘在很多创业者面前的一个最为头痛、最具争议的问题。从这个争议中不难看出，多元化的成功概率本身就比较低。相关数据显示，通过对412家企业样本进行分析，从回报率来说，专业化经营的方式远优于多元化经营的方式，而且并不是所有的企业都可以复制通用电器的多元化辉煌。在中国企业的多元化道路上，倒下了太多的企业巨头。

从联想FM365的倒闭、海尔生物制药的无功而返、实达沦为ST股、奥克斯汽车停产，到德隆系垮台，使一些学者断言："包括海尔在内，中国现在还没有一家企业搞多元化是成功的。"

对此，史玉柱在多个场合告诫诸多创业者，只有专注化才能减少失败的概率。因为失败的企业都有一个共同特点，就是没能抵挡住诱惑，战线拉得过长，以致最后出了问题。

事实证明，对于任何一个创业者而言，要想把初创企业顺利地做强做大，创业者在项目投资时，必须充分地保持自己理性的投资意识，在似乎是机会的诱惑中摒弃自己的诸多贪念，做到在项目投资时绝对不可以盲目冒进。

在面对新的机遇时，特别是在认准了某个潜力巨大的项目后，创业者必须冷静应对，客观地评估其风险。因此，作为创业者，一定要抵挡住外部诸多机会的诱惑，绝对不能见到什么项目好就投资什么项目。

针对这个困扰创业者的问题，史玉柱用了七个字来概括——"聚焦，聚焦，再聚焦"。众所周知，史玉柱因为盲目多元化而失败了。20世纪90年代，在这个到处充满机会的华夏大地上，史玉柱捕捉到了诸多商业机会，巨人汉卡一路畅通无阻，销售记录屡屡刷新。春风得意的史玉柱在充满陷阱的机会里忘记了风险，而巨人大跃进式的发展更加使得史玉柱认为"人有多大胆，地有多大产"。在这场轰轰烈烈的多元化大跃进中，史玉柱开始染指服装、保健品、地产等十多个行业。

然而，史玉柱没有想到的是，曾经高调建起的巨人大厦竟然成了巨人多元化失败的导火索。为了修建巨人大厦，巨人集团不得不从其他业务中截留资金来填补这个超出预算的项目。由于巨人大厦需要太多的现金，结果使得巨人集团现金流断裂。巨人集团就这样被拖垮了，负债两亿多元。

失败后的史玉柱不得不总结自己的失败教训。据说史玉柱还曾找到三株创始人吴炳新寻找其失败根源。史玉柱得到的指点是，集中全部精力做一款产品，当成功后，再做第二款产品。

其后，史玉柱始终坚持这一策略，绝不冒进。即使在做脑白金产品时，他也同样坚持这样的策略。当脑白金取得成功后，再做黄金搭档产品；当黄金搭档产品成功后，再做《征途》产品……。对此，史玉柱接受采访时称，当多元化失败后，自己变得很胆小，特此给自己定下了三条铁律，其中一条就是绝不盲目冒进，草率进行多元化经营。

第七章

房客变房东：盲目进入房地产市场

> 几年前，几乎所有的大中小型企业都进入房地产，如今这些项目面临资金链紧张以及房价低迷的双重打击，纷纷转让股份以求自保。该交易所悄然增设"房地产资源整合业务部"，专为房地产资源优化组合提供平台服务，主要以项目公司股权转让或投资合作方式进行运作。
>
> ——浙江产权交易所董事长　颜春友

盲目进入房地产，企业本身发展面临缺血

在如今房地产火爆的时刻，越来越多的企业老板涉足房地产，都在分享房地产这个盛宴带来的喜悦。然而，在这场轰轰烈烈的房地产运动中，一些中小企业却危机重重。2011年8月25日，中国房地产业协会副会长朱中一在中国商业地产高峰论坛上表示："当前房地产企业要更多关注商业地产，但是不要盲目进入这一领域。"

在朱中一看来，当前的商业地产既面临发展的机遇，同时也蕴含很多不确定因素。朱中一认为，房地产企业进入商业地产，必须认识到其不确定性因素，主要包括如下几个方面：

第一，从企业层面而言，商业地产的门槛要比住宅地产高。而且，商业地产的开发、运营、物业管理等方面，都与住宅地产有很大的不同。

第二，从政策层面而言，目前国家还没有对商业地产出台系统的、指导性的文件。

第三，未来商业地产和住宅地产的发展还存在怎样做到"总量基本平衡，结构基本合理"的问题。就目前来看，住宅地产投资占整个房地产投资的70%。同时，商业地产的发展与当地的经济发展水平、相关产业的发展、普通老百姓的消费能力等因素息息相关，不同地区商业地产的布局和结构都值得房企认真研究。[1]

---

[1] 陈莹莹.朱中一：房企不要盲目进入商业地产[N].中国证券报，2011-12-14.

既然具有诸多不确定性，那么企业老板为什么还要去投资房地产呢？原因就是房地产能够带来高额利润回报。在这几年的媒体报道中，长三角地区的企业就是这样一批比较典型的追逐者。事实上，在这场房地产运动中，整个长三角地区的企业都没能置身事外，稍微有一定规模的制造业企业都在试图涉足这个高利润的房地产行业。对此，《上海证券报》记者吴芳兰称之为"绑在房地产战车上的制造业"。

2003年，浙江省工商局公布的"2002年度浙江百强非公（民营）企业"名单上，排名前10位的企业中，有7家都把房地产作为重要发展的产业。到了2006年，房地产投资进入一个高峰，长三角16个城市以占全国1%的土地和6%的人口，投下了占全国1/5强的资金——4076亿元。2006年，据中国地产投资网统计，宁波十大商业品牌的前三名——雅戈尔、罗蒙、杉杉均涉足房地产，余姚、慈溪一带以制造业起家而涉足地产的企业更是数目众多，据不完全统计在40家左右。[①] 房地产业务的暴利让越来越多的中小企业垂涎三尺，众多企业不顾一切地投资。浙江绍兴一家纺织企业的负责人胡立新说，他在2003年随大流进入了房地产。

面对诸多企业盲目涉足房地产，浙江一位经济学专家介绍了近年来长三角制造业发展的轨迹。他说道："几年前，进入房地产是很多制造业企业的优先选择，因为纺织业的利润为2%，家电的利润为2%，外贸企业的利润为8%，但是房地产开发的利润率高峰时达30%~40%，谁都会动心。"

在该专家看来，随着金融危机、次贷危机的爆发，以及中国消费者购买力的下降，加之中小企业的实力比较薄弱，跟风进入房地产的企业大多面临资金链断裂的问题。

毋庸置疑，商人的逐利思维没有什么不对。不过，中小创业企业要想做强做大，创业者必须能够抵制更多的机会和诱惑，在这个寒冷的金融危机时期更是如此。有人说投资房地产比投资制造业更能赚钱，特别是在2004—2008年，绝大部分企业纷纷进入房地产，就像美国当年的淘金热一样，但其结果可想而知。

南望集团曾是浙江省软件企业十强之一。然而，南望集团却在金融危机爆发的2008年深陷资金链困局，资金链突然断裂。

公开资料显示，南望集团的主营业务是生产远程图像监控设备，其设备已经占据全国电力系统1/3的市场。

---

① 吴芳兰. 长三角制造业投资房产重创　浙90%房企将出局[N]. 上海证券报，2008-07-10.

南望集团跟其他企业一样，当发展到一定规模后，就走上多元化发展道路。对于资金链断裂的问题，一位早期法人股东道出了真相：南望集团的问题除了重庆的水电站外，还有北京海淀区的星火大厦和杭州的一块土地，这三个项目都是占用资金过多，迟迟没有回报。

在这位早起法人股东看来，房地产是南望集团资金链断裂的最后一根稻草。

可以说，南望集团并非唯一一个进入房地产的企业。尽管一些企业进入房地产后遭受了损失，但是房地产依然是诸多企业的不二之选。例如，报喜鸟、庄吉、法派等品牌服装企业，以及温州最大的鞋业巨头奥康、红蜻蜓都纷纷涉足其中。温州本土知名经济学者马津龙估计，大约70%的企业都涉足房地产投资，由于房地产几年来一直是卖方市场，这些企业的收益都非常可观。[①]

然而，一些研究者非常担忧制造企业进入房地产的后果。《泉州晚报》记者郑巧伟、邱凌蓝在《盲目进入房地产企业发展面临缺血》一文中指出："现阶段我市民营企业每年利润超亿元的少之又少，而投资房地产是需要拥有雄厚资金的，如果一个企业将每年的大部分资金都投入到房地产中，那么本行业的发展将受到资金不足的影响，特别是我市的制造业。目前我市的制造业在技术、设备等方面都和其他省市存在着距离，更不用说和国外上档次的企业相比。一旦这些行业把资金投入到房地产中，那么行业的技术、设备更新的速度就会受到很大影响，泉州制造业将在竞争中处于劣势，只能一味地生产一些加工密集型的产品。"

这样的担忧是有远见的。泉州这样的问题是中国普遍存在的一个问题。当越来越多的民营资本争相流入房地产行业，势必会影响实业经济的发展。

理性回归实业才能真正解决问题

不可否认的是，尽管目前房地产有较大的利润空间，但是随着近年来房价的不断高企，有的房价已经高出购买者的实际购买力，如果还盲目地投资房地产，其风险无疑是不断加大的。一旦资金被房地产套牢，那么企业原本赚到的资金就变成一堆固定的混凝土，企业的资金链也可能因此断裂，甚至可能重新面对生存问题。此类事件在中国诸多地方已频频发生过。

需要警惕的是，由于各行各业都纷纷涉足房地产业，在某种程度上刺激

[①] 岳淼．"中国制造"的真实困境 [N]．环球企业家，2008-05-23．

了房地产市场的火爆。但此种现象多是假象，部分房地产开发企业担心，这样的假象会影响消费者对房地产市场的正确判断，从而加剧房地产泡沫的形成。①

对此，浙江产权交易所董事长颜春友在接受媒体采访时谈道："几年前，几乎所有的大中小型企业都进入房地产，如今这些项目面临资金链紧张以及房价低迷的双重打击，纷纷转让股份以求自保。该交易所悄然增设'房地产资源整合业务部'，专为房地产资源优化组合提供平台服务，主要以项目公司股权转让或投资合作方式进行运作。"

从颜春友的话中不难看出，"绑在房地产战车上"的长三角制造业已经开始谋求"明哲保身"。

颜春友在预测大批房地产企业将被洗掉时建议说："很多从事制造业的企业要回归主业，如果再拖，可能拖垮主业，因此要考虑剥离房地产项目或者公司。"

颜春友的建议还是很有建设性的，这主要是由于一些外来型房产地企业是生产类或者流通类企业，现在企业的主营业务在人民币升值等因素的影响下，生产效益下降，并导致流动性资金减少，其辅营的房地产开发又面临比较大的资金投入，这类公司牵一发而动全身，容易面临资金链断裂的风险。

对此，颜春友重点谈道："高峰时期，浙江省出现了2400多家房地产企业，如今90%的房地产企业将面临淘汰，能留下10%，也就是240家已经非常不容易了，并且还将持续地整合。"

据陈光发表在《理财周报》上的一篇名为《雅戈尔急救资金链：分析师称'涉足地产是错误'》的报道称，减持风光套现背后，现金流压力成为雅戈尔无法回避的软肋。按照公司的战略分类，拉动公司业务发展的"三驾马车"中，服装主业为公司提供现金流，房地产业提供大额利润，金融投资则作为种子业务锦上添花。但随着近期国际金融风暴的影响扩大，公司服装出口业务受到很大影响。②

该报道还称，楼市的低迷也使公司现金流回收低于预期，但房地产投资却依然继续。"公司短期借款占总资产的比重达到21.3%，长期借款和短期借款总额占总资产的比重为29.16%。这说明公司的现金流出现了不小的问题，这次减持中信股权，应该不排除有套现扩充现金流的用意。"③

---

① 郑巧伟，邱凌蓝.盲目进入房地产企业发展面临缺血[N].泉州晚报，2005-01-07.
②③ 陈光.雅戈尔急救资金链：分析师称"涉足地产是错误"[J].理财周报，2008（11）.

对此，颜春友在接受《上海证券报》的采访时谈到了自己的看法："现在资金是个大问题，在房地产暴利时期，因为整体形势好，自然能带来资金流。现在，资金的巨大压力迫使部分企业选择离开。"

从颜春友的话中不难理解，一些企业老板如果因为高额利润回报就盲目进入房地产，那么一大批房地产企业将被洗掉。监管部门对上海房地产企业的贷款情况及其资金状况进行了抽样调查。调查结果显示，上海房地产开发企业总体资金来源减少，资金趋紧，负债率上升，部分过度扩张的企业面临资金链断裂的危机，但目前尚未成为普遍现象。如果政策面继续趋紧，则房地产企业资金链可能断裂，银行贷款面临的风险不容乐观。上述调查报告出炉后不久，央行、银监会联合发布《关于金融促进节约集约用地的通知》，再度重申严格商业性房地产信贷管理。[1]

无独有偶，上海市城市经济学会高级经济师顾海波也认为，目前银根继续收紧，使得市场观望氛围蔓延，一些资金紧张的开发商通过降价等方式来缩短销售周期，以求迅速回笼资金，这也使得更多的外来型房地产企业面临更加紧张的资金压力。[2]

顾海波在接受《上海证券报》的采访时说道："企业都向房地产发展，形成千军万马挤独木桥的现象是极其不正常的。其实，目前住房总量已经饱和，缺口是解决中低收入人群的住房问题，而不是投机品。目前面临再度转型，是一个痛苦的过程。"

据顾海波介绍，在几年间，房价上涨了五倍左右，很多企业都去投资房地产，这肯定是不正常的。现在是一个理性回归、房价回调的过程，而开发商原来干什么就还回去干什么。这有利于真正优质的房地产企业的成长，对他们来说是一个好机会。

顾海波强调称，将制造业"绑在房地产战车上"本来就是一个特殊时期的不正常现象，房地产企业的剥离是制造业的"回归"与"自我的重新发现"。

---

[1] 夏晨.颤抖的资金链：监管部门调查上海房企钱荒[N].21世纪经济报道，2008-09-09.
[2] 吴芳兰.长三角制造业投资房产重创 浙90%房企将出局[N].上海证券报，2008-07-10.

第八章

过度的增长欲：战略缺乏规划，想到什么就做什么

> 联想控股投资的方式战略挺清楚，除了我们的财务投资以外，在战略投资类型里，我们要先选不确定性中最确定的因素，让我们先把饭碗端稳。什么是最确定的呢？就是中国有几亿人口的中等收入的人群，需要消费，需要吃东西，需要有健康保证，等等。这些东西是不确定性中最确定的了，而且也不会因为业务模式的颠覆或者科技颠覆把它颠覆掉。所以在这方面，我们要下点功夫。光一个餐饮业就有4万亿，那就不得了。
>
> ——联想创始人　柳传志

战略管理普遍缺失

中国改革开放后的40年，也是中国经济极速发展的40年，机会随处都是。在一个机会型市场内，当13亿人的大市场做什么都赚钱时，专注似乎就显得多余了。特别是从20世纪80年代开始，中国制度转型期的经济秩序和行业结构调整腾出了大量的利益空间。只要创业者敢想敢干，把拥有的某种特殊资源，如关系、渠道、资本、垄断优势等转化为商业价值，就算是进入一个完全陌生的行业，创业者也可能获取丰厚的利润。

在这样遍地是机会的背景下，完善的战略规划就如同一张白纸，不具任何意义。然而，尽管商业机会众多，越来越多的中小企业不是成长缓慢就是寿命短暂，这个问题一直困扰着众多的中小企业老板。不过，越来越多的中小企业老板认识到，战略管理制度的缺失是中小企业持续发展的重要制约因素。因此，只有厘清战略规划，才能彻底解决战略管理普遍缺失的问题。在这里，笔者以《隆中对》为例予以说明。

亮躬耕陇亩，好为《梁父吟》。身长八尺，每自比于管仲、乐毅，时人莫之许也。惟博陵崔州平、颍川徐庶元直与亮友善，谓为信然。

时先主屯新野。徐庶见先主，先主器之，谓先主曰："诸葛孔明者，卧龙

也，将军岂愿见之乎？"先主曰："君与俱来。"庶曰："此人可就见，不可屈致也。将军宜枉驾顾之。"

由是先主遂诣亮，凡三往，乃见。因屏人曰："汉室倾颓，奸臣窃命，主上蒙尘。孤不度德量力，欲信大义于天下，而智术浅短，遂用猖蹶，至于今日。然志犹未已，君谓计将安出？"

亮答曰："自董卓已来，豪杰并起，跨州连郡者不可胜数。曹操比于袁绍，则名微而众寡，然操遂能克绍，以弱为强者，非惟天时，抑亦人谋也。今操已拥百万之众，挟天子而令诸侯，此诚不可与争锋。孙权据有江东，已历三世，国险而民附，贤能为之用，此可以为援而不可图也。荆州北据汉、沔，利尽南海，东连吴会，西通巴、蜀，此用武之国，而其主不能守，此殆天所以资将军，将军岂有意乎？益州险塞，沃野千里，天府之土，高祖因之以成帝业。刘璋暗弱，张鲁在北，民殷国富而不知存恤，智能之士思得明君。将军既帝室之胄，信义著于四海，总揽英雄，思贤如渴，若跨有荆、益，保其岩阻，西和诸戎，南抚夷越，外结好孙权，内修政理；天下有变，则命一上将将荆州之军以向宛、洛，将军身率益州之众出于秦川，百姓孰敢不箪食壶浆以迎将军者乎？诚如是，则霸业可成，汉室可兴矣。"

先主曰："善！"于是与亮情好日密。

关羽、张飞等不悦，先主解之曰："孤之有孔明，犹鱼之有水也。愿诸君勿复言。"羽、飞乃止。[①]

在该文中，体现了诸葛亮审时度势，善于透过局部掌握全局，并能高瞻远瞩，推知未来。然而，其中的战略依然存在诸多不确定性。

从创业者刘备的角度来看，"三分天下"这一战略实现的前提是必须拿下荆、益二州。当然，即使拿下了荆、益二州，仍然不足以撼动曹魏集团。因此，《隆中对》的全部战略构想依然建立在联吴抗魏的基础上。从某种意义上讲，作为最弱的巴蜀，谋求蜀、吴联合抗魏，不过是一厢情愿而已。

学者刘文瑞曾撰文谈道，将"三分天下"的战略设想当作一个确定前提来看待，是后来蜀国战略失败的重要原因之一。

在刘文瑞看来，吴、蜀虽然可以联合抗魏，但是由于力量不对等，吴国君臣肯定认为自己吃亏了，这就使战略联合存在裂痕。当其后刘备不听巴蜀高层的劝阻，与吴国闹翻时，绝对不全是为了给拜把子兄弟关羽报仇，甚至可能是由于吴国咄咄逼人的态势让刘备不堪重负。当失去荆州后，巴蜀的战

---

① 陈寿. 三国志[M]. 北京：中华书局，1959.

略部署已经受到致命打击。对刘备这种人来说，事业前景的断送，远比兄弟之情更容易导致孤注一掷的行为。①

可以看出，作为一个创业者，刘备因为缺乏一个完善的战略规划而最终抑郁而终，接班人刘禅也"乐不思蜀"而被囚禁。因此，《隆中对》的战略警示中国企业老板，如果战略缺乏规划，想到什么就做什么，那么你的企业就离倒闭不远了。

提起周作亮，那可是当年湖北响当当、叱咤风云的人物。周作亮曾是全国最佳农民企业家、全国劳动模范、全国自强模范、全国优秀乡镇企业家、全国农村十大新闻人物、第八届全国人民代表大会代表，兼任中国乡镇企业协会副会长、湖北省厂长（经理）会常务理事、湖北省企业家协会常备理事、湖北省残疾人联合会副主席。从这一长串的头衔可以看出，周作亮曾经有过辉煌的过去。这些辉煌要从1979年夏天开始谈起。

在1979年的夏天，湖北省武汉市闷热无比，39岁的农民周作亮用一根竹竿挑着简单的行李，满怀憧憬地站在湖北省武汉红旗服装厂大门外。此刻，周作亮的人生目标就是要成为武汉红旗服装厂的一名服装工人。红旗厂总技术师林逸民被周作亮坚韧的性格感动了，于是破例收下了这个特殊的学徒。

3个月后，周作亮在幸福村的一间小库房里挂起了"幸福服装厂"的牌子。第一年，7个人7台缝纫机创下了2万元的产值，盈利5000元。此后的10余年间，周作亮凭着他对服装的天赋和对服装市场的感悟，其能力得到了淋漓尽致的发挥。例如，周作亮敢于举债从美国和日本引进当时较为先进的14条服装生产线，其衬衫、西服两大主导产品开始打入国际市场。

1989年，国际市场环境极度恶化，衬衫、西服等产品订单大幅度减少。在这样不利的形势下，周作亮凭借对服装市场的了解，先后在深圳特区、中国香港特别行政区成立了永福制衣有限公司和永福贸易公司，仅仅在1989年就拿到了8000万元的外贸订单。

由于周作亮能够处变不惊和及时把握时机，幸福服装厂得以高速成长。1991年，周作亮将幸福村和幸福服装厂村企合一，成立了幸福集团公司，周作亮出任幸福集团董事长兼总经理。1992—1993年，在周作亮的领导下，幸福集团公司较早地开始了股份制改造。当然，公司股份制改造激活了幸福集团。

之后，倘若周作亮一直专注于服装，那么他手中的那把"金剪刀"可能

---

① 刘文瑞.《隆中对》的战略失误[J].管理学家（实践版），2009(6).

含金量会越来越高。但是村企合一后，周作亮率先提出，建设一个"现代化的中国幸福村"。为此，周作亮先后投资3000万元，建成了一片"渠成格、田成方、路成线、树成行"的极宜观光的农田开发区和200栋村民别墅。

此后，一个现代化的中国幸福村在江汉平原诞生了。不可否认，这些奇迹的创造既得益于改革开放的机遇，也与周作亮个人的勇气、胆识和能力有关。

1993年，周作亮的各种荣誉如雪花般纷飞而至。此刻的周作亮偶然获悉铝材走俏，经营铝材可以获取丰厚的利润，于是，当即决定兴建铝材厂，并且仅用8个月的时间就投资1.1亿元建成了日产10吨的铝材加工厂。

当日产10吨的铝材加工厂建成后，周作亮不得不从外部采购所需的铝锭、铝棒。为了更好地与铝材加工厂配套，周作亮决定再建一个电解铝厂。但是，再建一个电解铝厂面临的最大难题是幸福村电力供应不足。

为了解决电解铝厂的用电问题，周作亮不顾电力部门的强烈反对，在小火电已经列为限制发展项目的情况下，仍然坚持修建了拥有三台5万千瓦小机组，年发电能力达到15亿千瓦时的火电站。然而，让周作亮犯愁的是，电解铝厂自用电仅为6亿千瓦时。如果仅仅是电解铝厂，那么三台小机组中有两台就必然闲置。

毋庸置疑，修建了电厂，当然还得修建变电站与之匹配。于是修建变电站就成了必然的"周氏选择"。这样做不仅可以解决电解铝厂的用电问题，而且可以解决剩余电力的对外输出和联网问题。

然而，当发电厂修建完成后，要发电就需要大量的煤炭，而幸福村的交通极不便利，既不通船又不通火车。周作亮为了解决火电厂发电的用煤问题，专门成立了一个庞大的运煤车队。然而，让周作亮没有想到的是，像幸福村这样简易的乡村公路根本无法通过载重60吨的重型卡车。为了解决载重60吨的重型卡车的通行问题，周作亮决定修一条长40千米耗资7000万元的二级公路。当发电产生的灰粉无法处理时，周作亮计划兴办一个水泥厂。周作亮甚至提出要让汉江改道，把铁路修到张金村。

就这样，周作亮斥资15亿元，执意兴建了电厂、铝厂、变电站"三大工程"。尽管这"三大工程"于1997年陆续建成投产，但投资巨大且回报期长，而此时幸福集团的年产值仅有五六亿元。

周作亮为了解决资金周转不足的问题，不得不考虑其他的融资渠道。例如，周作亮从幸福信用社（1992年由幸福集团控股组建的湖北潜江市幸福城市信用社）高息揽储，除在潜江市本地外，还购买了位于武汉市汉正街市场约1000平方米的房产，并以此作为据点，由担任周作亮决策顾问的周训和经营的大江城市信用社牵线搭桥，在武汉吸收一年期存款达9.4亿元，涉及储户7万多人，其承诺的最高年利率为20%。

然而，由于在修建电厂、铝厂、变电站时投资巨大，而幸福城市信用社一直处于严重的流动性危机中，所以最终酿成巨大的公众存款支付风险。

这时周作亮心中的企业战略就是"逢山开道，遇河搭桥"，就是走到哪算哪，遇到什么就干什么。这种没有战略的经营、盲目的发展把幸福集团一步一步引向衰败的边缘，也不可逆转地把周作亮引上"大而全，小而全，缺啥补啥"的封闭式发展的不归之路。

有报道说，1999年9月，周作亮无奈地将自己一手创建的湖北幸福集团的大部分股份转让给湖北国投，湖北国投成为这家上市公司的第一大股东。

与此同时，从小服装厂创业开始到曾经拥有一家上市公司的周作亮，不得不把自己的办公室搬到已经停建的四层办公大楼后面的一排简易平房里。不久前，他还在有着长长的门廊、铺着鲜艳绿色地毯的套间内办公。

转眼之间，两鬓斑白的周作亮似乎一下退回到了1979年7个人7台缝纫机的创业年代。

从上述案例中不难看出，铝材厂打开了周作亮心底的魔盒，一系列的巨额投入最终导致幸福集团严重的"资金饥渴症"，并把旗下的幸福城市信用社逼进了死胡同。

周作亮的案例也是多年前的事情了，但是在今天，周作亮的做法依然警示中国企业，谁拥有战略，谁就赢得未来。如果周作亮有完善的战略，那么今天的周作亮就可能与柳传志、任正非相提并论。

战略规划的有效性

北京华夏圣文管理咨询公司在中国企业界做过一次关于"企业家战略问题"的调查，结果显示，90%以上的中国企业家认为，制定战略规划是最为困难、最占时间、最为重要的一件事情。但遗憾的是，很多企业老板依然缺乏战略思维。

对此，中国国有资产监督管理委员会经济研究中心主任王忠明在首届中国企业发展论坛上指出，他曾逐户走访过国资委监管的全部189家中央企业中的140多家企业，但有真正意义上的发展战略的企业微乎其微。

那么到底什么是战略呢？战略最早用于军事。在中国，战略一词历史久远，具体是指战争的谋略。如今，战略的含义演变为统领性的、全局性的、左右胜败的谋略、方案和对策。

在企业经营中，企业战略具体表现为企业根据环境的变化、自身的资源和实力选择适合的经营领域和产品，形成自己的核心竞争力，并通过差异化在竞争中取胜。随着世界经济全球化和一体化进程的加快及随之而来的国际竞争的加剧，对企业战略的要求愈来愈高。

对此，王忠明认为："成熟的企业发展战略要经过企业的成败沉浮和相当长时间的调整发展后才能形成。"

在王忠明看来，企业老板不仅应是一个经营者，更应是一个战略家。诸多中国企业之所以没有战略，根本原因在于企业老板没有战略规划，或者缺乏战略规划意识。在企业经营管理中，战略规划的有效性应从两个方面考察：①战略正确与否，正确的战略应当做到组织资源和环境的良好匹配；②战略是否适合于该组织的管理过程，也就是和组织活动匹配与否。

战略规划的目标应当是明确的。对于任何一个企业老板而言，在制定科学的战略规划时，必须清楚"我在哪里""我将去何方""我如何去""如何走好"的"战略四部曲"。

在这"战略四部曲"中，要求企业老板制定的战略规划通俗、明确、可执行。然而，中国许多企业老板由于缺乏"战略四部曲"的思路，导致战略规划内容不足，或者其过程残缺。

为什么会出现这样的问题呢？主要是这部分企业老板都有丰富的工作技能和经验，所以他们的战略大多数聚焦在"如何去"的问题上，对其他方面都不甚清楚。然而，企业老板必须明白，确立与实现任何一个企业战略目标都必须依据本企业的实际情况，绝对不能背离企业所处的竞争环境。因此，企业老板在确立和实现企业战略目标时，必须把握两个关键内容：①对环境信息的充分掌握；②用正确的方法和思路来整合有关信息，并提出相应的论断、决策和行动方法，以利于企业战略目标的达成。

当然，制定战略，必须加强对长期问题的研究。很多企业面临的长期问题非常多，包括发展方向问题、渠道发展问题、盈利模式问题、发展步骤问题、品牌建设问题、信誉建设问题、文化建设问题、人才开发问题、创新问题等。如果对这些长期问题在制定战略时不加考虑，那么这样的战略就解决不了这些问题，也就毫无意义可言。因此，企业老板在制定战略规划时必须考虑以上九个长期问题。

第九章

决策就是拍脑袋：想到什么就做什么

> 从64层加到70层，是我一个人一夜之间做出的决定，我只打了个电话给香港的设计所，问加高会不会对大厦基础有影响，对方说影响不大，我就拍板了。
>
> ——巨人创始人　史玉柱

拍脑袋做出重大决策

在"传统企业到底该如何转型"的培训课上，一位中层经理抱怨说："在我们公司，我舅舅，也就是我们老板常常在一些重大决策上从不和我们这些高层经理商量，而且上千万元的投资决策都是通过拍脑袋的方式做出。这样的决策方式使得我们这些高层经理很被动，甚至还导致企业经营困难重重。"

中国企业老板常常会犯这个拍脑袋决策的错误。究其原因在于，过去40年中，中国经济处于极速发展阶段，机会随处都是，做什么都会赚钱，因而科学、系统地做出某些重大决策似乎就显得多余了。

这部分老板不知道的是，在企业经营中，某些重大决策主要针对企业未来的发展方向，关乎企业长期的、全局的和动态的市场竞争。这就决定了老板做出的决策必须基于核心竞争能力。

在这里，我们就以史玉柱拍脑袋修建巨人大厦为例予以说明。

珠海巨人集团的危机，就在于巨人大厦的层层加码。巨人大厦从最初设计的18层，到38层，再到后来的54层、64层，直到最后的70层，导致资金链断裂，从而造成整个巨人集团陷入重重危机。

为什么会发生这样的事情呢？因为巨人集团背后隐藏着一个更加深层次的企业管控制度问题。在巨人大厦从18层到70层的决策过程中，体现了高层老板的强势。

不可否认的是，就是从18层到70层这一系列头脑发热的过程，改写了巨人集团的企业历史。

当然，在巨人大厦楼层加高的过程中，曾多次遭到多名高级干部的质疑。

但由于巨人集团从未形成过尊重"异议人士"观点、民主协商、集思广益的企业管控制度，所以在巨人大厦楼层加高的时候，当不同意见，特别是反对意见提出来之后，自然不会引起巨人集团高层的重视。

这主要源于巨人集团的执行文化——董事长或者总经理的决策都必须严格执行。在这样的执行文化下，不同意见，特别是反对意见也就不可能改变增加大厦楼层的决策。当巨人大厦的楼层一层一层地往上加，直到增加到70层时，最后一根稻草终于压垮了巨人集团。

巨人集团遭遇重大危机后，史玉柱接受《南方周末》记者的采访时曾这样说："现在想起来，制约我决策的机制是不存在的。这种高度集中的决策机制，尤其集中到一两个人身上，在创业初期充分体现了决策的高效率。但当巨人规模越来越大、个人的综合素质还不全面时，缺乏一种集体决策的机制，特别是干预一个人的错误决策乏力，那么，企业的运行就相当危险。"

究竟是什么的原因驱使巨人大厦从最初设计的18层加到最后的70层呢？史玉柱在接受媒体采访时坦言："从64层加到70层，是我一个人一夜之间做出的决定，我只打了个电话给香港的设计所，问加高会不会对大厦基础有影响，对方说影响不大，我就拍板了。"

案例中，一个关系到企业生死存亡的重大决策就这样随意地产生了。很多中小企业老板在经营管理中，特别是在决策中往往都持有"唯我独尊，刚愎自用"的心态。当面临某个重大机遇时，一部分老板常常采用"民主"的决策方式，把决策问题拿到公司高层中讨论。然而，在开会讨论之前，一部分老板在脑子里其实就已经有了一个大体的框架。一些老板开会讨论的目的，更多的是要把已经做出的决策让高层经理们接受而已。在高层会议上，如果高层经理们提出不同意见，甚至是相反的意见，那么接下来，老板们就开始说服提反对意见的高层经理，而不是考虑自己的主张是否存在问题。

拍脑袋决策已经不再适用

不可否认的是，在企业经营中，任何老板都不可能保证自己做出的每一个决策都是正确的，这也是不现实的。就如在战场上，任何一个将军都不敢保证自己能百分之百地打胜仗。

素有"现代管理之父"之称的彼得·德鲁克（Peter F.Drucker）认为，决策就是判断，就是在各种可行方案之间进行选择。哈佛商学院认为，决策对于企业的作用非常巨大，可以说，企业的成败主要取决于决策和管理两大因素，其中决策因素占80%，管理因素占20%。从哈佛商学院的观点来看，决定企业成败的绝大多数因素与决策有关。从这个意义上说，企业老板的决策关乎企业的做强做大，更关乎企业的生死。

据报道称，在2008年的金融危机中，中国仅仅在2008年上半年就有6.7万家规模以上的中小企业倒闭。尽管当时的宏观调控对部分企业有一些影响，但是这些都不是致命的。一个企业倒闭的原因虽然很多，但终究只有一个因素是相同的，那就是企业的经营管理存在问题。

那些倒闭的中小企业，在金融危机之前大部分进行过大规模盲目投资，当然，这也是这次倒闭潮的罪魁祸首。在浙江慈溪，被人称为"完全靠低价来做市场的冰箱制造行业"就是其中的一个典型代表。

慈溪交通便利，区位和交通优势十分明显，东离宁波60千米，北距上海148千米，西至杭州138千米。如此优越的条件无疑给这片土壤提供了良好的商业条件。21世纪初，慈溪成为中国三大家电制造基地之一。

在2008年金融危机爆发前，特别是2000—2007年，中国企业借着中国经济发展的东风可以说是如鱼得水。具有敏锐市场嗅觉的浙江慈溪企业老板决不会放弃这样的市场机会。从2005年开始，很多慈溪企业老板开始投资建厂，生产冰箱。

然而，在慈溪企业老板的意识中，"只顾着投身去赚钱"就可以，不会过多地考虑企业的发展前景。2007年，一名老板在饭桌上谈着谈着就拍板，说他要进军冰箱产业。据媒体报道，这个老板原来是养兔子的。

这些投身到冰箱行业的企业老板许多都是门外汉，那么这些从来没有涉足家电产业的企业老板为什么要投身于冰箱制造行业呢？据媒体披露，这些老板认为，冰箱制造是当时最赚钱的行业。

数据显示，慈溪冰箱2007年的产量突破了500万台。到2007年底为止，慈溪从事冰箱生产的企业约50家，设备投资超过1亿元。在慈溪，有媒体曾用"异军突起"来形容当时许多企业投资冰箱行业的勇敢与冲动，然而，这股冲动在2008年画上了休止符。在2008年的金融危机中，接到订单的冰箱生产企业已经不超过10家了。

从上述这个案例中我们不难看出，一个低则百万元高则千万元乃至上亿元的投资项目，老板在饭桌上谈着谈着就拍板了。这样涉及重大转型的决策仅靠拍脑袋就能做出，听起来非常不可思议。然而，这样的拍脑袋决策每天都在进行着。

老板拍脑袋决策是珠三角、长三角许多中小企业倒闭频现的重要因素。因此，在面对重大机遇时，科学决策是企业稳定发展的一个重要保证。

读者可能会问，什么是科学决策呢？所谓科学决策，是指决策者凭借科学思维，在充分调查研究的基础上，把握趋势，利用科学手段和科学技术对重大问题做出决定，并提出目标、方法、策略等。科学决策具有以下三个特征（见表9-1）。

表 9-1 科学决策的特征

特征	具体内容
决策程序性	主要是指企业老板在科学决策时，不能头脑发热，信口开河，更不能独断专行，简单拍板，随意决策，必须按照一定的程序，充分依靠企业领导班子及所有员工的集体智慧，并有效地运用决策工具和方法来选择最佳的方案
决策择优性	主要是指企业老板在科学决策时，在多个方案的对比中寻求能获取较大效益的最佳方案。可以说，择优是决策的核心
决策指导性	主要是指企业老板在科学决策时，特别是在管理活动中，一经做出决策，就必须付诸实施，使其对整个管理活动、系统内的每一个人都具有约束作用

第十章

低端产业没面子：过分迷信高科技，越是高科技的产品越能赚钱

> 任何一个城市的纺织工业，如果盲目地产业升级，搞资本化、科技化、电子化，你有可能越被迅速淘汰。在北方某市，一旦搞资本化、科技化、电子化，投入大量的资金做改造，生产的产品和原来一样，大量资本投入之后，必然产生折旧费用。原本还是一个有微薄利润、有利可图的企业，一旦改造之后，反而亏损连连。
>
> ——香港中文大学客座教授　郎咸平

当今许多科技型企业为什么搞不出名堂？

一些企业老板过于迷信高科技，认为越是高科技的产品越能赚钱，于是不顾企业自身实际情况，凡是和高科技沾上边的项目都跟着投钱，结果却付出了惨重的代价。

对此，郎咸平在谈及夕阳产业时坦言："任何一个城市的纺织工业，如果盲目地产业升级，搞资本化、科技化、电子化，你有可能越被迅速淘汰。在北方某市，一旦搞资本化、科技化、电子化，投入大量的资金做改造，生产的产品和原来一样，大量资本投入之后，必然产生折旧费用。原本还是一个有微薄利润、有利可图的企业，一旦改造之后，反而亏损连连。"

郎咸平的这番言论给那些迷信高科技的企业老板泼了一盆冷水。在郎咸平看来，迷信高科技不一定能带来效益，相反还会亏损。

在创业的过程中，企业老板选择高科技作为创业方向是一个正确的决策。从某种程度上说，高科技是企业老板成功创业的一个重要突破口，也是创业企业创新的一个重要手段。但是，在这里需要提醒企业老板的是，如果创业者过分相信科技的能量而忽略产品的市场因素，则往往导致企业猝死。

青年企业家罗伟才年轻有为，在竞争激烈的餐饮业，如同一匹黑马脱颖而出。在首都北京，罗伟才经营着四家餐馆；在南京，罗伟才经营着两家歌

舞厅；在广东省，罗伟才还经营着几家夜总会。

然而，罗伟才并不满足。罗伟才坦言，自己是一个干大事业的企业家，经营餐饮和歌舞厅不是自己的兴趣。罗伟才要图谋更大的发展，这样才能追求更高的发展目标。

罗伟才对经营餐饮和歌舞厅缺乏兴趣主要有两点原因：

第一，罗伟才下海以前曾经就职政府机关，是一个机关干部，看不起自己发家的这个行业。刚下海经商的罗伟才一心想搞高科技。然而，由于高科技需要大量的资金和技术投入，没有几个月，罗伟才就赔了几十万元。

失败后的罗伟才觉得高科技过于玄妙，认为搞饮食更容易把握，于是改行开餐馆。让罗伟才没有想到的是，经营餐饮这条路居然走通了。尽管如此，罗伟才总觉得别扭，心理不太平衡。在罗伟才看来，餐饮业算不上真正的实业，而且餐饮业很难登上大雅之堂。这就使罗伟才产生了在餐饮业以外涉足新行业的念头。

第二，经常光顾罗伟才酒楼的那些顾客很多都是政府官员和方方面面神通广大的人士。看到罗伟才不甘心经营餐饮行业，这些人就动员他干一番大事业，甚至承诺帮忙找项目和搞贷款。这样的人脉资源使罗伟才放开手脚涉足高科技行业。

不久，罗伟才通过关系贷到了2000万元贷款。雄心勃勃的罗伟才一下子把这2000万元全部投进了高科技产业，结果不仅高科技没做成，反而把好不容易做起来的餐饮业也给赔了进去。

高科技存在诸多不确定性，使得很多创业企业最终失败。上述案例中，罗伟才的失败主要在于：第一，过分迷信高科技能给企业带来巨额利润；第二，觉得经营高科技有面子，总觉得开餐馆没有什么技术含量；第三，没有正确地坚持自己有绝对优势的投资项目，改投自己没有足够把握的项目。

其实，罗伟才的做法非常具有代表性，在中国企业老板中，迷信高科技的举不胜举。

在深圳巨龙科技公司，不管是老板，还是员工，对巨龙科技的评价都是，巨龙科技已经站在了世界生化产品的最前沿。这主要是因为巨龙科技开发了一款高科技产品，名叫血清快速分析膜。该产品是巨龙科技先期投入600万元与南京一所大学共同开发的。

使用血清快速分析膜这种产品可以快速便捷地测试血清样本数据。在当时，拥有该产品成熟技术的国家只有美国，而且价格要比深圳巨龙科技的预期价格高出四倍。

对于深圳巨龙科技而言，其在中国拥有垄断性的技术和潜在的巨大蓝海市场，这让深圳巨龙科技的老板和员工对未来充满了无比美好的憧憬。在他们看来，只要等南京某大学最后研发获得成功，销售人员就可以拿着该产品到中国所有的医院里换取巨额的销售收入。

当血清快速分析膜的研发进入最后的测试阶段时，深圳巨龙科技为了加快血清快速分析膜的开发进度，再一次注入 400 万元资金。在研发资金到位的情况下，血清快速分析膜的产品研发很快取得了突破性进展。

在这种情况下，老板开始制订战略计划，盘算如何在最短的时间内将中国的市场铺开。此刻，深圳巨龙科技在血清快速分析膜这个产品上的投资已经超过 1000 万元。

当血清快速分析膜产品研发完成后，销售人员满怀信心地把血清快速分析膜交给医院试用。

然而，血清快速分析膜产品的试用结果并不理想。在试用的过程中，多数医院不具备实验室的完备条件，且巨龙的产品实效期短，对存放环境的要求异常苛刻，一旦环境稍有变化，高分子膜容易发生变异，分析数据就会与真实的结果产生较大的出入。

基于此，医院对此产品的购买意向锐减，市场亮起红灯。各路销售人员纷纷铩羽而归，甚至在领完当月的工资后被告知，巨龙科技即日破产。

在中国创业史上，像巨龙科技这样轰然倒塌的企业不在少数，其原因在于公司高层迷恋高科技，结果使得创业企业因为高科技产品的不成熟和不完善，最终导致资金链断裂，从而倒闭。

对此，营销专家于斐认为："巨龙的产品选择，本身并无过错，只是在高科技领域，产品研发的成败几乎关系企业的生死存亡。巨龙在过分相信技术的同时，却忽略了市场因素，毕竟实验阶段的成功并不代表产品的根本成熟，一个在理论上几近完美的产品在市场上彻底崩溃。这个项目的合作，对于大学而言，或许可以获得有价值的东西，而对于巨龙来说，一千多万的投入却以产品的完败而告终。"[1]

越是高科技的产品越能赚钱，这显然是一个悖论

资料显示，近几年来，投资高科技项目血本无归的案例比比皆是，有的

---

[1] 于斐. 当今许多科技型企业为什么搞不出名堂[EB/OL]. http://blog.ceconlinebbs.com/BLOG_ARTICLE_189068.HTM?b_xihuan, 2018.

还被媒体大篇幅报道，如武汉光谷软件产业园。

在中国，一些企业老板拥有高科技情结。在这些企业老板的意识中，任何项目一旦打上高科技的旗号就可以通行无阻。殊不知，这样的观点是非常错误的。究其原因，对于任何一个高科技项目而言，特别是研究一项高科技技术，不仅需要投入巨额的研发费用，而且该高科技项目的市场前景依然是一个未知数。很多时候，企业老板对研究成果的市场预测往往是以实验假设为出发点，而不是以现实市场为出发点。就算是以发明著称的美国贝尔实验室，也不是任何一项技术都能获得高额回报，甚至经常有项目被淘汰。

研究发现，一些消费者在购买商品时盲目地迷信高科技，从而给企业老板迷信高科技埋下了祸根。事实证明，在近几年中，许多的技术、专利被大量闲置，这就意味着大量的技术、专利并没有转化成生产力，更不用说转换成真金白银的企业利润了。

在这里，要告诫企业老板的是，在选择项目时，其技术有市场前景并不等于有利润。对于任何一个老板而言，所选择的高科技项目必须能真正地转化为市场价值，而要想把高科技项目变现成现实市场需求，必须实实在在地去引导、刺激有效需求而不是潜在需求，否则，企业就生存不下去。

在很多地方，某些政府官员为了政绩需要打造了许多高科技园区，被媒体炒得沸沸扬扬。此刻，企业老板必须理智地对待，因为这样的高科技园区中，除了极少数公司有影响力外，根本就没有能够数得出来的软件公司。

事实上，很多企业老板都渴望打造一家拥有核心技术的高科技公司，因为拥有这样的高科技公司不仅可以赢得中外市场，而且可以在中国经济发展中分得一杯羹。作为企业老板，必须时刻关注某些国家科研单位及大专院校专家教授研究出来的高科技成果。如果能把这些高科技成果转化为商业价值，那么这个市场将是巨大的，同时也将直接影响企业的生存、发展和壮大。尽管高科技项目非常重要，但是企业老板绝对不能迷信，理由有以下两个：

（1）虽然利用高科技是提高企业效益、提高质量的重要手段，但企业老板必须清楚地知道，高科技不是万能的，必须结合企业的实际情况、社会环境、市场经济效益详加考虑，否则就跟摩托罗拉的铱星战略类似。因此，企业老板应慎重分析，确保高科技给企业带来最大的经济和社会效益。

（2）有些企业老板对科学家研究出来的科研理论和科研成果持完全迷信的态度，甚至一度认为该高科技是万能的，通常不经实践，不做任何相关的市场调查，不做任何市场风险分析，就盲目研发生产并投放市场，结果往往是消费者不认可。

第十一章

缺乏危机意识：企业形势一片大好

> 现在是春天吧，但冬天已经不远了，我们在春天与夏天要念着冬天的问题。IT业的冬天对别的公司来说不一定是冬天，而对华为可能是冬天。华为的冬天可能来得更冷，更冷一些。我们还太嫩，我们公司经过十年的顺利发展，没有经历过挫折，不经过挫折，就不知道如何走向正确道路。磨难是一笔财富，而我们没有经过磨难，这是我们最大的弱点。
>
> ——华为创始人 任正非

将危机对公司的损害尽可能地降至最低

事实证明，一个国家如果没有危机意识，这个国家迟早会出问题；一个企业老板如果没有危机意识，这个企业迟早会垮掉。面对未来不可预测的诸多不确定性，一旦没有危机意识，遭受挫折也就在所难免。因此，企业老板要树立危机意识，在心理及行动上有所准备，应付突如其来的变化。

在经营实践中，对所有的事，企业老板都要有危机意识，居安思危，未雨绸缪。企业老板自身的经验、学识、能力，尤其是对要涉足行业的了解，将对企业老板项目投资的成功起到重要作用。在熟悉的行业中投资，市场熟、产品熟、人际关系也熟，就能驾轻就熟。因此，企业老板要注意自身知识的积累以及对自身项目投资能力的培养。

然而遗憾的是，在对中国数百家企业研究的过程中发现，企业老板们缺乏危机意识的问题非常严重，使得越来越多的企业陷入危机的漩涡中。

中国企业老板，特别是中小企业老板向来不重视对企业危机的处理。一旦企业遭遇危机，大多想着如何遮掩过去，其结果也就可想而知了。

正是因为这样的危机处理思维，导致三株、秦池、南京冠生园、红桃K等耀眼的中国企业昙花一现。这些企业的老板不重视危机事件的应对，终于使一个本可以基业长青的企业快速地消失在消费者的视野里。

这到底是谁的错？我们在研究这些案例时，总是在不断地问这个问题。

当然，这肯定是企业老板的错，因为许多中国企业的老板都漠视危机，总想着大事化小，小事化了。然而，他们却不知道，这样的危机应对方法不仅没有缓解危机的蔓延，而且使得危机态势越来越严重，最终导致整个企业的全面崩盘。

在中国第一代企业家中，有一个企业家不得不提，他就是三株药业集团董事长吴炳新。在保健品行业，没有人可以否认吴炳新的大佬地位，甚至有媒体评论说，吴炳新是一个不折不扣、名副其实的"教父级"人物。

1992年，吴炳新以30万元起家。1995年，三株销售收入达到23.5亿元。1996年，三株迅速走向峰巅，销售收入超过80亿元。来自三株的统计资料显示，到1996年底，农村市场的销售额已经占到三株总销售额的60%，这是一个了不起的营销业绩。

然而，没有一个人会想到，高速发展中的三株企业却因为一位家住湖南省常德市汉寿县的退休老船工陈伯顺而戛然止步。三株的月销售额从最高时的7亿元急速下滑至1000余万元，16万人的营销队伍当年就裁掉了15万人，从此进入了休眠期。

1996年6月3日，77岁的老人陈伯顺身患冠心病、肺部感染、心衰Ⅱ级、肥大脊柱炎、低钾血症等多种疾病（二审法院已查明），经医生推荐服用三株口服液。陈伯顺于是花428元的价格购买了10瓶三株口服液。

然而，正是这10瓶三株口服液引起了媒体的关注。据陈伯顺家人介绍，陈伯顺患有老年性尿频症，但是服用了两瓶三株口服液后尿液减少，不过，饭量却增加了不少。一旦停用三株口服液，陈伯顺的旧病又复发。当服用到三到四瓶三株口服液时，陈伯顺出现全身红肿、瘙痒的症状。当服用完第八瓶三株口服液时，陈伯顺全身溃烂，流脓流水。

陈伯顺在病情严重的情况下，于1996年6月23日被家人送到汉寿县医院求诊。医院诊断为"三株药物高蛋白过敏症"。其后，陈伯顺病情不断反复，于1996年9月3日死亡。

陈伯顺死后，其妻子、儿女将三株告到了常德中级人民法院。1998年3月31日，常德中级人民法院做出一审判决，判决结果是支持陈伯顺的诉讼请求，要求三株向死者陈伯顺家属赔偿29.8万元。

当三株一审判决败诉后，数十家媒体在头版头条高密度地报道了三株口服液毒死陈伯顺的新闻，有的新闻标题甚至是《八瓶三株口服液喝死一条老汉》。这一轮爆炸性新闻，对于已经处在风雨飘摇中的三株公司无疑是毁灭性一击。

其实，在"常德事件"之前，三株已经遭遇过"广东事件"与"成都事件"，但吴炳新没太注意。

尽管二审中三株胜诉，改判了一审的判决，但"常德事件"之后，三株的销售额一落千丈。

……

就这样，三株这个年销售额曾经高达80亿元，累计上缴利税18亿元，拥有15万员工的庞大"帝国"轰然倒塌。时至今日，三株渐渐地淡出消费者的视野。

面对危机事件，三株是如何应对的呢？1996年6月，身患冠心病、肺部感染、心衰Ⅱ级、肥大脊柱炎、低钾血症等多种疾病的77岁老人陈伯顺，经医生推荐服用三株口服液。后来陈伯顺皮肤出现病症，诊治无效于1996年9月死亡。

1996年12月，陈伯顺家人向常德中级人民法院起诉三株公司。

1998年3月，常德中级人民法院一审判决三株公司败诉，三株向死者陈伯顺家属赔偿29.8万元，并没收三株1000万元的销售利润。

其后，三株公司不认可常德中级人民法院一审判决，于是向湖南省高级人民法院提出上诉。然而，三株公司不清楚，上诉也需要时间，而在三株公司向湖南省高级人民法院上诉期间，数十家媒体长篇累牍地报道该事件，不仅使三株的产品形象、企业形象、品牌形象遭到沉重打击，而且使工厂停产、销售瘫痪。

1999年，湖南省高级人民法院做出终审判决，判定三株公司胜诉。相比年销售额曾经高达80亿元，此刻三株公司的胜诉已经意义不大了。可以说，赢了官司，丢了市场。

其实，三株公司在事发当时，曾积极主动与死者家属协商过，但协商未果。从协商未果的结局来看，三株多次丧失了危机管理的时机，使得月销售额从数亿元一下子跌到不足1000万元，这样的代价太大了。

因此，在企业危机爆发的时候，一旦短时间内不能确定谁是谁非，倒不如暂时先退一步，以免矛盾激化。

居安思危，警觉到明天可能出现的不利因素

对于任何一个企业而言，危机都是不可避免的。客观地讲，危机其实并不可怕，真正可怕的是民营企业老板不将危机当一回事，以一种放任自流的

态度任由危机事件蔓延。因此，要想真正地应对危机事件，首先必须拥有较为浓厚的危机管理意识，以未雨绸缪的预防思维正确地应对企业危机，这样才能避免危机事件的扩大和蔓延。

占据世界80%以上市场份额的微软操作系统之所以能够雄霸天下，其中关键的一个因素就是微软创始人比尔·盖茨具有强烈的危机意识。在很多场合下，比尔·盖茨声称："微软离破产永远只有18个月之遥！"因为他深知，当今的商家之争已不是产品的竞争，而是经营模式之间的竞争。对于所有的公司而言，与时代的经营方式脱节将比效率低下带来更大的风险。这个既能为企业带来无限生机又可能引来灭顶之灾的新型经营模式就在网络上。[1]

华为的创始人任正非具有强烈的危机意识。当华为在2000年销售额已经突破220亿元，利润以29亿元位居中国电子百强冠军时，任正非却以一篇《华为的冬天》向员工乃至IT行业敲响了警钟。任正非说：

公司所有员工是否考虑过，如果有一天，公司销售额下滑、利润下滑甚至破产，我们怎么办？我们公司的太平时间太长了，在和平时期升的官太多了，这也许就是我们的灾难。泰坦尼克号也是在一片欢呼声中出的海。而且我相信，这一天一定会到来。面对这样的未来，我们怎样来处理，我们是不是思考过。我们好多员工盲目自豪，盲目乐观，如果想过危机的人太少，危机也许就快来临了。居安思危，不是危言耸听。

十年来我天天思考的都是失败，对成功视而不见，也没有什么荣誉感、自豪感，而是危机感。也许是这样才存活了十年。失败这一天是一定会到来的，大家要准备迎接，这是我从不动摇的看法，这是历史规律。

正是任正非的危机意识，才造就了华为的今天。公开资料显示，2013财年华为实现销售收入2390亿元（约395亿美元），同比增长8.5%，净利润为210亿元（约34.7亿美元），同比增长34.4%。对比来看，华为在总体收入上超过了爱立信，后者在2013年的销售收入为2274亿瑞典克朗（约353亿美元）。

在中国企业家榜上，危机意识较强的企业家为数众多，如表11-1所示。

---

[1]《经济参考报》记者.比尔·盖茨声称："微软离破产永远只有18个月之遥！"[N].经济参考报，1999-09-20.

表 11-1　中国企业家的危机名言

企业家	危机名言
海尔 CEO 张瑞敏	每天的心情都是如履薄冰，如临深渊
联想创始人柳传志	你一打盹儿，对手的机会就来了
百度创始人李彦宏	别看我们现在是第一，如果你 30 天停止工作，这个公司就完了
亚信创始人田溯宁	企业成长的过程，就像是学滑雪一样，稍不小心就会摔进万丈深渊，只有忧虑者才能幸存

拥有强烈的危机意识是中小企业做强做大的内在动力。因为只有重视危机，在真正地面对危机时才能胸有成竹。民营企业老板要时时刻刻为企业爆发危机而做好计划，这样才能更好地应对危机事件。

美国《财富》杂志记者在对世界 500 强企业的 CEO 进行调查后发现，92% 的 CEO 认为商业危机不可避免，不足 40% 的 CEO 说他们有应付各种危机的计划，但有 94.5% 的 CEO 确信，当危机来临时他们能应付自如。

从世界 500 强企业 CEO 对待危机的态度可以看出，他们应对危机的能力往往较强。这就要求中国民营企业老板不仅需要强化危机管理意识，而且必须重视危机的防范方法。

事实上，居安思危是民营企业老板预防危机的一个关键因素，人们常说"逆水行舟，不进则退"，企业经营也是如此。特别是那些竞争力差，容易受市场和外部冲击的企业，稍有不慎，就有可能破产倒闭。

杰克·韦尔奇在他的自传中这样描述危机："今天的胜者，不一定是明天的赢家。聪明的经营者应该时刻警惕危机，居安思危，警觉到明天可能出现的不利因素。对于此刻就能充分准备以应付竞争的任何工作，都要立刻去做，不要犹豫，须知延搁片刻工夫，就可能造成莫大的遗憾。"

美国管理学大师彼得·德鲁克（Peter F.Drucker）也说："商场上可能有积极进取的常胜赢家，却没有故步自封、恃才傲物的常胜赢家。胸无忧患，掉以轻心，只能是栽跟头无疑。"

一般地，当民营企业老板胸无忧患，掉以轻心时，往往是危机事件频发的时候。一旦某些处于萌芽状态的危机事件达到临界点，加上外部干扰因素的存在，危机事件就会爆发，如图 11-1 所示。

从图 11-1 中不难看出，当企业遭遇突发事件时，危机爆发可能给企业造成巨大的影响，甚至使企业付出惨重的代价。

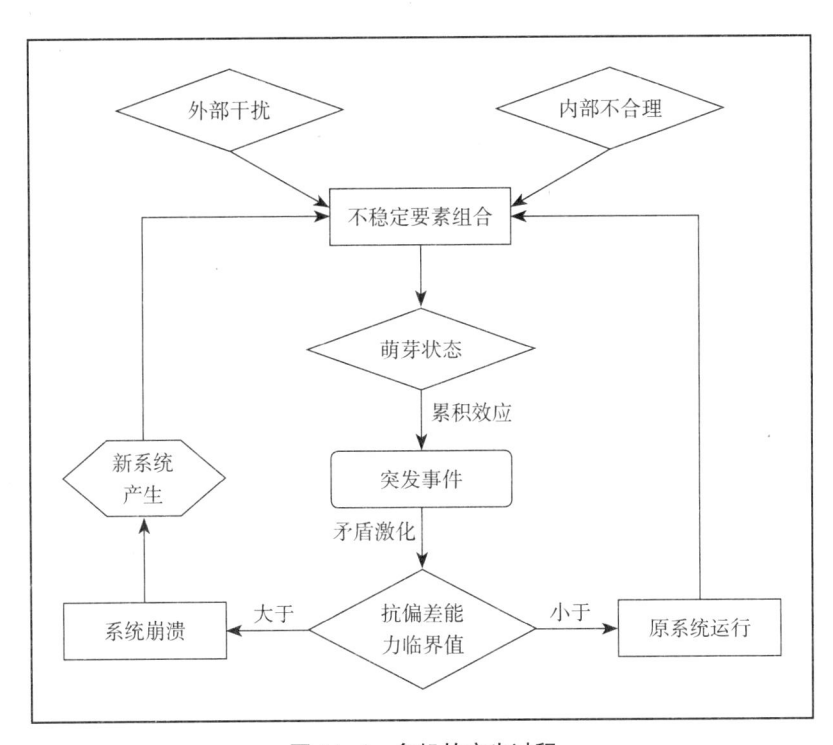

图 11-1 危机的产生过程

第三篇 我是老板，一切都是我说了算

一般来说，领导者最容易犯的错误就是独断专行，一言堂，搞一个人说了算。然而，只可惜，凡喜欢独断专行的人，一是没有不犯错误的；二是能成就大事者不多；三是往往得不到下属的拥护。

——资深管理专家 周广生

第十二章

项目投资靠神灵：项目投资前焚香拜佛，全凭运气

> 对于一个公司而言，运气也很重要，而阿里巴巴能够成功，绝对不是因为勤奋，也不是因为聪明，而是遇到了一个好的市场时机。
>
> ——阿里巴巴创始人 马云

一年企业靠运气，十年企业靠经营，百年企业靠文化

在很多场合下，一些企业老板总是习惯把"运气"视作成功的重要因素。如果作为企业老板的你也持同样的观点，那么你的企业就离倒闭不远了。因为任何一个百年企业必须建立在完善的管理和传承上。

研究发现，要想打造一个百年企业，光靠运气是不够的。有经营大佬在接受媒体采访时坦言："运气只不过是企业老板的寄托而已。"

在这位经营大佬看来，"一年企业靠运气，十年企业靠经营，百年企业靠文化"。可以说，企业老板的经营管理水平才是决定企业成败的关键。

20世纪90年代末期，改革开放的春风吹到云贵高原。遵义一些贫困的群众想改变窘困的生活，于是纷纷开始创业。

在这波创业热潮中，李凯就是其中之一。李凯初中毕业后未能考上高中，于是加入了中国创业的大潮。

20世纪90年代的中国，遍地都是商机。尽管李凯并不是创业的好手，但是在中国需求极度旺盛的情况下，李凯刚创业就挖到了好几桶金，而且这几桶金的分量都非常重。

刚施展拳脚就赢得上天眷顾的李凯已经不再有刚创业时的稚嫩和青涩，不仅信心倍增，踌躇满志，而且认为自己运气不错，经营什么项目都会赚钱。

2002年6月中旬，李凯在一次出差中无意间看见当地居民正在安装铝合金门窗。于是李凯大胆地开启了一个新型铝合金门窗项目，毫不犹豫地投入

了大量资金。

然而，让李凯感到困惑的是，尽管新型铝合金门窗拥有良好的密封性及保温、隔热、隔音的性能，但是在遵义当地却没有人愿意购买，这主要是在当地人们仍然习惯用木质窗户。

大量的新型铝合金门窗堆积在库房，挤占了李凯日常运营的资金。李凯投资方向的错误使其备受打击，销售收入也大幅减少。当初的几次好运气让李凯得意忘形，认为自己无所不能，但是幸运却不能永随。

所谓"好运连连，一帆风顺"，只不过是一些企业老板在经营中的一种美好愿望，在现实经营中几乎是不可能的事情。

投资是一门科学，不是仅凭运气就能成功

李凯的失败警示每一个企业老板，投资是一门科学，不是仅凭运气就能成功。企业老板要想投资成功，必须尊重其内在规律，否则遭遇失败只是早晚的问题。

尽管这样的道理很多企业老板都明白，但遗憾的是，在中国，仍然有一部分企业老板在做着让中外教授和学者匪夷所思的事——在每次做出重大投资决策时，都会去庙里占卜，美其名曰"投资靠运气"。

当笔者见到这样的企业老板也是百思不得其解，经过采访其本人，笔者终于明白了其中的道理，那就是这样的企业老板根本不懂得如何科学、合理地进行项目投资。这部分企业老板在经营管理企业的过程中做出任何决策时，都是凭着所谓的运气在行事，其投资结果可想而知。

综观国内外的成功企业家，如苹果创始人史蒂夫·乔布斯、微软公司创始人比尔·盖茨、亚马逊书店创始人杰夫·贝佐斯、谷歌创始人拉里·佩奇与谢尔盖·布林、阿里巴巴创始人马云、华为创始人任正非、联想创始人柳传志、新东方创始人俞敏洪等，他们的成功都是建立在知识、能力、机遇的基础之上的。

在项目投资中，运气是不能决定项目投资成败的，决定成败的是企业老板个人的能力及团队的综合素质。马云说："阿里巴巴的成功不是马云一个人干的，而是几千人在八年的时间中做出了很多贡献。"

在这里，笔者提醒那些企业老板，绝对不能光凭运气进行项目投资。每一个企业老板只有掌握了正确的方法，企业才会持续、健康地发展下去。所以，如果企业老板不按照科学、理性的方法投资，其所做的投资项目将面临

巨大的风险。

既然全凭运气投资的危害非常大,那么企业老板就要重视决策的作用。可能有读者会问,作为企业老板,如何避免目光短浅,动不动就全凭运气做决策呢?为了科学地决策,笔者建议企业老板按照以下六个步骤进行(见表12-1)。

表12-1 科学决策的六个步骤

步骤	具体内容
确定决策目标	确定决策目标是企业老板决策时的出发点。当然,决策目标的确定不能随意而为,企业老板在做出决策时必须搞清楚该项决策能解决企业哪些具体问题。这就要求企业老板制定的决策目标必须具体、明确,尽可能量化
收集相关决策信息	在做出决策之前,收集信息是一个不可或缺的步骤。当确定决策目标后,企业老板就必须集中时间和精力广泛地收集相关的、数量庞大的、影响决策目标的各种信息资料,从而将这些相关信息作为决策的参考依据
提出备选方案	提出具有可行性的备选方案是科学决策的一个重要环节,同时也是做出科学决策的重要保证。可行的备选方案主要是指备选方案存在合理性,技术上具有先进性,市场上具有适用性,资金上具有可用性。每个备选方案都要符合企业自身的客观条件,从而使企业有限的人力、物力和财力资源都能得到合理的配置和利用
通过定量分析对备选方案做出初步评价	当企业老板提出若干可行的备选方案后,就必须把备选方案的可计量资料分别归类,系统排列,然后根据决策目标选择适当的专门方法,如建立数学模型对各方案的现金流量进行计算、比较和分析,再根据经济效益的大小及其对企业未来发展的利弊,对备选方案做出初步的判断和评价,并依据这个评价选择最佳方案
考虑其他因素的影响,确定最优方案	根据定量分析的初步评价,在更加全面地考虑各种非计量因素的基础上对备选方案进行选择,从而把定量分析的初步评价和定性分析的结果相互结合起来,科学合理地权衡利弊得失,选择出最优的决策方案
决策的执行和信息反馈	企业老板在决策时,必须充分考虑决策的执行性与指导性,这是检验决策是否正确的客观依据。因此,经过一系列程序筛选出的最优方案在付诸实施以后,还需对决策的执行情况进行跟踪评估,从而更加有效地发现决策中存在的诸多问题,再根据信息反馈及时纠正决策中的问题,保证决策目标的最终实现

第十三章

管理＝集权：我是老板，一切都是我说了算

> 自以为是，老子天下第一，"钦差大臣"满天飞。这就是我们队伍中若干同志的作风。这种作风，拿了律己，则害了自己；拿了教人，则害了别人；拿了指导革命，则害了革命。总之，这种反科学的反马克思列宁主义的主观主义的方法，是共产党的大敌，是工人阶级的大敌，是人民的大敌，是民族的大敌，是党性不纯的一种表现。大敌当前，我们有打倒它的必要。只有打倒了主观主义，马克思列宁主义的真理才会抬头，党性才会巩固，革命才会胜利。我们应当说，没有科学的态度，即没有马克思列宁主义的理论和实践统一的态度，就叫做没有党性，或叫做党性不完全。
>
> ——毛泽东

"管理＝集权"主要集中在创业初期

民营企业的体制和机制不健全常常遭受人们的诟病，但是在创业初期，正是体制和机制不健全所带来的灵活性才促进了许多民营企业的高速发展。一些民营企业尽管发展到了一定规模，但这些企业的老板依然采用"管理＝集权"的管理方式。在这些老板看来，"我是企业的老板，一切都是我说了算"。

一些民营企业的老板认为，只要高层和中层经理听从自己的指挥，那么高层和中层经理的行为就不会有太大的偏差。如果高层和中层经理不听从老板的指挥，那么高层和中层经理无疑会被老板边缘化。因为老板是私营企业的最高集权者，加上企业是该老板的一切，所以必然对高层和中层经理不完全放心，一切都是老板说了算也就不足为怪了。

徐进是长发电子科技公司的一名高级程序员，长发公司上下都公认徐进是一个才华横溢的人，只是他的才能没有充分发挥出来。

然而，在实际工作中，徐进的工作业绩平平，每次都是把工作做得刚好合格，很少有超额完成的情况，并且从未加过班，当然也就很少拿到最高额的奖金。

即便是这样，长发公司里也无人怀疑徐进的工作才能，并且大都认为，如果徐进全身心地投入工作，肯定会比现在干得更好。

而徐进却从不理会这些，每天依旧轻松自在。终于有一天，徐进被请到了他的老板王总的办公室里。

"徐进，我认为你的工作完全可以比现在干得更出色！"老板开门见山，而且语气非常和缓地说道。

"老板，我觉得我按照您的要求完成任务就足够了，并且我认为我现在做得已经很出色了。"徐进似乎早有准备，不紧不慢地回答。

"你本来能够做得更好，为什么不？你这种态度不仅耽误了公司，也迟早会毁了你自己！你别以为你是个人才我就怕你跳槽，你跳槽后，我马上招聘人，我是老板我怕谁，只要我出足够高的工资，我还怕招不到人吗？"

三天之后，徐进被老板辞退了，而且没有拿到一分钱的补偿。

一个星期后，徐进被一家跨国企业录用，负责与长发公司的谈判。当长发公司的老板看见徐进时，以为徐进走错了，还善意地提醒说："小徐，你走错房间了。"

徐进的回答让长发公司的老板不知所措："王总，我没有走错房间，我是A集团公司的谈判代表，全权处理与长发公司的合作。"

在这场谈判中，自知理亏的王总再三向徐进道歉，结果也于事无补。由于失去了A集团公司的订单，长发公司亏损加大，日子过得举步维艰。

长发公司的王总并不是唯一一个"我是老板，一切都是我说了算"的人。在上述案例中，王总非常具有中国大多数企业老板的典型特点——骄傲、自大、自满。换言之，这类企业老板具有那种封建色彩较浓的集权意识，即"我是老板，一切都是我说了算"。如果企业老板用"老子天下第一"的领导思维来管理企业，则不仅不利于企业的长远发展，而且违背了"领导就是服务"的人性化管理规律。因此，要想让企业基业永续，就必须做一个能够尊重员工、激励员工的领导者。

"管理＝集权"归根到底还是缺乏制度保障

中国的私营企业在发展的初级阶段，不管是财务管理、人力资源管理，还是决策管理，都带有老板个人专权和家族控制的特色。例如，不少小型私营企业的财务管理活动仅限于财务控制，即财务部门通过控制财务收支和分析、检查财务指标完成情况来监督企业本身的经营活动，降低产品成本，增加企业盈利，协助老板实施财务监控。[1]

---

[1] 甘卿灼.浅谈企业财务报表分析的缺陷与完善措施[J].财经界（学术版），2014（9）.

企业进入成熟期后，面对的市场竞争更加激烈，只有解决了"我是老板，一切都是我说了算"这个问题之后，才能保证企业的生存和发展。

在"传统企业到底该如何转型"的培训课上，一位学员问道："周老师，既然解决中小家族企业创始人'我是老板，一切都是我说了算'的问题如此重要，那么如何才能解决这个问题呢？"其实，要解决这一问题，必须用制度来保证。

在联想集团，柳传志反复强调，联想是一个执行力非常强的公司。柳传志举例说：

"联想开会决不允许迟到。我们规定，会议不管大小，迟到的必须罚站1分钟，那个姿势是像默哀一样的，很难受。从1989年到现在，这么多年，来这么多人，制度就是制度，必须贯彻。一开始还有人并不太当回事，后来，如果开会有人迟到，主持人没罚他站的话，那主持人到我这里来罚站1分钟。"

从柳传志的罚站可以看出，只有利用制度的强制力，才能解决企业老板固有的"我是老板，一切都是我说了算"的问题。

然而，虽然许多企业老板已经认识到对企业进行制度化管理的重要性，但是许多企业制度却形同虚设，就像上述案例中的长发公司一样，其制度管理还停留在口头阶段。对此，资深管理专家认为，进行制度化管理的方法有以下八个（见表13-1）。

表13-1 对企业进行制度化管理的八个方法

方法	具体内容
不能使企业制度凌驾于国家的法律法规之上	在制定制度时，企业老板必须依据国家的相关法律法规，制定符合自身实际的制度，决不能使制度凌驾于国家的法律法规之上，否则这些制度都将无效，反而阻碍制度的执行和推广
制定完善的公司规章制度	要制定完善的公司规章制度，用来指导和制约其他制度的制定和管理，一旦其他制度与公司规章制度冲突，立即宣布其他制度无效
明确各项制度的效力	在制定制度时，必须明确各项制度的效力。例如，某一项制度的生效和废止时间，该项制度对某一范围内的员工有效，等等
制定相应的程序制度	在制定制度的同时，还必须制定相应的程序制度
设置专门的部门负责制度管理	在制定制度时，必须设置专门的部门负责企业制度的管理工作。例如，在制定某一企业制度时，由专门负责人协调各个部门制度的制定；汇编企业的各种制度；发现新旧制度冲突甚至矛盾时，要及时宣布废止旧制度，确保新制度的执行

续表

方法	具体内容
明确企业制定制度和执行制度的主体	在制定制度时，必须明确企业制定制度和执行制度的主体。这就明确了什么部门有权制定制度，制定企业的哪些制度，以及制度由何人来执行与监督
管理层要重视企业的制度化建设和管理，并且要带头执行	如果没有企业老板和管理层的重视，企业的制度化建设和管理就是形同虚设。因此，企业老板和管理层应重视企业的制度化建设和管理，并带头执行，从而形成上行下效的局面
制度制定完毕要进行培训	当制度制定完毕后，必须对员工进行培训，从而让员工先"知法"。通常情况下，企业老板可以制定员工手册，将企业的制度收编进去。这样也可以确保新进员工很快适应企业，进入工作状态

从表13-1中不难看出，只有完善的制度化建设和管理才能彻底解决"我是老板，一切都是我说了算"的问题。

第十四章

对谁都不放心：大小事情都事必躬亲

> 如果我休假四周，没接到公司来的电话，就证明我成功了，说明员工接受了责任并开始决策，反之我失败了。
>
> ——时任北欧 SAS 航空公司总裁　杨·卡尔松（Yang Karlsson）

事必躬亲累死自己，却搞乱企业

《韩非子·八经》中说："下君尽己之能，中君尽人之力，上君尽人之智。"也就是说，昏庸的君主只懂得刚愎自用，用自己一人的力量治理国家；与之相反，贤明的君主则用众人的智力治理国家，如唐太宗李世民。

其实这个道理也适用于企业经营管理。尽己之能不如尽人之力，尽人之力又不如尽人之智，高明的领导者不仅善聚众力，更善集众智。

然而，在很多公开课上，笔者经常能听到一些中小企业老板自诩说："我是企业的主心骨，离开了我，我那个企业就不能正常运转。"

每当听到老板这样的言辞，笔者都会善意地提醒这些中小企业的老板，这种想法将给企业增加诸多不确定的风险。

不可否认的是，在创业初期，一些创业者因为事必躬亲得到了直线型、扁平化管理的好处。但是随着初创企业规模的不断扩大，若创业者依然事无巨细、事必躬亲，则无疑会特别辛苦。

在美国短暂的200多年的历史中，却有一个与美国历史差不多的长寿公司，这个公司就是杜邦公司。杜邦公司的发展经历了一条清晰的变革路径：单人决策—集团式经营—多分部体制—三马车式体制。

19世纪，杜邦公司跟大多数家族公司一样，采取个人决策式经营。杜邦公司的所有主要决策和许多细微决策都要由总裁亲自制定。

在家族企业的创业时期，个人决策式的经营保证了家族企业的生存和发展。主要是因为杜邦公司的规模较小，直到1902年合资时，杜邦公司的评估价值是2400万美元。

然而，当杜邦公司发展到一定规模之后，特别是第三代继承人尤金·杜邦接班时，原有的个人决策式经营就凸显出了问题。

尤金·杜邦试图承袭其伯父亨利·杜邦的经营作风，对公司采取绝对的控制。据了解，亨利·杜邦是杜邦家族创始人伊雷内·杜邦的儿子。由于是军人出身，他接任杜邦公司后，完全按照军队模式管理，人称"亨利将军"。

亨利·杜邦任职的40年中，挥动军人严厉粗暴的铁腕统治着杜邦公司。因此，亨利·杜邦实行的一套管理方式被称为"恺撒型经营管理"。

从某种程度上讲，该管理方式难以模仿，完全是经验式管理。具体表现在，杜邦公司的所有主要决策和许多细微决策都要由亨利·杜邦亲自制定，所有支票都由他亲自开，所有契约也都得由他签订。他一人决定利润的分配，亲自周游全国，监督公司的好几百家经销商，在每次会议上，总是他发问，别人回答。

当然，亨利·杜邦这样做的好处是：全力加速账款回收，严格支付条件，促进交货流畅，努力降低价格。单人决策之所以取得了较好的效果，与亨利·杜邦的非凡精力是分不开的。直到72岁时，亨利·杜邦仍不要秘书的帮助。在任职期间，亨利·杜邦亲自写的信不下25万封。

尤金·杜邦在掌管杜邦公司之后，缺乏经验，晕头转向。尤金·杜邦试图承袭其伯父的作风经营公司，也采取绝对的控制，亲自处理细枝末节，亲自拆信复函，但他终于陷入公司错综复杂的矛盾之中。

尤金·杜邦的绝对式管理使杜邦公司的组织结构完全失去弹性，很难适应市场变化，在强大的竞争面前，公司连遭致命的打击，濒临倒闭的边缘。

1902年，尤金·杜邦去世，合伙者都心力交瘁，副董事长和秘书兼财务长也相继累死。

在杜邦公司这个案例中，将尤金·杜邦累死的显然不是那些看似是灭顶之灾的挑战，反而是一些微不足道的小事。追其缘由，就在于企业老板不善于授权。这也足以说明，合理授权对于管理者实现企业目标至关重要。

这个案例提醒企业老板必须善于授权，毕竟企业老板不可能在各方面都是行家里手，万一决策失误，带来的可能是惨痛的失败。

不敢放权的核心原因还是人的问题

对于任何一个企业老板而言，要想将企业做强做大，就必须敢于放权并善于放权。这不仅是一个领导者能力的表现，而且是将企业做强做大的前提条件。

然而遗憾的是，在中国，许多企业老板，特别是一些中小企业老板总是不肯放权，事无巨细，大事小事都亲力亲为，员工们也只是唯命是从，中小企业的文化沦为"一把手"文化——"我是老板，我说了算"。

如前所述，在创业时期，创业者往往都是事必躬亲、全责全能。在一定程度上，由于对初创企业的快速决策，保证了初创企业的快速发展。但是，一旦初创企业发展到一定的规模，创业者就必须逐步退出一些事务性工作，授权给其他贤能之士，建立团队管理和现代企业制度。否则，企业距离倒闭就不远了。

研究发现，一些初创企业的创业者不敢放权，其核心原因还是企业老板的问题。一般地，对中层管理者的放权，本质是使其拥有调用资源的权力。老板只有在确信中层经理可以用好、用对给予的资源后，才能做到有效放权。否则，即使口头上给予授权，也只是形式上的，最终的决策权还是会回到企业老板手中。

欧美等西方国家在企业管理方面非常强调授权管理，并且把授权管理和培养人才联系起来，将其视为对企业管理者综合考核的一项重要内容。对此，时任北欧 SAS 航空公司总裁的杨·卡尔松（Yang Karlsson）在接受媒体采访时说："如果我休假四周，没接到公司来的电话，就证明我成功了，说明员工接受了责任并开始决策，反之我失败了。"

在西方国家很多企业的平稳发展进程中，很少因为董事长或者 CEO 的去世、离职而引发企业动荡的现象。例如，苹果创始人史蒂夫·乔布斯去世后，苹果公司在新任首席执行官蒂姆·库克（Tim Cook）的带领下，继续创造了苹果的辉煌业绩，并将苹果公司发展为最受人尊敬的公司。

然而，在"传统企业到底该如何转型"的培训课上，一个家族企业老板说："周老师，我是企业的'船长'，不怕您笑话，如果有一天我出了意外，我们企业的几千个员工就吃不上饭了，我的压力很大。"

该家族企业老板在讲这番话时，估计只是在阐述自己的个人能力，丝毫没有意识到潜藏在深层次的危机。这可能就是中国大部分家族企业"短命"的根源所在。

授权不是简单地把任务分派给员工，而是具有很多管理艺术的成分。这就要求企业老板在授权时必须懂得授权的艺术。在企业管理实践中，企业老板对授权尺度的把握必须准确到位，因为这关乎授权的成败。如果授权不当，结果往往会适得其反。

那么，企业老板如何才能真正地做到授权呢？方法有以下四个（见表14-1）。

表14-1 企业老板真正做到授权的四个方法

方法	具体内容
全方位了解员工	在授权前，企业老板应通过与员工进行有效的沟通交流，更好地了解员工的知识结构、工作技能、特点、优劣势
让员工感到自己非常重要	企业老板应尽可能做到通过授权工作让员工感到自己非常重要，从而真正地调动员工的工作积极性和激情，把工作任务执行到位
明确授权的目标和责任范围	在授权之前，企业老板必须明确授权的目标和责任范围，即不仅让被授权者完成预期的目标，还让其清楚自己的责任
给被授权者适当的自主权	在授权时，企业老板一定要给被授权者适当的自主权，如在项目执行中支配资金的额度等

第十五章

重"术"轻"道"：企业制度形同虚设

> 如果有规定，坚决按规定办；如果规定有不合理之处，先按规定办并及时提出修改意见；如果没有规定，在请示的同时，按照联想文化的价值标准办并建议制定相应的规定。
>
> ——联想创始人　柳传志

制度形同虚设源于情、理、法

在很多论坛上，一些企业家或者企业老板都在强调制度的重要性。制度的设定对于任何一个企业而言固然是重要的，但更加重要的是，企业从上到下都去严格执行制度。假如不去执行企业制度，让制度形同虚设，不仅会使企业制度本身失去制定的初衷，还会使制度失去严肃性，甚至更为严重的是，这样的企业离倒闭就不远了。

在"中国家族企业的危机"培训课上，一名学员非常困惑地向笔者提出了这样一个问题："由于企业内部管理层之间人员关系过于熟悉，管理层之间几乎无话不谈，甚至在日常工作中只要说得过去就行了，互相之间的监督也不会过于认真。然而，这样的情况导致的最直接也最严重的后果就是企业制度形同虚设，甚至经常出现管理层或者员工在上班时间修剪手指甲的事情。作为行政部总监，我该怎么办？"

其实，这个学员的困惑是中国企业普遍存在的问题，这主要是因为在中国这个人情社会中，不管大事还是小事，人们都偏爱讲情、理、法。

研究发现，在很多企业中，一些企业家或者老板在自己主管的企业根本不把制度当一回事情，甚至认为，企业是他们的，他们的话就是制度，把制度当作可有可无的东西。

深圳Ｐ培训公司邀请笔者去讲"传统企业到底该如何转型"的课程。当笔者来到Ｐ培训公司时，发现了这样一个现象，Ｐ培训公司制定了一整套严格规范的管理制度，规定如下：

第一，上班迟到一次罚款50元，并扣发当日工资。

第二，在公司上班期间，所有员工必须佩带 P 培训公司工作牌，凡不佩戴者给予通报批评，并扣发当日工资。

第三，一个月连续迟到三次者开除。

……

当制度颁布一周后，P 培训公司采购部经理上班迟到两分钟，同时没有佩戴 P 培训公司的工作牌，行政部经理要按制度规定对采购部经理进行处罚。

采购部经理却拒绝缴纳罚款，并坦言说："我今天迟到两分钟，主要是因为昨晚为公司加班到凌晨两点，不应该被处罚；同时，工作牌没有戴是因为刚刚到办公室继续处理昨晚没有做完的采购方案，所以也不该处罚。"

于是行政部经理和采购部经理就争执了起来。行政部经理表示："P 培训公司目前并未有'头天晚上加班，第二天早上就可以迟到'的正式规定，况且，其他部门很多员工经常会晚上加班，第二天早上也并未迟到；再者，制度上没有规定如果早上由于工作太多而忘了带工作牌可以免予处罚，因为公司每个部门早上的工作都很忙。"

采购部经理听完行政部经理的解释之后，陈述了对这种观点的不同意见，并表示要罢工一天，并当即与采购部另外五位采购员离开 P 培训公司。

在 P 培训公司，采购部直属总经理分管，而当总经理出差回来后，行政部经理第一时间向总经理汇报了采购部经理迟到和没有佩戴工作牌的事情，并坚持让总经理对采购部经理按照制度规定进行处罚。

一刻钟后，采购部经理到总经理办公室向总经理汇报了其迟到和没有佩戴工作牌的事情，并指出自己行为的合理性和公司制度的不合理性。

当天下午下班时，行政部经理再次到总经理办公室询问处理意见，总经理给出的意见如下：

第一，采购部经理为了公司发展加班到凌晨两点，主要是为了制定更加合理的采购方案。采购部经理正在与几个重要供应商谈判签约事宜，如果现在就按制度严格执行，万一把采购部经理惹急了，提出辞职就无人能够代替他的工作，必然会影响正常的采购业务。

第二，采购部经理迟到和没有佩戴工作牌的事情留待以后处理，以避免激化矛盾。

第三，今晚 7 点，在粤港大酒楼宴请采购部经理与行政部经理，目的是化解采购部经理与行政部经理的误会。

第四，采购部经理能力很强，但个性也很强，容易与人发生冲突，容易出现情绪化，因此行政部必须照顾有个性的员工。

第五，行政部经理在处理采购部经理迟到和没有佩戴工作牌的事情上过于简单，对于某些特殊人物不能够像对待普通员工那样。

……

几个月过去后，总经理压根没有处罚采购部经理的意思。此事也就不了了之，没有任何结论。

然而，行政部经理的工作可就不好办了，当再按制度规定对违规员工进行处罚时，行政部经理听到员工们说得最多的话就是："你就只敢处罚我，你有本事去处罚采购部经理。"

员工的话搞得行政部经理非常尴尬，有时被问得哑口无言。从此以后，P培训公司考勤制度的执行力度大为下降，上班迟到、不佩戴工作牌的事情经常发生，结果就使得公司管理混乱不堪。

作为P培训公司的总经理，对违规者应按照公司的规章制度进行处罚，但是必须要照顾好采购部经理的情绪，毕竟他是加班到深夜才迟到的。

上述案例出现的问题说明该企业还处于一个高速发展的创业阶段。研究发现，在这个高速发展的创业阶段，企业往往没有制定严苛的制度，同时也没有必要制定如此多的条条框框，摆在该企业面前最主要的任务是怎样将企业做强做大，让企业能够站住脚。在这样的背景下，企业制度仅仅是为了规范发展而已。

当企业发展到一定规模，如果企业仍然依靠口头式管理，而没有制定相应的制度或者不严格执行制度，那肯定是不行的，往往会导致令出多门，员工不知道该如何干、干到何种程度，这样执行力自然跟不上，工作效率也不行，竞争力无疑会下滑，倒闭不过是迟早的问题。

制度管理没有下不为例

在一些企业中，当员工迟到时，企业老板总是说"下不为例"。然而，正是这个"下不为例"使得制度形同虚设。因此，在很多企业，特别是中小企业的日常管理中，作为经营者，必须严格执行企业的各项规章制度，绝对不搞"下不为例"。

笔者在给一些企业做内训时经常发现企业老板根本就不按照制度执行。例如，在W公司，原本分别在生产计划会议、营销计划会议和采购计划会议上通过了相关生产、营销、采购的决策文件，W公司老板也在这几份文件上签了字，文件通过正常渠道下达给相关部门和人员执行。然而，不到一周，

W公司老板就十万火急地分别把生产总监、营销总监、采购总监召回，让他们按照自己制定的新方案执行。

研究发现，很多企业老板都喜欢在公司战略决策之外另搞一套，而且只有少数心腹知道，大部分部门经理都不清楚老板的战略意图。

事实证明，要想不折不扣地执行公司的规章制度，企业老板必须在企业内部制度化、规范化过程中以身作则，给所有企业员工起到一个良好的表率作用。这才是真正地根治制度形同虚设病的良方妙药。因此，企业老板要想改变制度形同虚设的局面，就必须克服三大障碍（见表15-1）。

表 15-1 改变制度形同虚设面临的三大障碍

障碍	具体内容
中国传统文化中的人治倾向	由于中国传统文化中的人治倾向，特别是有些企业老板受中国传统文化的影响较深，所以在实际的管理中往往会实行人治而非"法治"
把必要的制度全部取消	在很多企业中，老板往往喜欢采用不合适企业自身的西化管理模式，盲目模仿西方某些企业的"人性化管理"和"以人为本"，从而把必要的企业规章制度全部取消
制度缺少可操作性	有些企业老板在制定制度时，由于过于匆忙，没有充分考虑制度的可操作性，结果导致所制定的制度不具体、不全面、不可行

第十六章

刑不上大夫：制度是员工的制度，老板却例外

> 广东中山某企业在导入管理制度的时候，老板总认为自己是企业的所有者，没有必要受制度的约束。但要使制度成为员工行为的自觉，身为老板就必然是"第一受害者"，要打破企业的习惯，首先就要打破老板的习惯。
>
> ——资深管理专家 刘岷

制度就是老板手上牵的狗，想咬谁就咬谁

相关资料显示，中国内地每年新生15万家家族企业，同时每年死亡10万家，有60%的家族企业在5年内破产，85%的家庭企业在10年内死亡，其平均寿命只有2.9年。2011年12月全国工商联对外发布的中国首份《中国家族企业发展报告》显示，尽管我国家族企业经营年限平均为8.8年，但是比起欧美国家家族企业40年的经营年限，还是相差甚远。

为什么很多中国企业，特别是家族企业总是昙花一现？为什么改革开放初期的中国500强企业现在所剩无几？为什么浙江上千亿的游资总是远离实业？难道中国企业真的无药可救了吗？

我们研究后发现，中国企业是能做强做大的，只是中国有部分企业经营者投机性强，没有把现代企业制度建设当一回事儿。

在"富过三代——家族企业如何迈过接班生死坎"的培训课程中，许多企业家非常赞同笔者的观点。他们认为，中国企业和西方国家的企业还是有很大的差距，其中较为突出的就是西方国家的企业老板严格遵守和执行制度，而在中国，制度就是老板手上牵的一条狗，想咬谁就咬谁。

在很多中国企业，一些民营企业家往往是"成功于偶然，失败于必然"。这个必然往往是建立在投机基础之上的，他们通常不会按企业决策执行，或者认为制度应该是属下、身边的人执行，而不是自己去严格执行。

当然，这样做的后果就是随处可见诸多执行不到位现象。对此，希望集团总裁刘永行曾撰文强调："不到位，是中国许多单位工作的'病根子'。员工要更有竞争力，企业要更有竞争力，就必须在'到位'两个字上下足功夫，否则很有可能会得不偿失。"

随着中国改革开放的深入，中国企业的公司治理制度也更加完善。但是，我们研究了数百家企业后发现，很多中国企业并不缺乏管理制度，但往往存在执行不到位的问题。其原因恐怕不全在员工不愿执行到位，更多的原因在企业的管理者，因为在经营管理中，只有企业老板才能破坏企业的管理。

事实上，在很多中国企业中，企业老板掌握着很大的权力。既然权力在手，就要好好地把握和运用。企业老板要改变一个决定，或者做出超出规则、违背程序、冲破流程的事情，往往是非常容易的。因此，企业管理的规则不易被执行，往往是企业老板自己造成的。

曹操"割发代首"的启示

企业老板要想企业基业长青和永续经营，就必须带头遵守制度，尽可能地减少特权。这就要求企业老板必须改变长时间形成的"刑不上大夫"思想，以及"制度是员工的制度"的思维。

然而，非常遗憾的是，在企业制度执行中，企业老板总是认为制度应该是属下、身边的人执行，而不是自己去严格执行。例如，"广东中山某企业在导入管理制度的时候，老板总认为自己是企业的所有者，没有必要受制度的约束。但要使制度成为员工行为的自觉，身为老板就必然是'第一受害者'，要打破企业的习惯，首先就要打破老板的习惯"[1]。

不抓制度执行，制度就没有效果；不抓制度落实，就等于没有制度。提高各项规章制度的执行效率，必须依靠企业老板的以身作则和表率作用。

其实，企业老板以身作则这个道理在中国古代也被多次运用，而且效果还非常不错。例如，曹操"割发代首"的做法就使曹军军威大振。

东汉末年，由于连年混战，中原地区的百姓民不聊生，怨声载道。曹操非常清楚，要想赢得民心，就必须真正地为老百姓着想。

在曹操的军营中，非常重视军队的纪律，特别是针对曹军士兵在行军作战中没有保护好老百姓利益的问题，专门制定了严格而具体的法令。例如，

---

[1] 刘岷. 如何消灭企业潜规则 [J]. 中国新时代，2005（7）.

一旦发现战马踏坏了老百姓的庄稼，就会被处以斩首。

如曹操预想的那样，这些纪律一经颁布就深受老百姓的欢迎。然而，意外总是有的。在一次行军中，由于曹操的战马受到惊吓，飞奔的战马踏坏了一些庄稼。

当监察官员看到踏坏庄稼的罪魁祸首是曹操的战马时，却为定罪犯难了。然而，此刻的曹操没有为自己开脱，而是坚决执行制度。曹操一面抽打战马，一面抽出战刀就要自裁。

曹操身边的侍卫不得不赶紧拦住曹操，而众僚属也赶紧进言相劝。尽管僚属纷纷劝说，但曹操却丝毫不为所动。他对僚属说，纪律刚刚颁布，如果不坚决执行，那么今后别人也就没有办法执行了。因此，曹操还是坚持要自杀。

这时，众僚属就建议曹操，处以斩首的方式可不可以变通处理，如"割发代首"。就这样，曹操同意用战刀割下一把头发，以示警诫。

当然，一些读者可能认为曹操"割发代首"过于作秀。其实，在中国古代，割发是一种非常重的惩罚。古人奉行孝道，强调身体发肤受之父母，本人是不能轻易毁伤的，否则就是不孝。因此，曹操"割发代首"之举，起到了震慑全军、令行禁止的效果。我们暂且不管曹操这出戏是真是假，作为最高统帅的他能做到这一点，这种遵纪守法的精神就值得学习。

那么企业老板如何避免"刑不上大夫"思想呢？方法如表 16-1 所示。

表 16-1　避免"刑不上大夫"思想的方法

方法	具体内容
放弃一切特权	不管是企业老板，还是企业的高层经理人员，都必须放弃一切特权，因为只有放弃一切特权，才可能真正地执行制度
企业老板带头遵守	一旦企业老板触犯企业制度，则必须受到处罚
在执行制度的同时，必须讲究技巧	企业制度是死的，在处罚违反制度者之时，必须讲究技巧，适当地给予一定的人文关怀，从而既体现出制度的权威性，又体现出企业的人文精神

第四篇 百本图书治天下

客观地讲,企业老板研究国内外成功的管理经验是非常可取的,但遗憾的是,一些企业老板只不过是为了赶时髦,装装门面而已。

——周锡冰

第十七章

有文无化：满嘴管理学词汇，其实只知道用隐形规则主导企业管理

> 在企业里一般是存在着对内和对外两个规则，对中小企业而言，一般不依靠层级进行管理，更具体地表现在对内的忠诚度管理上。因此我们可以看到：谁对老板忠诚，谁就有可能在老板的办公室里纵谈企业的人事变革。这就是潜规则的力量。
>
> ——中山大学中外管理研究中心 EMBA 教授　曾伟

清洁工就能让财务总监下课

中山大学中外管理研究中心 EMBA 教授曾伟在研究中小企业时发现一个问题——一个清洁工就能让财务总监下课。

为什么身为管理层的财务总监却被一个清洁工扫地出门了呢？曾伟教授是这样解释的："在企业里一般是存在着对内和对外两个规则，对中小企业而言一般不依靠层级进行管理，更具体地表现在对内的忠诚度管理上。因此我们可以看到：谁对老板忠诚，谁就有可能在老板的办公室里纵谈企业的人事变革。这就是潜规则的力量。"[①]

在中国企业中，隐形规则主导企业管理的问题举不胜举。在经营管理中，如果企业老板仅看重脸面，为了权威，为了一己私利，为了自己的心理平衡，那么这样的管理模式是不会把企业做强做大的。因此，企业要改变潜规则，关键就是改变老板的习惯和观念。一个合乎企业长远发展的管理规则不是一个单方面约束的规则，更多的是一个契约化的管理细则。[②]

由于所有员工都必须听从企业老板的调遣，所以企业的一切运作都按照老板自己的主观意志进行，而成熟企业的管理制度和规则在此刻都不存在，就连本企业已经明确制定出的制度规章也被企业老板否定。

---

①② 刘岷. 如何消灭企业潜规则 [J]. 中国新时代，2005（7）.

这样的做法直接打击了员工的积极性，往往导致企业全体员工如果不是遇到直接关系到切身利益的事情，则无论谁是谁非，一律不会主动过问，避免惹祸上身。因此，作为企业老板，就算是当今世界盖世英才，倘若在企业管理中没有明确游戏规则，一切事情都由企业老板个人决定，那么，企业的命运无疑会像封建王朝一样最终走向灭亡。

2005年10月，笔者和几位同事被深圳一家民营企业——Q科技有限公司邀请去做咨询。来到Q科技有限公司三天后，我们的团队就发现Q科技有限公司存在着重大问题。

在Q科技有限公司，所有公司重大决策，包括公司日常工作安排，都是由老板（董事长兼总经理）刘鹤理和副总经理管科在总经理办公室内做出的。尽管Q科技有限公司的决策和日常工作安排看似很完美，但是部门经理往往难解其意，很难将决策和日常工作安排彻底地贯彻执行下去。

于是，我们团队向Q科技有限公司老板刘鹤理建议，公司每周召开一次例会。召开该例会的主要目的是，老板将制定的所有工作主张和计划在该例会上公开与各部门经理沟通，让部门经理理解其战略意图，再让部门经理们去执行，从而更好地提高工作主张和计划的执行效率。我们团队讲明了该例会的好处后，刘鹤理勉强同意了。

正当该例会发挥着重要作用的时候，周例会才开五次就被刘鹤理取消了，他也没有对部门经理做出任何解释。

刘鹤理取消例会的原因是，他认为，将公司所有的决策都在例会上与部门经理讨论太过烦琐，而且在做出很多决策时，刘鹤理自己也拿不出更加充分有力的依据来支持该决策。当然，刘鹤理也就很难消除各部门经理对决策的质疑。于是，刘鹤理单方面取消了例会，所有决策还是按照自己的思路做出，然后安排下去让全体员工先执行再说。

Q科技有限公司老板刘鹤理偏好在公司内部采用一种灰色、非理性的游戏规则来管理企业，从而做出关乎公司生存和发展的重大决策。

刘鹤理为什么会采用这种说不清、道不明，无法用常规逻辑来解释的处理方式呢？因为他心里非常清楚，如果把决策拿到例会上公开讨论，那么他将会面对各部门经理的种种质疑，这就会挑战他作为老板的绝对权威，所以就取消了例会，回到了暗箱操作的过去，这样老板的权威又开始显现出来。

隐形规则具有致命性

上述案例中的 Q 科技有限公司仅仅是中国企业中的一个代表。在中国很大一部分民营企业中，特别是中小民营企业中，隐性规则往往主导着企业的决策和管理，企业老板也通常缺乏最基本的是非黑白判断标准。

例如，在 S 家族企业，员工有 300 多人。为了更好地开展制度化管理，该企业规定，迟到、旷工要扣一天工资的两倍及本月奖金。某天，该企业老板（总裁兼总经理）的助理杨晓彤旷工一天，按制度规定，杨晓彤应受到处罚。当人力资源总监把处罚报告交给老板时，老板却说："算了吧，杨晓彤是我的助理，而且也跟我打拼多年了。处罚了杨晓彤，我的面子也挂不住啊。"

又如，在 P 公司，大学机械专业毕业的霍东，技术能力非常强，提出了与副总经理意见不同的技术方案。该技术方案更加科学合理，深得生产线干部的欢迎。然而，这让副总经理很难堪，觉得面子全无，然后找了一个理由将其辞退了。霍东将情况反映给老板，老板却支持副总经理的意见。

在中国诸多企业中都存在一种隐形规则，这种规则既不是国家法律，也不是公司制度，但却具有致命性。

可能有读者会问，作为企业老板，如何才能避免由隐性规则主导企业决策和管理呢？方法有如下三个（见表 17-1）。

表 17-1 避免由隐性规则主导企业决策和管理的三个方法

方法	具体内容
以身作则，坚持维护公司规则	企业老板必须以身作则，坚持维护公司规则。相反，如果企业老板公然违反相关制度规定，部门经理和一线员工就可能对企业老板不遵守公司制度的行为进行效仿，或者放弃对自我行为的内在管控。在部门经理和一线员工看来，制度是给公司所有人制定的，既然制度的制定者尚且如此，那么部门经理和一线员工就有了效仿的理由
对包括企业老板在内的公司所有人一视同仁	在很多公司中可以看到，企业大部分员工因为违反了公司制度而遭到了处罚，但是企业老板不遵守公司制度就能免于处罚，这让所有员工觉得不公平。在这种情况下，企业老板及公司制度在员工心中的权威会急剧下降
绝对不能将常规性问题非常规化	在公司制度完善的情况下，常有一些企业老板企图绕过某些公司规则体系去例外处理一些问题。其实，企业老板处理这些问题可以采用公司现有规则体系来解决，但是企业老板习惯将常规性问题非常规化。这样的做法实际上就行使了不必要的特权，企业老板人为地将自己与特权联系起来

第十八章

有公无关：需要什么就送什么

> 三鹿危机事件提醒企业经营者在生产经营活动中要天天敲响警钟，要有应对突发事件的能力，并以坦诚的态度面对危机。
>
> ——中国广告协会学术委员会主任、厦门大学教授　陈培爱

危机发生后往往试图隐瞒真相

很多企业老板缺乏危机管理意识，在危机发生后，第一反应就是送礼、找人，从来不积极主动地应对危机，有的企业为了隐瞒真相，用重金来收买媒体记者。

这些企业老板的做法当然是错误的，因为一旦企业爆发危机事件，企业老板必须尽可能诚实地说出整个事件的真相。媒体一旦发现企业老板在危机应对中撒谎，那么就会让企业雪上加霜。

1918年，广东商人冼冠生到上海经商，创办了上海冠生园食品公司。由于其出色的经营能力，在1925年前后，上海冠生园分别在天津、汉口、杭州、南京、重庆、昆明、贵阳、成都开设冠生园分店，而且还在武汉、重庆投资设厂。

中华人民共和国成立后，特别是1956年，社会主义改造完成，政府与冠生园公司进行公私合营，冼氏控股的冠生园股份有限公司就此解体了。各地使用"冠生园"字号的企业数以百计，各自为政，互不隶属。

改革开放后，在与其他企业的市场竞争中，南京冠生园因大幅亏损而面临倒闭（南京冠生园的前身是原上海冠生园公司南京分店）。

1993年，为了激活南京冠生园的市场竞争力，引进台资，合资组建南京冠生园有限责任公司，中国大陆地区以名牌和原有实物资产折占40%的股权，台商则实际出资700万元，占60%的股权。中国台湾商人吴震中被聘任为总经理，南京冠生园原核心管理人员均被内退。在这样的背景下，南京冠生园的经营活动完全由台商吴震中控制了。

1994年，南京冠生园转亏为盈，营业额每年增长，连年获利。南京冠生园在吴震中的经营下发展为南京市政府核定的240家大中型企业之一。从此，南京冠生园的发展走上了快车道，在近90个大中城市及全部直辖市都有销售网络，成为真正的全国性食品品牌。

1993年以后，为了节约成本，南京冠生园开始着手回收没有销售的月饼来年再用。这自然引起了不少南京冠生园老职工的强烈反对，但在台商吴震中的高压式管理下，不服从这项命令的员工都被解雇了。

在1993年南京冠生园合资以前，南京冠生园老厂共有466名职工。在合资后，吴震中以各种理由开除了90名员工，有154名员工拒签新的劳动合同。

被吴震中威胁的南京冠生园员工尽管不同意其做法，但也只是暗地里表达些不同意见。吴震中以为辞退员工就可以封锁消息。

然而，一条消息还是在2000年中秋节前传播了出去。一些被南京冠生园公司辞退的员工向南京某广播频道反映，南京冠生园回收上年的月饼来年再使用。

其后，南京某广播电台主持人前去南京冠生园公司采访，却遭到吴震中的指责和威胁。吴震中声称，可以随时让南京某广播电台主持人下岗。

但是，吴震中的威胁并没有奏效。之后又有多路记者进行了暗访，从2000年8月开始，多路记者拍摄到了回收再加工的整个过程：2000年10月24日，剥出的月饼馅翻炒入库；2001年7月2日，保存一年的馅料出库；2001年7月18日，旧馅加工的新月饼销往各地。

2001年9月3日，南京知名食品企业冠生园被中央电视台揭露大量使用霉变及退回馅料生产月饼。该事件被曝光后，震惊了华夏大地，南京冠生园公司也因此接连受到多家媒体与消费者的批评。

面对即将掀起的产品危机，南京冠生园却做出了让人不可思议的反应。台商吴震中矢口否认这么多年的做法："我们从来没有用回收来的月饼馅再炒制做新馅，只是用过去年没用完的馅。"

2001年9月10日，南京冠生园发表致广大消费者的公开信，声称报道不但歪曲而且完全失实。

而后，吴震中公开指责中央电视台的报道，认为其蓄意歪曲事实，别有用心，并振振有词地宣称，"使用陈馅做月饼是行业普遍的做法"。这种背离事实、推卸责任的言辞，激起舆论一片哗然。

一时间，媒体和公众的猛烈谴责、同行企业的严厉批评、消费者的投诉控告、经销商的退货浪潮令事态严重恶化，导致冠生园最终葬身商海。

在事实已经很清楚的情况下，吴震中既没有坦承错误，承认陈馅月饼的事实，也没有主动与媒体和公众进行善意沟通，赢得主动，把危机控制在萌芽阶段，而是坚决否认，甚至公开谴责将其曝光的中央电视台。

事实上，当南京冠生园月饼馅危机爆发后，吴震中完全可以避免危机态势的蔓延，但遗憾的是，他依然采用了中国企业常用的危机处理方法。冠生园在坚决否认其产品质量问题的同时，又自作聪明地企图将事件焦点转移到同行和消费者身上，最终惹来更大的麻烦。2000年8月，央视记者采访了南京冠生园公司总经理吴震中，内容如下：

吴震中："全国范围这是一种普遍现象。月饼是季节性很强的产品，每个厂家都想抢月饼市场。这个市场很难估量，没有一个厂家做几个卖几个，都用陈馅做新馅。"

记者："您觉得合不合法，合不合情？"

吴震中："我本身也不是做食品的，但这几年我对食品慢慢了解了。政府在卫生防疫法里没有一个明确的规定说这个可以做那个不能做，但从消费者意识来讲，厂家它不能公开地这样讲。"

吴震中在接受央视记者采访时，竟然声称陈年馅月饼是行业的普遍现象。吴震中的这种解释不仅激起了月饼生产企业的强烈不满，而且激化了南京冠生园与消费者的矛盾。

适时地公开真相，增加危机事件的透明度

危机事件爆发后，企业老板在任何时刻都必须正确面对危机，及时向媒体披露相关事实真相。这样做不仅能赢得消费者的理解和尊重，而且能避免危机事件的蔓延，减少危机事件对企业的损害。因此，一旦出现危机事件，企业老板必须及时举行新闻发布会，一方面表达对消费者的歉意，另一方面公布对危机事件的解决方案，如停止产品销售、召回等。

企业老板在企业遭遇危机事件时，应如何正确地处理呢？方法有以下几个：

（1）当危机事件爆发后，企业老板必须积极主动地采取停售、下架问题产品、召回等措施，避免危机事件的升级。

（2）当危机事件爆发后，企业老板必须组织一切人力、物力对危机事件进行调查，尽快查明危机事件的症结所在，从而有针对性地纠正错误，杜绝产品和服务出现新的差错，真正为消费者负责。

（3）当危机事件爆发后，企业老板必须尊重消费者的知情权。一旦危机事件确有差错，企业老板必须开诚布公，承认产品或者服务存在的问题，主动地承担责任。

（4）企业老板应适时地向社会和公众说明危机事件的真相，然后有针对性地宣传企业品牌，从而将危机事件对企业的伤害降到最低。

第十九章

百本管理图书治天下：经管图书满天飞，用无效激励手段激励员工

> 企业在对员工采取激励手段时，最尴尬的结果就是：花了钱，反而换来了人心离散。
>
> ——财富书坊首席培训师　汪洋

用无效激励手段激励员工还不如不激励

笔者发现很多企业老板在自己办公室里放置了管理类图书，如《传统企业到底该如何转型》《家族企业如何久而不倒》《中国家族企业为什么交不了班》《日本百年企业的长赢基因》《老干妈的香辣传奇》《褚橙是这样成为爆款的》《华为还能走多远》《格力为什么能成全球第一》《世界第一：任正非和华为帝国》《向娃哈哈学渠道营销》《向格力学专业化经营》等。

客观地讲，企业老板研究国内外成功的管理经验是非常可取的，但遗憾的是，一些企业老板只不过是为了赶时髦，装装门面而已。

例如，A企业老板邀请笔者去做内训，笔者发现A企业老板盲目地用无效激励手段激励员工，使得员工们怨声载道。

A企业老板无奈地问笔者："我为了激励员工，可是花了不少钱来购买图书，研究了一些激励方法，觉得不错。但在激励员工时，所有的员工都在反对我实施的激励措施，您说我冤不冤？早知这样，还不如不激励他们。"

其实，A企业老板的抱怨有一些道理。不过，问题还是出在A企业老板身上。研究发现，很多中小企业的发展规模过快，往往导致企业管理跟不上，这就制约了中小企业做强做大。

宏声公司是广东省中山市一家大型民营校办企业。该公司的主要业务是生产一种为其他电器配套的机电部件。

20世纪90年代初期，由于校办企业的经营权和所有权常常发生矛盾，所

以在1994年到1997年，宏声公司的市场占有率停滞不前。

1998年初，宏声公司实施了企业改制，曾经的校办企业变成了一家民营企业。此后，宏声公司凭借技术实力和灵活的机制，取得了良好的效益，公司的产品占据着中山市较大的市场份额。宏声公司的产品不仅为多家大型电器公司产品配套，而且还有相当数量的出口，宏声公司一时成了中山市的纳税大户。

然而，随着市场规模和份额的不断增加，宏声公司的管理却没有跟上，宏声公司内部管理上出现一系列问题也就在情理之中。

在宏声公司，虽然员工的工作条件和薪酬都优于其他企业，但管理人员、核心技术人员，乃至熟练工人都被竞争者挖走。由于留下的在岗员工大都缺乏工作责任心，产品不合格率大幅度攀升，严重地影响了宏声公司的发展乃至生存。

可能读者会问，为什么会出现这样的问题呢？我们通过下面这个具体事例就能窥探到宏声公司在人力资源管理和员工激励方面存在的问题。

宏声公司在改制时，仍然保留了员工原国家事业单位编制，这就使宏声公司的员工有了三种不同的身份，即工人、在编职工和特聘员工。

对于这三种身份，宏声公司总经理马忠是这样解释的：工人是通过人才市场招聘的外来务工人员；宏声公司的在编职工主要是技术骨干和管理人员，他们中的一部分是改制前的职工，另一部分是改制后聘用的，与工人的区别是与宏声公司正式签订过劳动合同；而特聘员工则是宏声公司向社会聘用的高级人才，有专职的，也有兼职的。

1998年6月，宏声公司取得了阶段性成果。在给员工们发放奖金时，总经理马忠本打算更好地激发特聘员工的工作积极性，于是暗中发放红包，其奖金数额是在编职工的2~3倍。

马忠的做法大大挫伤了所有员工，特别是特聘员工的工作积极性。对于工人和在编职工而言，他们感到宏声公司没有把他们当作"自己人"，特聘员工的红包不公开，至少比他们拿得多得多。更多的特聘员工则误认为，在编职工肯定暗中也得到了不少红包，所得数额一定比特聘员工更多，其辛苦付出没有得到老板的认可。宏声公司多花的钱不但没有换来员工的凝聚力，反而买来了离心力。

事实证明，企业激励机制不完善导致的企业人才流失现象非常严重。在上述案例中，宏声公司在编制上人为地分为三类，加上暗地里给特聘员工发红包，从而激化了所有员工与公司的矛盾，其直接后果是组织效率下降和人员流失，并制约了企业的长期稳定发展。

中小型民营企业存在的四个激励问题

激励就像一把"双刃剑",如果用得好,其作用会大大超出企业老板的期望;相反,就会像A企业老板那样出力不讨好。笔者研究发现,与宏声公司相似的中小型民营企业往往存在以下四个激励问题:

(1)企业老板常常简单地以经济利益驱动员工的工作积极性,忽略了员工的高层次需求。

按照马斯洛需求层次理论,员工需求分为生理需求、安全需求、社交需求、尊重需求和自我实现需求,且依次由较低层次到较高层次,如图19-1所示。

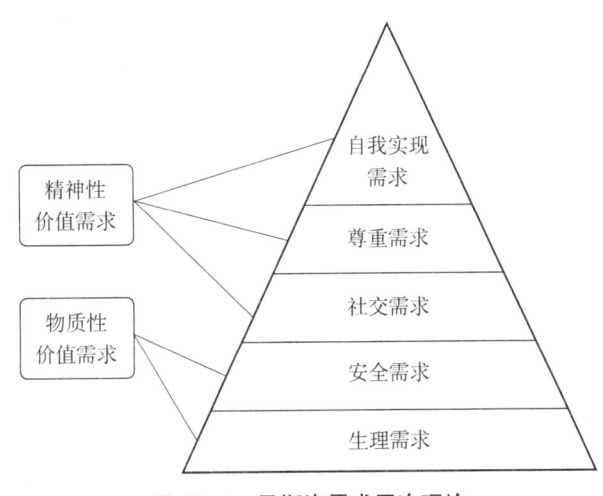

图 19-1 马斯洛需求层次理论

在自我实现需求之后,还有自我超越需求,但通常不作为马斯洛需求层次理论中的必要层次,大多数会将自我超越需求合并至自我实现需求中。

根据马斯洛需求层次理论,员工在工作上的需求一旦得到满足,员工的内部动力就会得到最大限度的外释,以至于上升到对更高层次需求的追求,促进各项工作的开展。相反,一旦员工的自尊心遭到管理者的伤害,哪怕管理者是无意识的,该员工也会留下心理创伤,由此可能造成工作热情锐减,甚至产生逆反心理。在这个过程中,员工们的表现方式通常是隐性或半隐性的,这无疑会影响员工之间的人际关系和工作氛围,压抑员工的进取意识和创新精神,制约岗位活力的发挥。

(2)企业老板缺乏一种稳定的、连续性的行为激励规则。当员工取得业绩时,类似的激励方式往往因时、因人而有所不同。这就导致员工觉得企业老板在激励时，对待不同的员工缺乏公正，岗位效率下降也就在情理之中。

（3）企业老板往往会遇到无序的人力资源管理问题。一般地，由于设立的岗位缺乏科学性，所以对人员的招收和使用不做预测和规划。

（4）企业老板缺乏有效的沟通，信息反馈不及时、不对称。企业老板一般将自身与员工的关系视为一种契约关系，多数是重视工作，而不重视人际关系，缺乏老板与员工、员工与员工之间的有效沟通机制，由此可能衍生诸多新的矛盾。

宏声公司人才流失的原因很多，但缺乏科学合理的激励机制是人才流失的主要原因。因此，作为企业老板，必须正确地运用激励管理手段，提高激励的效率，从而达到人力资源管理中预先设定的目标。

那么，企业老板应如何提升激励的效率呢？方法有以下四个（见表19-1）。

表19-1 提升激励效率的四个方法

方法	具体内容
准确地把握激励时机	在激励员工的过程中，应准确地把握激励时机，这样才能事半功倍。企业老板在不同时间进行激励，其作用与效果有很大的区别
采取相应的激励频率	事实证明，企业老板在激励员工的过程中，其激励频率与激励效果之间不存在简单的正比关系，甚至在某些情况下，激励频率与激励效果可能成反比。因此，企业老板只有根据员工自身情况采取相应的激励频率，才能有效地发挥激励的作用
恰当地把握激励程度	在企业经营管理中，企业老板恰当地把握对员工的激励程度，可以直接影响激励作用的发挥。在很多时候，企业老板过量的激励和不足量的激励达不到激励员工的目的，甚至还可能起到负面作用，极大地挫伤员工的工作积极性。因此，企业老板应从量上把握激励，做到恰如其分
正确地确定激励方向	在激励员工时，企业老板必须针对员工的个性需求实施激励，这样才能产生显著的激励效果。因此，企业老板在管理实践中要努力发现员工在不同阶段的个性需求

第二十章

外来的和尚会念经：照搬照抄其他公司成熟的激励制度

> 我们最容易犯的错误就是生搬硬套、照搬照抄其他企业所谓成熟的、成功的经验和方法。如果脱离问题去照搬照抄，就意味着我们的方案完全脱离了方向，会出现方向性的错误。我认为"激励是粗糙的科学和冰冷的艺术"。所谓粗糙的科学，是指它的结论是权变的，但是它有规律性的成分。所谓冰冷的艺术，是指它有艺术的成分，但它首先是为企业目标服务的，不是设计得多么温馨或温情脉脉就是好的激励方案，它是有目标的。
>
> ——中国人民大学劳动人事学院教授 朋震

画虎不成反类犬

调查发现，参考和借鉴世界500强企业的激励制度是一些企业老板完善中国企业管理的一个重要方法，同时也是激发企业员工工作积极性和提高岗位效率的一个有效管理手段。

然而遗憾的是，一些中国企业老板却投机取巧，甚至在制定企业激励制度的过程中，完全照搬照抄世界500强企业的激励制度，这样做不仅不会达到预期的激励效果，还会付出惨重的代价。

圣罗公司是贵州省遵义市一家从事化工生产的公司，该公司规模不是很大，员工只有165人。经过多年的打拼，圣罗公司在遵义地区具有一定的知名度，并在贵州市场上占有不小的份额，而且发展较快。

为了占据更多的市场份额，促进圣罗公司继续保持快速发展势头，必须提高圣罗公司所有员工的工作积极性和岗位效率。

为此，圣罗公司总经理李伟生把世界500强企业所实施的"目标管理激励法"照搬进圣罗公司，对所有员工进行目标管理。

为了实现销售额翻番的目标，圣罗公司根据第一年的销售额，制定了第二年销售额目标，即第一年的两倍。

李伟生将这一销售额从销售总监到一线销售员自上而下分解，同时取消了圣罗公司原执行的按销售比例提成的制度。李伟生宣布按照员工管理的要求，从即日起，若未完成销售目标任务，只能拿到较低的提成，而超额完成目标任务的销售员却可以拿到巨额的提成和奖金。

从理论上来讲，圣罗公司实施目标管理可以继续保持快速增长，同时圣罗公司的优秀销售员在超额完成销售目标任务后，可以拿到巨额的提成和奖金，工作积极性和岗位效率将大幅度提高，而对于不能完成销售任务的员工，当然也就只能拿到较低的提成，这样将降低圣罗公司的人力资源成本，看起来是"双赢"的事情。

然而，圣罗公司的销售员仔细分析后发现，由于圣罗公司在高速发展之后，市场占有率已经很高，所以不可能像以前那样有大幅度的提升空间，加上竞争者加大了降价和促销力度，从而加剧了圣罗公司产品优势的丧失。另外，圣罗公司市场占有率的扩大和销售员人数的激增，导致每位销售员所拥有的潜在市场变小，并且圣罗公司在资金实力、内部管理、配套服务方面跟不上快速增长的需要，因而几乎无人有信心完成销售目标。

一年之后进行核算发现，圣罗公司没有一个销售员能够拿到高额提成，相反，销售员的工资和奖金比以前大幅度减少，于是核心销售员流失殆尽。

两年后，该公司已濒于倒闭。

圣罗公司总经理李伟生的出发点本来是好的，但是忽视了圣罗公司的实际情况，盲目地照搬照抄了世界500强企业的目标管理法。

不同企业的性质、规模、发展阶段、实力等千差万别，不同的激励制度所适用的企业类型也不尽相同。因此，企业老板在制定激励制度的过程中切忌不假思索、盲目照搬照抄其他企业，特别是世界500强企业的激励制度，以免造成"画虎不成反类犬"的局面。

制定适合公司的激励制度

企业老板如何才能制定科学、合理的激励制度呢？方法就是针对企业的规模和员工的需求制定适合公司的激励制度。面临越来越激烈的核心员工竞争，到底制定什么样的激励制度才能留住核心员工，并提高其责任意识和岗位效率呢？

对此，著名管理顾问尼尔森提出："未来企业经营的重要趋势之一，是企业经营管理者不再像过去那样扮演权威角色，而是要设法以更有效的方法，激发员工士气，间接引爆员工潜力，创造企业最高效益。"

在尼尔森看来，以激发员工士气为目的的激励，需要全新的激励理念，而不是传统的物质激励。研究发现，心理学原理把企业员工的需求分为两大类，即物质需求和精神需求。物质需求是人类生存的基础条件；而精神需求则是人类特有的一种精神现象。

从图20-1可以看出，在员工激励中，物质激励只是其中一个措施，要想把激励效果最大化，就必须结合其他几个措施。

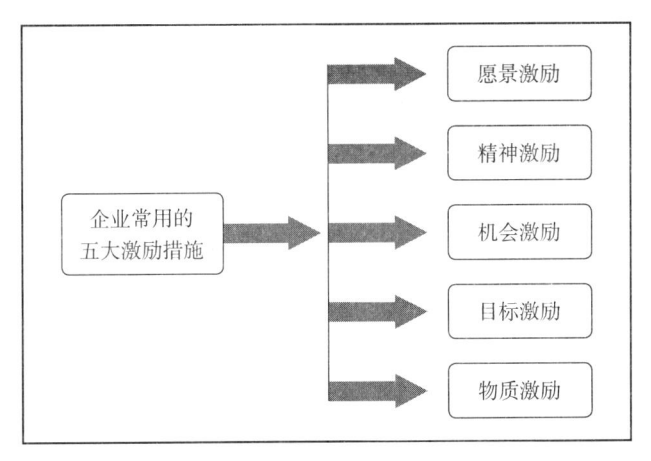

图20-1 企业常用的五大激励措施

所谓物质激励，是指企业管理者通过物质手段满足员工的物质需求，从而调动企业员工的积极性、主动性和创造性。物质激励一般包括资金、奖品等。

在华为，其激励机制主要体现为两个方面。

第一，敢奖励。

华为创始人任正非在2014年人力资源工作汇报会上提到："跑到最前面的人，就要给他'二两大烟土'。"任正非这个形象的"二两大烟土"理论，源于诸多电影中国民党军队在冲锋时，长官会大声喊："兄弟们，冲上去给二两大烟土。"此刻，当兵的立时就跟打了鸡血一样斗志昂扬。

任正非给跑到最前面的人奖励"二两大烟土"。其内涵是，但凡华为公司里绩效好、表现突出的员工，都应获得良好、及时的回报，这里的回报指的是物质和非物质激励。

任正非谈道：

要将高层干部"洞察客户、洞察市场、洞察技术、洞察国际商业生态环境"的发展要求改为"洞察市场、洞察技术、洞察客户、洞察国际商业生态环境"。我们要从客户需求导向转变为社会结构导向了，整个行业转变，客户也有可能会落后于我们对社会的认识，要超越客户前进。

将来要限制干部"之"字形成长的范围，不要强调一定要大流动，有些岗位群不需要具有"之"字形成长经验。基层员工还是需要踏踏实实地干一行、爱一行、专一行，贡献多，就多拿钱。这次我在新疆看到，最安心工作的是新疆本地员工，他们在公司工作多年，千方百计从北京、广州调回去。

……

高级干部被末位淘汰不等于是坏事，可以去重装旅，再重造辉煌。若没有威慑感，大家都会去搞内部平衡。

在任正非看来，在实行绩效文化的华为，谁贡献多，谁就多拿钱。这样的薪酬体系可确保华为稳健地向前发展。

第二，会奖励。设计各种奖项，鼓励员工。

在2013年市场大会"优秀小国表彰会"上，任正非给徐文伟、张平安、陈军、余承东、万飚颁发了一项特殊的表彰——"从零起飞奖"。

所谓"从零起飞奖"，就是这些获奖人员2012年年终奖金为零。2012年，他们的团队经历奋勇拼搏，虽然取得重大突破，但是结果并不尽如人意。在华为绩效文化下，这些团队的负责人在这里履行当初"不达底线目标，团队负责人零奖金"的承诺。

在为他们颁发"从零起飞奖"后，任正非发表讲话道："我很兴奋给他们颁发了'从零起飞奖'，因为他们五个人都是在做出重大贡献后自愿放弃年终奖的，他们的这种行为就是英雄。他们的英雄行为和我们刚才获奖的那些人，再加上公司全体员工的努力，我们除了胜利还有什么路可走？"

在任正非看来，要想做出正确的激励决策，必须搞清楚自己给予的是否真的是员工想要的，即搞清楚员工的期望。

所谓员工的期望，是指员工通过对自身掌握的信息和从外部获得的信息进行综合分析、评估，在内心形成的对企业提供给自己的工作、薪酬、福利等的一种基本要求，并据此对企业的行为形成的一种期望。[1] 基于此，北美著名心理学家和行为科学家维克托·弗鲁姆（Victor H.Vroom）深入研究后总结出了期望理论。

所谓期望理论，又称为"效价—手段—期望理论"，是管理心理学与行为

---

[1]《中国经营报》编辑部. 你是否管理员工的期望[N]. 中国经营报，2015-02-19.

科学的一种理论。1964年，维克托·弗鲁姆在《工作与激励》一书中把期望理论作为激励理论的一部分，其基本内容主要是期望公式和期望模式。

在维克托·弗鲁姆看来，激励（Motivation）取决于对行动结果的价值评价（即"效价"，Valence）和其对应的期望值（Expectancy）的乘积。公式表示为：激励力量＝期望值 × 效价。

在该公式中，激励力量具体是指调动员工积极性、激发其内部潜力的强度；期望值是个人对实现目标的把握程度；效价则是所能达到的目标对个人的价值。

当企业管理者了解了员工的期望之后，就必须有针对性地进行员工期望管理。所谓员工期望管理，是指企业经营者对员工的期望进行有效管理，对员工期望不合理的部分予以引导、说明和沟通，最大限度地满足员工的合理期望，提升员工的满意度。

第二十一章

经验胜过百万雄师：盲目崇拜经验，教条主义严重

> 我们很多的成功，来自于敢想，敢做，就像我第一次接到问题单，根本不懂，但敢去试，敢去解决，还真的解决了；就像我们做SPES，即使没人、没技术、没积累，还有CISCO等大公司也在做，我们也敢做，敢推行，不盲目崇拜或畏惧权威，也取得了成功。
>
> ——华为前副总裁　徐家骏

过度迷信可能就是下一个柯达

企业的倒闭和破产，都与老板固守经验有着很大的关系。尽管有些商业经验曾经是指导企业发展的一个重要因素，但企业老板绝对不能被这些商业经验左右。一旦被商业经验左右，那么企业将被引向破产的边缘。

其实，柯达就是这样一家企业。早在20世纪70年代，数码技术就已被柯达公司研发出来，但是柯达公司老板固守传统的胶卷业务，使得日本诸多企业垄断了数码影像市场，柯达也因此衰落。

中国像柯达那样的企业比比皆是，有些企业老板过分迷信经验的作用，整天套用书本上的说法，动辄便说"某某说过""根据某某理论"等。尤其是对西方的企业管理理论，有些企业老板如获至宝，潜心研读，认为只要掌握了它们，就可以高枕无忧。

其实，这种想法大错特错。虽然经验是重要的，但是实践比经验更加重要。在经营的过程中，企业老板必须勇于开拓，勤于实践，灵活运用自己现有的经验，决定本企业的发展。

2005年6月，我们去A省省会给一个客户进行产品上市企划，该企业老板专门给我们引荐了一个保健品企业的老板。

这个保健品企业老板知道我们一行人是做咨询的之后，便毫不客气地对我们的客户说："万总，你把做咨询的一半费用给我，老哥我帮你做市场推

广，中国各地都有我的朋友，就算是在中国台湾，甭管是台北市，还是宜兰县的商场，我都能帮你搞定。"

这话引起了我们随行同事汪洋的好奇，便问："您的保健产品上市没有？"

该老板不屑地说："上市这还不简单，中国各省市县的二甲医院我都有熟人，货铺进去没问题。"

汪洋接着又问："那您的保健产品生产了吗？主要是干什么用的？"

该老板自信地回答说："我有工厂，只要命令一下，生产还不是分分钟的事情。我的保健产品绝对好，对失眠、健忘、补充精力绝对好。"

汪洋又接着问："既然您那么有信心，那您是如何打开这个市场的？"

该老板情绪激昂地说："中国各地的电视台里我都有熟人，一般都是货铺好后就开始打广告做宣传，我可以先打广告后给电视台广告费。"

而后，我们从客户那里了解到，该老板原来是A省省会的政府官员。20世纪80年代中期，受官员下海经商的影响，该老板也下海了。

在当官和经商期间，该老板经常出差，认识了很多其所谓的"朋友"。不过，该老板在最近两年赚了不少钱，如今到处在找项目投资。据说，该老板最近投资了500万元，打算做保健品。

半年以后，客户的产品畅销市场，得到了很多经销商的认可。而后，汪洋打听了那个保健品企业的产品销路如何，客户告诉汪洋："产品已经不生产了，几百万元的广告费扔进去，每个月回款不到5万元，已经不做了。"

听到此消息，我们感到十二分的痛心。

上述案例中的老板把关系资源看得过重，甚至还幻想着重温"依靠广告的密集轰炸，订单就雪片般飞来"的旧梦。该老板也不想想，在21世纪初，中国的营销环境和消费者每天都在发生变化，市场竞争也在加剧，中国很多产品早就进入了买方市场时代。很多实力雄厚的跨国企业进入中国市场参与竞争，而这些跨国企业每天都在潜心研究中国市场。尽管中国消费者越来越成熟，但是其趋势都在跨国企业的意料之中。如果单单依靠广告来促进产品的销售，那显然是不现实的。

家族企业的创始人要想利用"小米加步枪"打败这些"船坚炮利"的跨国企业，就不得不放弃传统的经验。

试想，如果不研究今天的环境和市场，不依靠外脑的力量，不制定有针对性的营销策略，不培养敬业且专业的员工队伍，不接受别人的建议，企业老板仅靠个人的经验和感觉还能将家族企业打造成百年老店吗？答案当然是不能的。其实，经验是一把"双刃剑"，关键是看家族企业创始人如何去利用它。

经验往往是绊脚石

经验不是万灵丹，经验不能放之四海而皆准，只是说明某种经营方法在某企业是行之有效的。所以，企业老板不能总是保持着老一套的做法，不加改变。

企业老板的经验一般分为两种情况：一是根据实际情况，从实践中总结出来的；二是来源于书本知识。现实中，一些企业老板由于迷信经验而导致经营失败的案例举不胜举。所以企业老板的正确做法应当是，既要重视经验，但也不能为经验所左右。

企业老板一旦盲目崇拜经验，犯教条主义的错误，那经验也将成为阻碍企业发展的绊脚石。

在D市，W公司是一家非常典型的家族企业。老板刘亮初中毕业，曾在深圳打工几年，而后回到老家开始创业。几年后，W公司发展成为一家中等规模的企业。

刘亮在创业之初曾经做过一段时间的保健品，再加上看到电视上保健品广告非常多，于是，就风风火火地开始生产保健食品。

让刘亮没有想到的是，该保健食品上市后一直打不开销路。尽管想尽了各种办法，但依然是销售不畅。

就这样苦苦支撑了一年多，刘亮在出席D市的颁奖大会时结识了G报社的产业记者王某。在刘亮的主导下，他和产业记者王某共同策划了一篇很有特色的新闻采访稿，从多个角度长篇报道W公司的保健食品。

然而，让刘亮没有想到的是，当新闻稿刊发后，要求购买W公司保健食品的电话不断。W公司后来在外地开办了几家分公司及办事处，同时在外地的媒体上做了同样的报道，效果也非常好。

意外取得如此效果，令刘亮十分高兴。于是刘亮要求分公司及办事处每隔三个月就刊发一篇同样类型的报道。

就这样，刘亮在很多地方都采用这种做法推广W公司的保健食品。当W公司的保健产品被消费者认知后，刘亮没有去认真分析市场，也不去考虑怎样维护品牌和建立市场基础链，而是主观地认为做市场就是隔几天一个报道。刘亮认为，以前就是这样做的，今后仍然可以这样做下去。

终于，销量开始下降，且呈不可遏止之势。刘亮不断地感叹市场难做，却始终没有认识到自己的失误所在。

由案例可知，盲目照搬经验是不可取的，而且有的经验在中国转型期特定的历史条件下才有效，这样的经验取得的成功不过是利用我国在迅速发展的过程中各方面的空隙偶然得之。在这种状况下，凭着以往的经验刻舟求剑式地去理解和处理现实的市场问题，结果是显而易见的。

有的企业老板曾经在某些大型企业做过几年市场推广工作，于是把这些行业经验套用在自己创建的企业身上，想当然地认为市场原本就是如此，这样的经验利用也是非常可怕的。

20世纪90年代，某省有一位踌躇满志的诗人，不仅出版了自己的诗集，还得到了许多商界人士的崇拜。

在很多场合，商界崇拜者都表示只要该诗人需要帮助，一定赴汤蹈火，加上政府公职人员创业成功的案例很多，该诗人决定创办一家公司。

该诗人认为可以创业成功的理由有以下三个：

第一，自己能逼真地描述人类复杂的心灵世界，经营一家小公司简直就是火箭弹打蚊子——大材小用。

第二，自己拥有较好的人脉，即有很多商界崇拜者，平时经常听这些人谈生意，而且经常给这些人指明财路。由于见解高明，主意新颖，商界崇拜者照着自己的点子去做后，还真赚了不少银子。

第三，自己朋友多，崇拜者也多，要开家公司，有困难只要一句话，很多人都会毫不犹豫地帮忙。

在诗人以为稳操胜券的创业计划下，他创办的文化传播公司开张了。

然而，公司还没有步入正轨，该诗人就招聘了20个员工，且给每个员工配发一个大哥大手机。当然，该诗人这样做的目的是，派这些拿着大哥大手机的员工气派地与合作者洽谈，要引起媒体的重视，制造声势，扩大影响。

该诗人有明确的目标，第一步是垄断本市的文化传播行业，第二步是垄断本省的文化传播行业，第三步是垄断中国的文化传播行业，第四步是垄断全世界的文化传播行业。于是为了实现这些目标，该诗人开办了沙龙和讲座，侃侃而谈如何做一个"高层次有文化的商人"。

让该诗人没有想到的是，不到三个月，从商界崇拜者那里筹集的100万元启动资金就已经花完了。

让该诗人更没有想到的是，昔日的"朋友""崇拜者"说需要帮助时一定赴汤蹈火，而实际上他们不仅没有帮助，反而先后前来讨债。该诗人打算向商界崇拜者再筹集一笔资金，以求东山再起，但却没有筹到钱。

该诗人感觉自己受到了极大的侮辱，极端愤怒，失望至极。在以后10多年时间里，该诗人也没有还清当初欠下的100万元。不仅如此，该诗人在发表或者出版诗集时都不敢用自己的真名或者曾经的笔名。该诗人深有感触地在诗集中说:"看来干什么事,都像写诗,只能自己写,而不能学。"

在上述案例中,该诗人能写诗,但是绝对不擅长经营。20世纪90年代,100万元创业启动资金已经不少了,即使放到今天也不是小数。然而,该诗人却在短短三个月就挥霍一空,实在令人叹息。

毋庸置疑,参考和借鉴一些企业家的管理经验是完全可以的,但任何一个企业都有自己的具体情况,对于任何企业家的管理经验和办法,一定要抱着一种警惕的心态去接受。

第二十二章

文山会海症：会议召开太频繁

> 当前会议普遍存在的十大问题依次为：离题闲聊；无结论；无会议目标或议案；会议拖得太久；会议主持人控制不当；参会人员心不在焉，不相关的人员过多；参会人员准备不充分；过多或无组织的开会资料；一言堂；内部或外来干扰。这些都是会议效率低下的主要原因，可以说，有相当多的人，把相当多的精力和时间，用于相当多的无效率或无关紧要的会议。如何加强会议管理，提高会议效率，降低会议成本，成为我们一项迫在眉睫的工作。
>
> ——会议管理专家　陈汉忠

开会是为了解决问题，提高效率

许多企业老板偏好于将大大小小的问题放在会议上来解决，这无疑增加了企业全体人员的会议时间和会议成本。况且，企业老板召开的会议经常要么不着边际，要么整个会议形成的决议严重脱离实际，根本无法实施。

很多问题在会议中随处可见，如糟糕的会前准备、不当的议程安排、与会者对议事规则的无知，这些问题往往使许多企业平均每年损失30个工作日。在这里，我们从一个真实的案例开始谈起。

"开会了，开会了，各部门经理马上到六层会议室开会了。"W公司总经理助理万燕正在推开每个办公室的门通知各部门经理开会。

"周老师，郭总让我通知部门经理有重要的会议在六层会议室召开，您是不是也去参加一下？"万燕敲开笔者临时办公室的门说。

"怎么又有重要的会议要开？昨天下午不是才开过重要的会议吗？"笔者向万燕打听。

万燕也不知道今天要开什么会，所以抱歉地说："实在对不起您，具体的我也不清楚。不过，周老师。昨天召开的重要会议是月度总结会议，今天召开的重要会议好像不是这个议题。具体的会议内容，您到六层会议室就知道了。"

老实说，W 公司开会真够频繁的，从笔者进入 W 公司不到两周，就已经开了 8 次会议。不到半个月，1/3 的时间都被 W 公司大大小小的会议耗费了。

当笔者进入六层会议室，万燕立即发给笔者一份今天的会议纲要。笔者看了一下会议纲要，发现今天的会议纲要内容跟很多部门经理没有直接的关系。这其实仅仅算得上是部门会议，而不应当是一次全体会议。

会议结束后，笔者向总经理郭虎表达了对开会的态度："郭总，在我进驻 W 公司的 13 天时间里，参加了 9 次会议，其中会议纲要与我工作内容相关的会议只有 2 次，规定例会有 1 次。可以这样说，其实，我参加 3 次会议就可以了，却参加了 9 次会议。我想其他部门经理更是如此。"

W 公司的会议已经够多了，但还有一些企业老板安排了更多的会议，甚至有一天开两次会议的（早晚各一次）。在这样的企业中，企业老板每天都置身于各种各样的会议，会议就像大山一样压得企业全体人员无法呼吸。

其实，有些会议的召开本身就没有必要，甚至还会增加企业的会务成本，降低企业的竞争力。然而，这样的会议仍然在召开着。

提升会议效率的十个方法

与低效会议相对的就是高效会议，高效会议充分克服了致使会议效率不高的种种不利因素。

在很多场合下，许多企业的中高层经理坦言，老板给他们安排的会议竟然占去日常工作时间的 1/4，甚至 1/3。更令他们惊诧的是，在这些会议中，竟然有近一半甚至一半以上的会议都存在非常明显的浪费现象。

从这些中高层经理表达的无奈可以得知，要提升会议效率，以及根治企业老板的"会议病"，必须要求企业老板从战略和组织管理体系的层面解决会议频繁、会议效率低下的问题。

那么，企业老板如何才能有效地提升会议效率呢？方法如表 22-1 所示。

表 22-1　提升会议效率的十个方法

方法	具体内容
充分的会前准备	要想提升会议效率，就必须精心准备需要召开的会议，即使对于紧急召开的临时会议，也是如此
找到取代会议的可行途径	在很多会议中，有一部分会议是完全没有必要召开的。在筹备会议前，应该先找到取代会议的可行途径

续表

方法	具体内容
取消所有的例会	一般情况下，尽可能取消所有例会，将企业中必须召开会议讨论的议案集中在卷宗内，等卷宗内的议案累积到一定数量再召开会议。当然，对于企业中非常重要且十分紧急的议案，必须尽早开会讨论
所有的会议都要获得上级批准才能召开	在一些部门中，部门经理往往喜欢开会，经常是早晚各一次。遇到这样的部门经理，就必须把需要召开的所有会议上报给上级领导者，只有获得上级批准才可以召开
确立清晰的目标	召开会议之前，必须确立清晰的目标，将会议目标写在白板的醒目位置，并郑重提醒与会者牢记会议目标。如果必要，可以在会前向与会者详细解释会议目标的内容。如果与会人员不明白目标的准确指向，自然就会发生跑题的现象
只邀请有关人士参加	不管召开何种层级的会议，尽量只邀请相关人员参加。有些企业老板为了表示公正或者民主，一旦开会就让所有员工都参加，其实这是没有必要的
选择适当的开会时间	选择开会时间时，应该选在与会人员有充分时间和精力的时段
选择适当的开会场地	选择会议地点时，应考虑该地点相关设备是否齐全、与会人员的交通是否便利、场地大小是否适合等因素
让与会者熟悉议程及有关资料	在会议之前，尽可能将会议的议程及有关资料发放给与会者，使与会者事先做好开会的必要准备
对会议加以时间限制	应该限制会议时间，最好按照每个议案的重要程度分配适当的时间。如果可能的话，应限定出席会议的次数，只出席与自己有关的会议

第二十三章

我们5年内进入世界500强：给企业制定的宏伟目标不切合实际

> 我后来发现定宏伟的目标是很可怕的，必然会违背经济规律，会让自己浮躁，让企业大跃进。
>
> ——巨人创始人　史玉柱

不切实际的宏伟目标是非常危险的

"人无远虑，必有近忧"，要想使企业生存和发展下去，企业老板必须根据企业的实际状况制定合理的近期和长远目标。

然而遗憾的是，一些中小企业老板在制定目标时总是好高骛远，不是提出进入世界500强，就是提出3年做成"中国沃尔玛"。

在创业的道路上，曾经有许多的创业者因为制定了一些不切实际的宏伟目标而最终失败。史玉柱就是其中的一个典型。据了解，"巨人"的倒塌，就是为史玉柱当年的"宏伟目标"所拖累。

在一次节目访谈中，史玉柱坦言："我后来发现定宏伟的目标是很可怕的，必然会违背经济规律，会让自己浮躁，让企业大跃进。"

在1997年史玉柱遭遇第一次失败以前，不切实际的宏伟目标时刻都存在。在当时，史玉柱非常热衷于制定宏伟的收入目标。据史玉柱回忆说："对自己任何一个时间都定了一个目标，一个很宏伟的收入目标。"

史玉柱制定宏伟收入目标的依据是："企业有几种：一是安定的；二是追求眼前利润的；三是追求长期利润的；四是（既）追求长期利润（又追求）社会效益和规模效应，这种企业是三者相互推动，社会效益和经济效益存在着必然的联系。"

对于高歌猛进的史玉柱而言，自己期望的巨人集团显然属于第四种企业。为了实现自己的愿景，史玉柱为巨人集团制定了一个非常宏伟的目标——

"百亿计划"。

在这个"百亿计划"中,史玉柱的期望是:在1996年,巨人集团产值要达到50亿元;在1997年,巨人集团产值要完成100亿元。

在史玉柱看来,一年一大步,一年上一个新台阶的"百亿计划"可以让巨人成为中国的IBM。资料显示,在制订"百亿计划"之前,史玉柱确定的目标是,在2000年,巨人集团的企业资产超过百亿元。

在"百亿计划"制订之后的1995年,为了配合这个宏伟而庞大的近似于神话般的"百亿计划",史玉柱特此启动了"三级火箭",把巨人集团研发的12种保健品、10种药品、十几款软件等产品一起推向市场,同时配合产品的推出,共投放了1亿元的广告。史玉柱提出,要在一个很短的时间里把企业迅速做大,超过首钢和宝钢。

资料显示,史玉柱启动的"三级火箭"其实就是为了完成"百亿计划"而制定的实施步骤。在启动的"三级火箭"中规定:

(1)在这个"三级火箭"中,"第一级火箭"实际上就是巨人集团第一年的一个发展规划。在这个发展规划中,其具体实施方案是这样的:巨人集团主要以"脑黄金"进行市场导入和测试,同时培训和锻炼巨人集团的队伍。当然,史玉柱有自己的盘算,这取决于巨人集团第一阶段的成功。事实上,初期成功转型的巨人集团已经证明了其在保健品行业的实力。为了完成"百亿计划",仍然需要积累更多的经验,扩大、培训和锻炼队伍,这样才能保证巨人集团的品牌影响力顺利地从电脑产品延伸到保健品上。

(2)在这个"三级火箭"中,第二年非常关键,因为这是"三级火箭"的第二级,不仅关乎"百亿计划"的完成,而且影响着巨人集团未来的生存和发展。在史玉柱看来,"三级火箭"第二级的目标是,在第二年,巨人集团将实施"规模化"的发展战略。第二级阶段的主要任务是,双重扩大巨人集团的产品规模和市场营销规模。为了完成这一攻坚阶段的目标,史玉柱把速度作为巨人集团的重点。史玉柱要求,巨人集团的保健品规模尽可能做到日化品巨头宝洁那样,拥有大而全的事业部。

(3)在这个"三级火箭"中,第三级就是第三年的发展规划。在史玉柱的规划中,巨人集团的未来发展首先是实现"没有工厂的实业,没有店铺的商业",对第二级的计划进行体系上的规范和完善,实现整个体系的良性运作;其次是要进入连锁经营领域;最后是要进入资源领域。

从上述内容可以看出,史玉柱希望凭借自己的"三级火箭"理论将巨人集团打造成一个类似日化品巨头宝洁那样的企业。而巨人集团经营的一系列产品并不是巨人集团自己生产的，而是由其他的企业做代工，即"没有工厂的实业，没有店铺的商业"。在渠道建设方面，巨人集团形成了以直销和连锁两种方式为主导的网络。

在"百亿计划"的运作中，史玉柱把原计划6年才可能完成的计划压缩到3年之内完成；在实施步骤上，把三步走变成了两步走（将"第一级火箭"和"第二级火箭"一起实施，在1995年全面启动）。

遗憾的是，在"三级火箭"理论和巨人集团的现有资源上，史玉柱没有把握住均衡，目标与现实之间的差距实在是太远。巨人集团过度地追求目标，以求快速发展，在刚学会走的时候，就想要跑，其结果只能是跌倒。[1]

制定切合实际的业绩目标最为重要

调查发现，绝大多数企业老板在制定目标时，尤其在制定年度业绩目标时，通常不是按照实际情况，而是很随意地"拍着脑袋"想目标。

用这种"拍"的方法制定的年度目标显然存在问题，但是企业老板的理由有如下三个：第一，热衷面子工程，目标是给同行看的，给员工看的，以此提升团队的士气；第二，给项目团队施加更大的压力；第三，一旦员工完不成目标，那么就以此克扣员工的工资。

在各种"拍"的情况下制定的目标，通常没有讨价还价的余地，其基调是通过层层加码和层层分解，与工资奖金挂钩。这往往会影响中小企业的生存和发展。

事实证明，如果企业老板制定的目标不合理，或者不切合实际，那么这样的企业老板永远也不可能将企业做成世界上最伟大的公司。因此，对于企业老板来说，制定切合实际的业绩目标是最为重要的，这也成为评估企业老板领导能力的一个标准。

企业老板在制定目标时，必须从企业的实际情况出发，正确评估目标与企业自身的实力有多大的距离，只有这样才有可能实现自己制定的目标。

2011年初，为了追赶竞争者，G家电连锁公司总经理陈亮大胆地提出了"三年超苏宁，五年超国美"的计划。

该计划提出后，G家电连锁公司华北地区兼北京地区分公司总经理李大奎在第一时间召集了运营部分管的各分店经理们。

---

[1] 徐宪江. 富人不说，穷人不懂[M]. 苏州：古吴轩出版社，2011.

李大奎不仅传达了G家电连锁公司总部"三年超苏宁，五年超国美"的发展计划，而且针对此计划制订了北京地区运营部2011年的工作计划："单店销售额从原来的25%增加到75%，单店利润率从原来15%增加到30%，单店市场占有率从原来的3%增加到35%。"

当李大奎传达了集团公司分派给北京地区的任务后，分店经理们都沉默了。

面对这样的僵局，李大奎拍桌子大声说："我们必须完成集团公司给我们的任务，这是命令。"

一分店经理站起来很冷静地说："2010年，我们分店边上增加了好几个竞争者，促销力度也比我们大，实力也比我们强，更致命的是，商品价格比我们要低。我敢肯定2011年的销售额不会增加3倍。"

其他分店经理也强调该目标不可能达到，因为没有依据自身的情况。

最后，李大奎还是坚持自己的意见。而到了年底，他们并没有完成计划。

从上述案例可以看出，企业老板要想完成公司的业绩增长，就必须依据企业的自身情况，制定一个切合实际的业绩目标。

上述案例警示企业老板，在制定任何一个业绩目标时都必须切合实际，同时还要考虑业绩目标的相关性，因为目标从来都不是孤立存在的。因此，企业老板在制定目标时要多考虑目标的可执行性，从而保证更有效地完成所制定的目标。

如果企业老板制定的目标不切合实际，那么这样的目标将毫无实际意义。如果目标制定得过低，则这样的目标就很容易实现；如果目标制定得过高，则这样的目标根本就不可能实现。

可能读者会问，既然制定不切实际的宏伟目标是非常危险的，那么企业老板该如何制定符合企业实际情况的目标呢？答案是，企业老板在制定业绩目标时应考虑以下三个因素（见表23-1）。

表23-1 制定业绩目标时应考虑的三个因素

因素	具体内容
严密分析和掌握团队自身现状	企业老板在制定业绩目标之前，应尽可能分析整个企业的自身情况，这些情况包括企业人员的素质、执行力、工作态度等
制定的目标具有可执行性	企业老板在制定目标时，不能盲目地随意而定，必须依据企业的实际情况，使制定的目标具有可执行性
制定几套实现目标的有效方法	如果制定的目标没有方法实现，那么这样的目标就毫无价值可言。因此，企业老板在制定目标时，应制定几套可以实现目标的有效方法

第五篇 宁愿我负天下人，不愿天下人负我

中国的很多企业不讲信誉，是因为企业的领导人不重视企业生命，没有追求企业长远发展的动机。信誉就是为长远利益牺牲眼前利益。当人们不考虑长远利益的时候，信誉就无从谈起。想想，有多少国有企业的领导人在考虑三年以后的事情呢？

——北京大学国家发展研究院教授 张维迎

第二十四章

低估商誉的价值：××品牌倒了，再注册一个就是

> 如果在金钱与信誉的天平上让我选择的话，我选择信誉。
>
> ——"世界船王" 包玉刚

商誉没有了，就意味着品牌没有什么价值可言

中国百年老店的创始人都非常重视商誉。不管是创建于中国清朝康熙八年（1669年）的同仁堂，还是胡庆余堂，皆是如此。

尽管都是一家小小的药店，前者创始人乐显扬的服务宗旨是"修合无人见，存心有天知"。自1723年同仁堂开始供奉御药，历经八代皇帝，时间跨度达到188年。

在同仁堂300多年的经营管理中，历代管理者都始终恪守"炮制虽繁必不敢省人工，品味虽贵必不敢减物力"的古训，树立"修合无人见，存心有天知"的品质管控意识。尤其是在制药过程中，精益求精。因此，同仁堂的产品以"配方独特，选料上乘，工艺精湛，疗效显著"享誉海内外。

后者创始人胡雪岩的服务宗旨是"戒欺"。胡雪岩亲自所写"戒欺"横匾如图24-1所示。

图24-1 "戒欺"横匾

"戒欺"横匾内容如下:"凡百贸易均着不得欺字,药业关系性命,尤为万不可欺。余存心济世,誓不以劣品弋取厚利,惟愿诸君心余之心,采办务真,修制务精,不至欺予以欺世人,是则造福冥冥,谓诸君之善为余谋也可,谓诸君之善自为谋亦可。"

从"戒欺"横匾的内容可以看出,这不仅体现了创始人胡雪岩在胡庆余堂经营中的自我坚守,而且是对继承者的谆谆告诫,该训条因此成为胡庆余堂制药的铁律。正因为如此,胡庆余堂才能够在竞争激烈的制药界称雄。

然而,在当下,一些企业老板常常制造伪劣商品,根本没有把诚信和商誉当回事,结果不言而喻。

在中国商业史上,被誉为"中国第一商贩"的年广久算得上是响当当的人物,他不仅是安徽傻子瓜子公司的创始人,而且曾被邓小平同志三次点名表扬。

然而,究竟是什么原因使得这个名噪一时的傻子瓜子公司悄无声息了呢?这要从傻子瓜子公司的发展史说起。

据媒体报道,出生于1937年的年广久,十几岁就接过父亲的水果摊,并沿袭了父亲的"傻子"绰号。

20世纪70年代末80年代初,年广久投师学艺,开创出独具风味的一嗑三开的"傻子瓜子",从此名扬江淮。

1982年,旗开得胜的年广久高调宣布傻子瓜子将大幅降价,其降价幅度居然达到了26%。年广久的这一奇招使得傻子瓜子一炮走红。

在销售策略单一的20世纪80年代,年广久再一次掀起了促销风暴。1985年,年广久策划了一个有奖销售活动,顾客只要购买1千克傻子瓜子,就可以获得奖券一张,凭这张奖券可以兑现傻子瓜子公司的促销奖品。

傻子瓜子有奖销售活动一开展,顾客纷纷购买傻子瓜子以获取奖品。在有奖销售的第一天就售出了13100千克傻子瓜子,在最多时竟然一天销售了225500千克。

然而,面临经销商大批量的订货,傻子瓜子公司无法提供充足的货源。于是,年广久从其他公司大量购买非经自己制造和检验的熟瓜子,再贴上"傻子瓜子"的商标去有奖销售。

让年广九没有想到的是,在这些外购的瓜子中,竟然有很多陈货、劣货。很快,很多经销商纷纷要求退货。

屋漏偏逢连夜雨,政府发布公告称,禁止所有工商企业搞有奖销售的促销活动。政府的这一禁令使得傻子瓜子公司所售出的奖券一律不能兑现,各地经销商纷纷退货，导致瓜子大量积压，银行此刻也要求归还贷款，再加上公司又打了几场官司，傻子瓜子公司一下亏损150多万元。此时，公司的信誉降到了最低点，年广久不得不吞下自己种下的苦果。

中国著名经济学家周其仁在谈及改革时曾拿年广九举例说："比如傻子瓜子，当时雇到60个人，瓜子炒得好，把国营食品店的瓜子从柜台上挤下去。虽文化程度不高，但有营销技能，说几百万包瓜子里能磕出一辆桑塔纳。八几年啊，磕能磕出桑塔纳，大家都磕傻子瓜子了。市场规模大，雇工人数就多，已经超过8个，而且达到80个，这个事情怎么定？谁也不敢定，芜湖市委不敢定，安徽省不敢定，报到农研室我们老板杜润生也不敢定，把事情、不同想法和意见理清楚报给邓小平了，是小平定了。这个可以写进历史：炒瓜子要邓小平定。"

然而，年广九没有珍惜中央高层的关心，采用假冒伪劣产品以次充好，欺骗消费者。如果年广九能够从抓质量、抓管理入手，进一步寻求发展，那么年广九的前途是光明的。

商誉价值连城

事实证明，良好的公司信誉不仅可以促进产品的销售和品牌的塑造，而且可以保证公司持续经营。对于那些想要打造成百年老店的企业而言，信誉的重要意义不言而喻。尽管信誉很难用货币去衡量、计算，但是信誉对公司的经营产生的影响最大，也最为深远。凯文·杰克逊在《创建信誉资本》一书中坦言："信誉是公司最重要、最具有价值的资产之一。"

美国有专家做过研究，发现公司声誉每上升或下降10%，公司市值将上升或下降1%~5%。因此，不管是开办小公司也好，还是开办大公司也好，必须注重诚信，一旦商家对消费者不诚信，结果肯定是被消费者遗弃。

在全球一体化经济纵深发展的今天，不管市场竞争的程度如何，企业老板要想驾驭公司这艘大船扬帆远航，必须具备很多优势，而信誉就是其中之一。在企业经营管理中，公司信誉事实上已经超越了资金、管理，而成为公司最有力的竞争法宝。在很多情况下，公司缺乏资金可以靠信誉从银行和投资机构获得；如果公司产品要开拓新市场，也可以利用信誉的力量打开。

从这个角度来看，信誉无疑是击败竞争对手的最好利器，不仅可以得到客户的认同，还能得到合作伙伴的认可。对于企业来讲，良好的信誉是促进企业不断发展、壮大的奠基石，甚至可以帮助企业从危机中起死回生。

可能有读者会问，如果企业信誉遭到一定程度的破坏，那么企业老板应如何修复企业的信誉呢？其修复程序有如下几个：

（1）企业老板必须及时纠正失信行为。

（2）积极与媒体、工商管理部门以及社会公信部门有效沟通，介绍企业失信行为发生的原因以及解决办法，以此取得社会的认同。

（3）做好危机管理，坦诚地与顾客、媒体和政府有关部门沟通交流。

（4）危机事件解决后，进行适当、有效的宣传，让社会各界认识到企业良好的信用形象，重新回到正常的信用等级上。

第二十五章

损害合作者的利益：宁愿我负天下人，不愿天下人负我

消费者的利益、中间商的利益、企业员工的利益不可一日不思。

——蒙牛创始人　牛根生

要在游戏规则的框架内诚信经营

在写作《传统企业到底该如何转型》一书时，一个学员给笔者讲述了一个故事。这个故事的大意是说，为了使李泽钜、李泽楷成为合格的接班人，李嘉诚在他们很小的时候就开始培养了。在李泽钜和李泽楷八九岁时，但凡董事局要开会，两兄弟都会坐在专门为他们设置的小椅子上。李嘉诚这样做的目的就是对李泽钜、李泽楷进行独到的商业熏陶。

在李嘉诚主持的一次董事会上，参会者在探讨公司应该持多少股份。李嘉诚对参会者说："我们公司拿10%的股份是公正的，拿11%也可以，但我主张拿9%。"

在参会的董事们对这个问题争论不休时，李嘉诚的长子李泽钜站起来反对说："爸爸，我反对您的意见，我认为应拿11%的股份，钱当然是赚得越多越好啊。"

李嘉诚的次子李泽楷也赞同大哥的观点说："对，只有傻瓜才拿9%的股份呢！"

李嘉诚听到李泽钜、李泽楷的意见后，语重心长地解释说："孩子，这经商之道深着呢，不是1+1那么简单，你想拿11%反而发不了财，你只拿9%，财富才能滚滚而来。"

李嘉诚之所以能够成为华人首富，不是损害合作者的利益，而是尽可能地维护消费者的利益、中间商的利益、企业员工的利益。事实证明，李嘉诚的做法是正确的，因为只有考虑到合作者的利益，才能共赢。

遗憾的是，在这个逐利的时代，一些企业老板信奉曹操那句流传千古的名言——"宁愿我负天下人，不愿天下人负我"。

殊不知，这样的做法不仅损害了合作者的利益，也损害了自己的利益。因为在如今这个大时代，损害合作者的利益必将危及自己的利益。

1986年，陈大川从北京某重点大学毕业以后，顺利地进入商务部工作。20世纪90年代初期，陈大川加入了国家干部下海的大潮中，成为一名公司老板。

刚下海的陈大川有着自己的人脉，于是搞起了餐馆，而后，由于中国改革开放的深入，又经营起了广告公司。

当商品批发和广告业务进行得如火如荼时，陈大川决定转向，进入商贸业务。1994年3月，陈大川和李志敏、林敏君三人成立北京威达商贸有限公司，主要开展食品、饮料、酒类产品的代理业务。

20世纪90年代，威达商贸先后拿下了国内Y啤酒和国际H啤酒在北京地区的总经销业务，正是代理Y啤酒和H啤酒让威达商贸公司赢得了不错的口碑。

过了两年，北京威达商贸又拿下了××酒在北京地区的总代理资格。该酒在北京地区的销售价格每瓶可达七八十元至上百元，威达商贸却拿到了17.5元/瓶的优惠，并被允许以1/3的现款提走100%的现货。

威达商贸用了仅仅一年多的时间，就使得北京地区该酒的市场销售额达到3000万元。正当北京地区销量大增时，却发生了一件事情，结果使得他们的努力毁于一旦。

××酒在中国主要有两个销售成熟地区：一是成都；二是济南。虽然北京是首都，但只是××酒的一个新兴销售区，所以威达商贸采购的××酒的价格可以比成都、济南的总经销低一半。

因此，济南地区总经销向陈大川提出，从威达商贸采购××酒。按照行规，窜货本是业内大忌。但是李志敏、林敏君以及陈大川认为，该酒厂远在西南的大山坳里，距离济南非常遥远，而威达商贸总经销的地区在北京，该酒厂应该不会发现他们之间的窜货行为。

基于此，陈大川没有抵制住每瓶16元的利润和济南总经销方面以现金结账的诱惑。尤其是以现金结算，使得威达商贸可以从该酒厂采购更多的货。另外，威达商贸公司一年来的市场投入使得现金流已面临断裂。此刻，威达商贸急需一笔较大数额的现金流，以维持公司的正常周转。于是，陈大川很爽快地答应了济南总经销窜货的要求。

然而，陈大川等人不知道的是，精明的该酒厂早就提防着他们的窜货行为。就在窜货行为发生后一周，该酒厂提出三点：第一，协商免去威达商贸××酒北京地区总经销资格；第二，在第一点未定的情况下，将给威达商贸的××酒由每瓶17.5元提高到每瓶33.5元，与济南地区、成都地区的代理商一样；第三，取消威达商贸预付1/3款的资格，从此以后从该酒厂进货必须全款。

让陈大川等人没有想到的是，这三条都打在了威达商贸的"七寸"上。该酒厂提出的第一点将使威达商贸一年多开拓的××酒北京地区市场灰飞烟灭；第二点直接降低了威达商贸的盈利点；对于第三点制裁，一下子使得威达商贸面临断裂的现金流彻底断裂了。

威达商贸的危机加剧了威达商贸三位股东之间的矛盾，而后又发生了几起事件，使得原本摇摇欲坠的威达商贸彻底解体。

其实，威达商贸的死，是死于陈大川等人损害合作者的利益。在产品销售行业里，窜货本是业内大忌，他们却明知不可为而为之。窜货行为不仅打乱了该酒厂的市场部署和市场策略，而且会给该酒厂造成非常严重的后果。可以说，窜货行为历来为厂家所不容。因此，当该酒厂发现了威达商贸的窜货行为后，采取了非常严厉的惩罚措施。

威达商贸的分崩离析，就是陈大川等人为自己损害合作者的利益而付出的代价。威达商贸的倒闭警示企业老板，在全球一体化经济发展的今天，市场经济的实质就是信用经济，参与市场经营的每个人都要维护合作者的利益，在游戏规则的框架内诚信经营。

不能损害合作者的利益

事实证明，企业要想做强做大，必须维护合作者的利益，不能只凭自己的小聪明。在很多时候，企业老板凭借自己的小聪明赢得了一些市场，但是一定难以长远。

对此，蒙牛创始人牛根生说："消费者的利益、中间商的利益、企业员工的利益不可一日不思。"

当媒体记者以"请谈谈您的金钱观。您的金钱观和您的经营理念有一种什么样的关系？"为问题采访牛根生时，牛根生是这样回答的：

从无到有，再从有到无——任何人都少不了走这一步。在有生之年就看到自己从有到无，然后又转化成许多人的"大有"，我感到很欣慰。我认为，

"财聚人散,财散人聚"。古人说,"将欲取之,必先予之"。佛教也说,"舍得,舍得,有舍才有得"。这世界上挣了钱的有两种人:一种是"精明人";一种是"聪明人"。"精明人"竭泽而渔,企业第一次挣了100万元,80%归自己,然后他的手下受到沉重打击,结果第二次挣回来的就只有80万元。"聪明人"放水养鱼,他第一次挣了100万元,分出80%给手下人,结果,大家一努力,第二次挣回来就是1000万元。即使他这次把90%分给大家,自己拿到的也足有100万元。等到第三次的时候,大家打下的江山可能就是1亿元,再往后就是10亿元。这就叫多赢。独赢使所有的人越赢越少,多赢使所有的人越赢越多,所以,"精明人"挣小钱,"聪明人"赚大钱。

在牛根生看来,只有维护合作者的利益,才能将企业做强做大。其实,像李嘉诚、牛根生这样看重和维护合作者利益的企业家还有很多。例如,江民科技创始人王江民,不管何时,对生意伙伴都是一句话——"有钱大家赚"。

在正泰集团,创始人南存辉也强调善待合作者。回顾南存辉的股权分流历史不难发现,南存辉曾经进行过四次大规模的股权分流,从最初持股100%,到后来只持有正泰股权的28%。在合作者看来,南存辉每次稀释自己的股权,都是将自己的股权拿出来分流到别人口袋里。在南存辉看来,蛋糕做大了,自己的相对收益虽然少了,但是绝对收益增加了。

那么,企业老板应如何维护合作者的利益呢?方法有以下三个(见表25-1)。

表25-1 维护合作者利益的方法

方法	具体内容
诚信经营	作为企业老板,必须时刻注重诚信。在利益的分配中,要适当地考虑合作者的利益,真正做到诚信经营
遵守维护合作者利益的规则	企业老板必须时刻遵守维护合作者利益的规则,在合作中做好表率
让损害合作者利益的人付出代价	在合作的过程中,一旦发现损害合作者利益的人,必须让其付出代价

第二十六章

心态过于失衡：合作伙伴什么都没做，凭什么分45%的利润

> 我们的股东张副总什么都没做，就出了20万元的创业资金，凭什么分45%，2000多万元的利润？
>
> ——A公司创始人 刘克

合作伙伴什么都没做，凭什么分45%的利润

在"传统企业到底该如何转型"的培训课上，A公司创始人刘克这样抱怨道："我们的股东张副总什么都没做，就出了20万元的创业资金，凭什么分45%，2000多万元的利润？"

客观地讲，A公司创始人刘克的抱怨其实就是心态过于失衡的具体表现。当然，该企业老板并不是唯一一个心态过于失衡的人。在中国企业家群雄榜上，胡志标也是一个绕不过去的名字。对于吃亏，相信胡志标深有体会。有人说胡志标的失败和爱多的没落是因为争夺标王，其实不是，胡志标的失败是因为心态失衡，而爱多的没落同样是因为一个企业家的心态失衡。

胡志标，这个颇具争议的中国第一代企业家，曾一度被评为20世纪末中国商业历史永远不能被遗忘的商界奇才，是中国家电业鼎盛时期当之无愧的风云人物。可以说，胡志标是中国第一代企业家的佼佼者，不仅有着敏锐的市场眼光，而且有着敢想敢干的勇气。

1995年，26岁的胡志标在一家小饭馆里吃饭时，听到有人谈论数字压缩芯片技术。谈论者说，数字压缩芯片技术可以播放影碟。敏锐的胡志标嗅出了这里面的大商机，于是在1995年7月20日，正式成立广东爱多电器有限公司，并出任爱多企业集团董事长、总裁。

公开资料显示，广东爱多电器有限公司的股东有三个，他们分别是：①胡志标；②陈天南，他是胡志标儿时的玩伴，也是胡志标的好朋友；③广

东省中山市东升镇益隆村。胡志标和陈天南各占45%的股份，广东省中山市东升镇益隆村以土地入股获得10%的股份。

不可否认，胡志标的确是中国企业界的一个经营天才。20世纪90年代，胡志标用广告策略传播了爱多VCD。

当广告策略拉动爱多VCD大卖以后，胡志标采取了更加大胆的策略，以8200万元人民币获得了中央电视台广告招标电子类的第一名，使爱多的名声在全国迅速打响。

随着爱多VCD的销量与日俱增，胡志标的心理开始有些不平衡了。在胡志标看来，陈天南尽管是大股东，但从来不过问爱多公司的事，每年却获得爱多45%的红利。

这样的想法促使胡志标做出有利于自己的举动，他先是指使财务总管林莹封锁财务，不让陈天南查账。而后，胡志标挪用广东爱多电器公司的资金在中山市成立了几家由自己担任大股东的公司。

其实，新成立的几家公司与广东爱多电器公司毫无关联。但是，胡志标却仍使用"爱多"的品牌。胡志标在中山市成立公司的目的不言自明，就是利用关联交易转移资产。

当然，胡志标的这些举动引起了大股东陈天南的不满和强烈反对。陈天南对此采取策略来维护大股东的权利，先是发律师声明，后又与股东益隆村联合起来声讨胡志标。

在强大的压力下，胡志标不得不在1999年4月辞去广东爱多电器公司董事长和总裁职务。

然而，在胡志标辞职后，由于陈天南和益隆村都没有经营公司的能力，迫于经销商的强大压力，仅仅过了20多天，他们便又将胡志标扶上马。

让谁也没有想到的是，在股东内耗之后，广东爱多电器公司元气大伤。

其实，胡志标有许多方法可以化解与陈天南之间的矛盾。胡志标可以收购陈天南手里的股份，陈天南曾经提出以5000万元向胡志标转让自己手里的股份，但胡志标没有答应；胡志标也可以与陈天南、益隆村摊牌，亲兄弟明算账，然后各走各的路；胡志标还可以将自己在爱多的股份转让给别人，然后自己再去开办一个公司。

总之，办法多得是，可惜这些办法胡志标一条都没有采纳。可能在胡志标心里就是不满陈天南什么都不干，却拿走那么多的钱。胡志标就是要陈天南的好看，结果心理失衡，导致如今的爱多今非昔比。

涉及利益格局和利益分配时，必须要正确对待

从浩繁的诸多企业老板的反思著作中，我们随处可以看到心态失衡的现象。尽管产生的缘由各种各样，但是心理不平衡都是出于极度嫉妒。

对此，有学者撰文坦言："心态失衡是心理失衡的一种持续性表现。一般来说，很多人在某种特定情况下都有过程度不同的心态失衡经历。同时，由于人与人之间存在着诸多的个性差异，其心态失衡的具体状况也会迥然不同。"

在很多企业中，一些企业老板心态不平衡，结果就做出了一些令人无法预想的事情。因此，企业老板只有保持一个良好的心态，在涉及利益格局和利益分配的时候，其做出错误决策的可能性才会少许多。

事实上，有许多问题都可能直接诱发企业老板的心理失衡，如利润分成。所以，在涉及利益格局和利益分配时，企业老板必须正确对待。最好是通过思想升华来提高对财富的认识，学会享受财富、处理财富，从而真正地坦然面对。

失衡的心态无论是对企业老板自己，还是对创业伙伴、合作者等，都是极端不利的。在某些时候，过于强烈地追求某些私欲必然会导致心态失衡，而心态失衡就会犯下致命的大错。因此，对于任何一个企业老板而言，在任何事情上都必须有平常心。

既然心态过于失衡对企业会产生严重的后果，那么，企业老板如何才能使自己保持正常的心态呢？方法有以下三个（见表26-1）。

表26-1 解决企业老板心态过于失衡问题的三个办法

方法	具体内容
在制度上体现公平原则	只有在制度上体现公平原则，才能从根本上化解企业老板心态失衡的问题
要使心理疏导手段更加现代化	随着企业规模的发展，一些企业老板的心理压力变得非常大。在这样的背景下，必须运用现代技术手段对企业老板进行心理疏导，有效缓解企业老板过重的心理压力
切实增强企业老板的心理自我调适能力	作为一名企业老板，不仅要把心理健康作为必修课，更要学会自我心理调适，力求防患于未然

从表26-1来看，企业老板心理上暂时失衡的情况是完全可以避免的，这就需要企业老板个人平时的努力。因此，企业老板在企业经营管理中，必须懂得调整自己的心态，避免心态失衡问题的出现。

第二十七章

夫妻反目：企业做到一定规模就离婚

> 近期，企业家离婚事件屡屡上演，引发网络舆论对企业家婚姻问题的高度关注。婚姻本是"家务事"，但企业家的婚姻由于涉及巨额财富、企业发展等问题，时常被舆论用放大镜观察。从赶集网创始人杨浩然、真功夫创始人蔡达标，到土豆网CEO王微、日照钢铁董事长杜双华……企业家婚变引发的财产纠纷、股权争夺，给企业发展带来新的风险。企业家婚变何以能影响到整个企业的发展？而这种婚变引发的经营风险又该如何规避？舆论在感叹企业家离婚"伤不起"之余，也对其中反映出的民营企业深层次管理问题进行了反思。
>
> ——人民网舆情监测室分析师　李陶蔚

婚变可能给企业带来诸多不确定性

2013年，王石的婚变成为最轰动的企业家离婚事件。其实，对于任何一个企业家而言，婚姻本是"家务事"，但是，由于企业家的婚姻涉及巨额财富、企业发展等诸多问题，这就使得企业家的婚变往往被舆论放大，甚至引发网络舆论对企业家婚姻问题的高度关注。

企业家婚变的确给企业带来了诸多不确定性，不仅会影响整个企业的发展，甚至会加剧企业的经营风险。在这里，我们就以九头鸟酒家的案例来剖析。

何谓"九头鸟"呢？九头鸟，又称九凤。在古汉语中，因为"九"和"鬼"同音，因此也叫作鬼车、鬼鸟。资料显示，九头鸟是一种身有九首的凤，远在战国时代，楚国的先祖们就非常崇拜这种神鸟。具体的样子是，拥有九个头，色赤，像鸭子，人首鸟身。

北京餐饮企业"九头鸟酒家"就取意于此。20世纪90年代，北京九头鸟酒家（以下简称"九头鸟"）以差异化经营开拓了一个巨大的餐饮蓝海，凭借一己之力让非"八大菜系"的湖北菜在北京市场上抢占了一席之地。

谈起"九头鸟"，其前身只不过是一个非常简陋的早点摊子。1987年，"九头鸟"创始人周铁马、芦细娥夫妇由于修建新房而欠了一大笔外债。为了能早日还清这笔外债，芦细娥就用借来的200元钱在自家门口摆了一个早点摊。在经营早点摊之前，芦细娥做过赤脚医生、幼儿园教师。

跟很多中国妇女一样，芦细娥很能吃苦，服务态度又非常好，再加上芦细娥做的早点物美价廉，因而食客络绎不绝。良好的开局让初出茅庐的芦细娥深受鼓舞。于是，芦细娥把露天摆放一张桌子、一个煤球灶的早点摊扩大为一间租来的能放五六张桌子的小炒店，并取名为登峰酒家。

为了吸引更多的食客，芦细娥对家常的湖北菜几经改良，做成登峰酒家独具特色的招牌菜品。

这几个招牌菜品不仅味道鲜美，而且价格也很公道。食客的定位是工薪阶层，再加上芦细娥非常注重服务和就餐环境，登峰酒家的生意异常火爆。

经过几年的发展，小有成就的芦细娥和周铁马扩大了饭馆的规模。1993年，又在武汉增开了两家登峰酒家。

1994年，芦细娥已经不满足于武汉餐饮市场，于是委派长女周红到北京考察餐饮市场。尽管周红学的是服装设计专业，但是早在1992年就辞去工作，开始参与登峰酒家的经营管理。

周红对北京餐饮市场做过一番调查之后，她告知父母北京存在着一个巨大的餐饮市场。

1994年8月，周铁马、芦细娥和长女周红一家人齐聚北京，决定把北京餐饮市场作为企业今后发展的重点。

经过一番筹划，他们决定把餐馆的名字起为"九头鸟"。1995年3月，在北京友谊宾馆对面，第一家九头鸟酒家正式开张营业。

与武汉的登峰酒家一样，"九头鸟"仍然延续了"顾客就是太阳"的餐饮企业经营理念，同时提出了"100-1=0"的服务标准。即在服务客户时，哪怕做对了100件事，一旦有1件做得不到位，那么整个服务工作就等于零。

正是在这种对服务近乎苛求的经营管理下，"九头鸟"初战告捷，不仅得到了消费者的认可，还树立了一个良好的口碑。可以说，在餐饮业竞争激烈的北京城，"九头鸟"能够站稳脚跟，与此有很大的关系。

1998年1月，第二家九头鸟酒家在北京航天桥附近开业了。尽管"九头鸟"在北京的餐饮市场发展得顺风顺水，但是周铁马和芦细娥夫妻之间的感情却出现了问题，甚至到了夫妻两人都要坚持离婚的程度。原因就是，芦细娥的丈夫周铁马和另外一个女人好上了。

面对父亲周铁马对婚姻的不忠诚，作为长女的周红毫无疑问地站在母亲芦细娥这边。就这样，周铁马一家人的面子已经撕破，和谐的家庭不复存在。

1995年10月，芦细娥、周红母女将周红变更为北京市九头鸟酒家的法人代表。

1997年5月，以北京市九头鸟酒家为注册人，"九头鸟"商标被国家商标局核准注册。

1998年5月，为了赢得"九头鸟"的利益之争，周铁马将北京市九头鸟酒家的法人代表变更为周铁马，这就使得本就风雨飘摇的周铁马一家再起波澜。

北京市九头鸟酒家曾经的法人代表周红从他人口中得知，北京市九头鸟酒家的法人代表由周红变成了父亲周铁马。北京市九头鸟酒家法人代表的变更居然在周红完全不知情的情况下完成了。

周红经过调查发现，原来是父亲周铁马伪造了自己的签名，模仿了自己的笔迹，在工商局办理了北京市九头鸟酒家法人代表的变更手续。于是，周红向北京市海淀区工商局提出了申诉。

经过北京市海淀区工商局的调解，周铁马和芦细娥、周红母女双方都决定"分家"。1998年5月21日，周铁马、芦细娥和周红三人正式签订了财产分割协议，对家庭和企业财产进行了分割。

根据财产分割协议，北京市九头鸟酒家企业总资产为1000万元，"九头鸟"商标被评估为200万元。

根据财产分割协议，周铁马、芦细娥、周红各分得北京市九头鸟酒家总资产的30%，剩余的10%分给了周红的妹妹。

根据财产分割协议，周铁马获得3家九头鸟分店（武汉1家，北京2家），即周铁马分到了武汉华师店、北京的友谊店和燕莎店。同时，芦细娥和周红认可了周铁马对北京市九头鸟酒家法人代表的变更，即周铁马成为北京市九头鸟酒家的法人代表。

根据财产分割协议，芦细娥、周红母女获得了北京市九头鸟酒家的其他分店，以及对"九头鸟"商标的所有权。

1998年11月，周红在工商局注册了北京九头鸟航天桥酒家，法人代表是周红。根据协议，周红开始办理"九头鸟"商标转让手续。1994年4月，商标局核准"九头鸟"注册商标的专用权由北京市九头鸟酒家转让给北京九头鸟航天桥酒家。至此，从法律意义上，周铁马就失去了对"九头鸟"商标的使用权。

然而，让周铁马没有想到的是，自己经营的三家"九头鸟"分店——武汉华师店、北京的友谊店和燕莎店的生意越来越火。

周铁马这才发现"九头鸟"这个品牌的商业价值，以及在北京的巨大影响力。1999年，周铁马违背财产分割协议，相继增开了三家"九头鸟"分店。

周红对父亲周铁马违背财产分割协议继续开店的行为没有追究。然而，2001年10月，"九头鸟"商标使用权持有者周红发现，父亲周铁马居然长期与情人同居，并且还有了一个三岁多的孩子。这让周红开始反击父亲周铁马违反财产分割协议的行为。

周铁马没有想到的是，在"九头鸟"双安分店即将开业之时，却遭到"九头鸟"商标使用权持有者周红的举报。周红向海淀区工商局举报称，"九头鸟"双安分店侵权。

2002年1月16日早晨，工商局管理人员来到"九头鸟"双安分店，强行拆除了有关"九头鸟"的一切标识。几天之后，周铁马原有的三家"九头鸟"分店也被工商部门勒令取消有关"九头鸟"的一切标识、广告。于是周铁马把四家分店全部改成了"九头鹰"酒家。但是"九头鹰"使用的户外广告、装饰、装修、菜谱、菜肴、火柴盒、纸巾袋等和"九头鸟"极为相似。

由于"九头鸟"认定"九头鹰"存在不正当竞争行为，周红与父亲周铁马对簿公堂，索赔100万元侵权费。

经过一段时间的诉讼，北京市第二中级人民法院做出一审判决：被告"九头鹰"侵权事实成立，并赔偿原告经济损失25万元。

尽管芦细娥、周红母女打赢了官司，但是此刻却心灰意冷，她们不愿再留在北京这个曾经让她们满怀希望，却又令她们伤心的地方。随后，芦细娥、周红母女变卖了"九头鸟"的大部分资产，移民去了加拿大。

"九头鸟"的故事就这样落幕了。和许多民营企业老板一样，作为创二代的周红渴望明晰产权，减少企业内部的矛盾；渴望"九头鸟"冲破阻力，吸引更多的优秀人才；也渴望"九头鸟"这个金字招牌越来越有含金量。然而现实却是，作为女儿，同时作为"九头鸟"股东的周红，不得不为捍卫商标权而背水一战，不得不面对亲人反目，以及由此带来的市场火拼。这是周红在北上京城之时没有想到的。当然，理想与现实的差距原不是对与错的分别，但"九头鸟"的迷惑与艰难却是许多渴望发展的家族企业的共同问题。①

在此案例中，不管是家庭妇女芦细娥，还是接班人周红，对"九头鸟"这个品牌的塑造都做出了非常卓越的贡献。然而，尽管"九头鸟"享誉京城，但是这一切却因内部争斗戛然而止。可以说，作为丈夫、父亲、民营企业老板的周铁马，摧毁的不仅是一个家，还有一个餐饮王国的梦想。

---

① 郭珍."九头鸟"家族兵变内幕[J].当代经理人，2002（4）.

企业家的婚变凸显了民企风险管理之殇

调查发现，一些民营企业老板离婚之后，接下来就是对企业进行财产分割。这已经成为不少企业发展和融资上市的"拦路虎"。

较为典型的例子有赶集网创始人杨浩然、真功夫创始人蔡达标和土豆网创始人王微。赶集网创始人杨浩然与前妻王宏艳的离婚官司从美国打到中国，持续三年之久，致使公司上市遥遥无期；真功夫创始人蔡达标被前妻潘敏峰要求分割真功夫的一半股权，直接导致企业上市计划推迟；土豆网在提交 IPO 申请九个月后才得以登陆纳斯达克，上市之路波折缘于公司创始人兼 CEO 王微被前妻杨蕾要求分割股权。[1]

其实，民营企业老板的婚变除了给企业的生存和发展带来诸多风险以外，还凸显出创始人对民营企业的深层次管理问题反思不够。对于企业家来说，不管是融资，还是上市，其婚姻的"家务事"不能影响到整个企业的发展。

改革开放后，一些企业家由于自身的努力，不管是在与同行的竞争中，还是在挥舞资本市场的大棒时，他们都游刃有余，致使自我膨胀。在此背景下，婚变似乎成为其证明自己能力的一种手段。基于此，不断上演的富豪们的"爱恨情仇"大戏也就不足为奇。

在多年前，海尔首席执行官张瑞敏就谈过此问题，他说："没有几个企业家的婚姻家庭是圆满幸福的。"

抛开道德问题，那些拥有上亿元资产的富豪们，其婚变可能误导诸多创业者的价值取向，甚至会让正常运行的企业因此陷入困境之中。

正因为如此，《深圳商报》发表评论道："由情而生的家庭恩怨为何扩大衍变成为经济事件，这或许正是中国企业治理结构走向成熟的必经阶段。问题的症结不是大企业容不下夫妻，是大企业容不下老板之间讲夫妻感情。夫妻关系的职业化是小作坊向大企业转变中必须过的一道坎。"

风险管理专家陈晓峰在接受《华夏时报》采访时坦言："真功夫创始人蔡达标离婚纠纷是家族企业公司治理败局的经典教材。"

在陈晓峰看来，因家族的"血亲"和"姻亲"建立起来的"内部权威"，在管理实践中很大程度上维系着家族企业的公司治理。一旦创始人发生婚变，则会牵一发而动全身。此刻，家族企业所有的公司治理元素都会发生巨变。

---

[1] 凤凰网.企业家婚变：民企经营新风险 [EB/OL]. http://finance.ifeng.com/news/industry/20110920/4630338.shtml, 2014.

中央电视台财经频道评论员马光远在接受《央广经济之声》采访时也持类似观点："婚变本身导致上市计划的推迟，事实上是企业向公众公司转变的过程中，没有很好地处理管理权限的问题。现在很多家族企业并没有处理好婚姻问题，而且在处理婚姻后续事件中也缺乏一些智慧。决定上市，肯定要想到很多风险，所以这跟他们最终的股改过程，跟他们对问题本身不重视有很大关系。事实上，很多家族企业要想上市，未来都要考虑到婚变问题，一旦婚变，无论企业控制权、管理权还是股权结构，都会受到困扰，这个困扰本身应作为常规风险，在交易中逐步体现。"

在《每日经济新闻》报道中，多数法律界人士站在专业的角度上建议民营企业老板减少离婚对企业的负面影响，最好的办法就是未雨绸缪——在结婚时签订婚前财产协议。不过，这条针对功成名就的企业家尚可。刚创业时，在企业尚未做大的情况下，谈财产分割显然是不现实的。此刻，依然应依靠夫妻合伙人之间的团结奋斗。

同时，有媒体引用了上海沪家律师事务所的一份报告："创业者要注重对各自的婚前财产进行明确约定，在界定婚前财产后要进行必要的公证或约定，明确婚前财产的范围。特别是在风险投资进入公司时或者上市前，股东与配偶、公司、其他股东等签署相关协议，以保障公司及相关利益主体的权益，规避因为企业家婚姻变局而带来的风险隐患。"

尽管这些方式能够避免民营企业老板婚变的一些负面影响，但是笔者还是建议，作为民营企业老板，不管企业做到多大规模，婚变的事情还是要慎重，毕竟在创业之初，谁也没有想到创业一定能成为亿万富豪。

因此，笔者在这里告诫那些做到一定规模的民营企业老板，在企业创业过程中，是当初夫妻间"你浇地我耕田"式的积累才有今天的规模，民营企业老板应珍惜这一部分回忆。

第二十八章

坐山观虎斗：坐收"诸侯"内斗之利

> 当他人在一心一意发展壮大自己企业的时候，我的企业却在钩心斗角，争权夺利，这才是天山味精公司难以快速发展的重要原因。
>
> ——新疆天山味精有限责任公司　龙卫东

坐山观虎斗其实是一种伪谋略

在中国古代几千年的封建历史中，不管哪一个朝代，皇帝都希望坐山观虎斗，从而坐收诸侯内斗之利。

在如今很多影视剧中，乾隆皇帝不管是利用纪晓岚，还是利用刘墉与和珅争斗，其目的都是制衡和珅的一枝独大。

在乾隆皇帝看来，一枝独大的危害是不言而喻的。在三国时期，一枝独大的司马懿形成了一个庞大的利益集团，使得皇帝形同虚设。因此，乾隆皇帝是不可能让和珅一枝独大的，必须利用其他势力来抗衡和珅。

然而，在如今的诸多企业中，一些企业老板也开始采用皇帝的谋略来引导各路"诸侯"内斗，从而坐收"诸侯"内斗之利。

研究发现，在很多企业中，由于企业老板热衷于公司政治，企业内部中高层经理纷争不断，公司斗争甚至天天都在发生，而这些公司内斗不仅损害了企业核心人才的积极性，也阻碍了企业自身的正常成长。

像中国企业的这种"公司政治"现象，正以令人绝望的深度和广度泛滥成灾。这就必须引起企业老板的高度重视。

研究发现，中国企业的这种"公司政治"现象源于中国古代官场上的尔虞我诈、钩心斗角、拉帮结派、打击报复等手段，而产生"公司政治"的根源有以下几个：①公司政治传承了中国上千年的民族文化糟粕。②部分企业老板热衷于公司政治，并从中获得绝对的权威。③有些企业老板为了面子，以绝对的权威来提升影响力。④有些企业老板超强的"自卫意识"在作祟。

从上述内容可以看出，中国某些企业的公司政治，其实是某些隐性文化的人际化反应，此种文化所折射的就是该公司的企业文化精神。

在这里，需要提醒企业老板的是，这种企业文化精神直接决定公司政治的走向。如果企业老板塑造了一个积极、健康、向上的企业文化氛围，那么该企业的公司政治所造成的内耗问题通常会得到有效的抑制；相反，如果形成了一种人人自危、互相猜疑的企业文化环境，那么该企业的公司政治就可能被畸形地、无限制地放大。当互相倾轧、钩心斗角替代了对外的团结一致时，那么，企业大厦的倾倒不过是一个时间问题而已。

内斗的结果可能不可控制

如前所述，一些企业老板偏爱坐山观虎斗的公司政治，可能源于中国人对古代皇权绝对权威的崇拜。例如，武则天就利用各派的力量互相牵制、互相制衡，从而掌控全局。客观地讲，企业老板借鉴皇帝治理江山的经验来治理企业是值得肯定的，但是不能引入坐山观虎斗这样的管理模式。

其实，在任何一个企业中，都存在着企业争斗。俞敏洪也承认新东方内部存在争斗。俞敏洪在接受媒体采访时说："随着企业的发展，利益和权利的重新分配一定会引起争斗。中国的经济改革、政治改革都是利益和权力的重新分配，所以中间会出现争斗，出现争权夺利的事情，关键是你如何把它回归到一种秩序状态，新东方回归到秩序状态以后就算做成功了。人文情怀和争名夺利一点都不矛盾，除非你是耶稣或释迦牟尼，有至高无上的权威，自然不需要争权夺利，否则任何一个人必然都会出现这个过程。妻子和丈夫天天在一起生活，也是一个争权夺利的过程，只不过或大或小，或重或轻而已。"

在俞敏洪看来，企业争斗是必然的，只不过是尽可能减少争斗而已。研祥集团董事局主席兼总裁陈志列认为："一个公司内部钩心斗角多还是少其实是老板起的作用更大一些。"

在陈志列看来，企业内部争斗的程度和烈度都与老板有关，这主要是一些企业老板为了平衡各路"诸侯"的势力，让各路"诸侯"争斗，从而坐收"诸侯"内斗之利。殊不知，一旦内部争斗展开，内斗的结果可能不可控制，让原本高速发展的企业瞬间瓦解。这样的教训是惨痛的。

既然企业内斗的问题如此严重，那么企业老板该如何避免企业内斗呢？方法如表28-1所示。

表 28-1 避免企业内斗的方法

方法	具体内容
制定完善的企业管理制度	在制度化、规范化的企业中,各种制度制定得相当完善,而且所有问题都可以通过清楚明确的制度条款来解决,这就使得企业管理更加透明,决策也相对民主
建设畅通的沟通机制及渠道	建立正式的会议制度,如月报会、周例会、专题会等能监督企业老板的沟通机制及渠道
树立正确的管理价值观	企业老板在经营时,必须树立正确的管理价值观,这样才能有效地避免企业内斗

第二十九章

钻营又何妨：国家税收的空子不钻白不钻

> 偷税、漏税是企业的耻辱，只有把纳税看作是企业的义务、责任，(才)是远见卓识的表现。一个企业在纳税上如果不对国家尽责，私自偷逃税款，那么，人们会有理由怀疑，对顾客你是否能讲诚信。纳税多是企业实力和经营业绩的体现，凡是纳税先进企业，就自然而然在消费者心目中树立起爱国守法、诚实可信的良好形象，人们就喜欢与你谈生意、做买卖，顾客盈门，良性互动。要是一个企业税源枯竭，拖欠税款，那必然信誉不良，经营萎缩，不仅消费者不乐意光顾，就连向银行贷款也敬而远之。
>
> ——阿里巴巴创始人 马云

逃税漏税的后果就是付出惨重的代价

企业老板将照章纳税看作企业的义务和责任，不仅是一个富有远见的决策，而且是诚信的具体表现。如果一个企业逃税漏税，那么顾客就有理由质疑，该企业对顾客是否能讲诚信。在顾客的意识中，照章纳税多是企业实力和经营业绩的体现，凡是纳税先进企业，就自然而然在消费者心目中树立起诚实可信的良好形象。

业内人士认为："我国税收环境正在发生质的变化，如果再用旧思维来看待税收，教训可能会很惨重。企业应该抛弃做假账的思想，尽量利用税收筹划，开展合法经营，这才是企业基业长青和永续经营的前提。"

现实中，逃税漏税是一些企业老板增加利润的惯用伎俩，然而，这些企业老板不仅没有给企业带来一丝好处，反而葬送了企业的前途。

在这部分企业老板的意识中，税收是上缴给国家的，能逃就逃，能漏就漏。其实，这样的想法是错误的，一旦被税务机关稽查发现，那么企业老板不仅将为此付出惨重的代价，甚至还会遭受牢狱之灾。

2002年初，广州市普耀通讯器材有限公司（以下简称普耀公司）虚开增值税专用发票，涉嫌偷税案宣告侦破。尔后，普耀公司负责人施争辉被捕。

据检方介绍，施争辉利用普耀公司名下的广州、北京、上海等地的数家公司，采用账外经营、设立内外两套账、销售不开具发票或以收据代替发票等方式，大量偷逃税款。

据了解，1996年初，港商施争辉出资在广州市成立了普耀通讯器材有限公司，由江少丽任会计。

为了销售没有合法来源的手机，施争辉分别与深圳、汕头等地的不法厂商老板协商，由这些厂商为普耀公司提供和虚开增值税专用发票，施争辉则按照一定的比例给这些不法厂商老板支付相应的增值税专用发票开票手续费。

1996年4月至1997年11月，时任普耀公司会计的江少丽多次将增值税专用发票开票详细资料通过传真、电话等方式提供给深圳、汕头等地的不法厂商老板，这些详细资料包括购货单位名称、货物名称、开票日期、单价、数量、价税额等。

广东省公安机关查明的资料显示，在1996年4月至1997年11月期间，港商施争辉、会计江少丽等人采取支付手续费、空转货款的方式，让深圳、汕头等地的不法厂商老板为普耀公司虚开增值税专用发票共248份，作为税款抵扣凭证，价税合计达1.9亿元，其中价款1.6亿元，共抵扣税款达2805万元。经税务机关鉴定，其开具的发票多数为伪造的增值税专用发票。

办案民警在接受媒体采访时介绍说，广州市工商局在执法的过程中发现普耀公司销售了3万台无法提供合法来源证明的手机，于是，广州市工商局对普耀公司进行查处，并将普耀公司3万台没有合法来源的手机进行拍卖。

被查处的普耀公司不服从广州市工商局的处罚，之后提起了行政复议。在此期间，普耀公司还利用非法渠道得到一批手机的销售发票，以此来证明被广州市工商局查处的3万台手机拥有合法来源。

然而，细心的广州市工商局工作人员经过认真查证发现，普耀公司提供的手机销售发票上所注明的号码与手机机身号码并不一致。因为普耀公司无法提供3万台手机的合法来源，于是3万台手机被依法查扣。之后，普耀公司停止了经营。

就这样，公安机关介入了施争辉偷税案。同时，广东省检察院根据群众举报，察觉到普耀公司在经营中存在涉嫌虚开增值税专用发票的问题，广东省检察院的工作人员于是将普耀公司涉嫌虚开增值税专用发票的线索移交给广东省公安厅经侦总队，要求深入侦查。

之后，广东省公安厅及佛山市经侦部门深入侦查了施争辉操纵的佛山新领域、天赋通讯器材这两家公司。广东省公安厅及佛山市经侦部门很快发现，施争辉利用这两家公司作为其在中国内地销售三星手机的进口发货商，以账外经营等方式进行偷税。

广东省公安厅及佛山市经侦部门查处两家公司时发现，这两家公司的销售网络遍及中国内地18个省、市、自治区，近百家企业与其有经济来往。办案人员查扣了大量账本、凭证资料，并邀请税务部门进行核查。

经办案人员查证，在1999年1月至2001年12月的这段时间里，施争辉操纵的两家公司共获得不含税销售收入近13亿元，偷逃应缴增值税、城建税、营业税、企业所得税等国税、地税近2亿元，占应纳税额的93%以上。普耀公司虚开增值税专用发票税款2805万元。就这样，普耀公司在逃税漏税中倒闭了。

在本案例中，港商施争辉在中国内地经商不仅得到国家的照顾，而且能享受到一些税收减免优惠政策。在施争辉面前，曾经有一个美好的机会，但他没有珍惜，等到失去这个机会时，已经追悔莫及。

当前，很多企业家对企业社会责任已经达成共识，但企业履行社会责任并不一定要在电视上作秀捐款，而首先要管理好自己的企业，规规矩矩地缴纳税款，不偷税漏税。

"不逃税就倒闭"本身是一个伪命题

在阿里巴巴，马云不止一次地强调缴税对于一个企业的重要性。马云在论坛上曾发表这样的观点："世界上只有两件事不可避免，税收和死亡。"

马云说："阿里巴巴为什么能成功，其中一个关键的因素就是按照法律规定的税负缴纳。在这里，我需要提醒创业者的是，照章纳税是企业的义务，必须不折不扣地缴税，这样你的企业才有可能发展，否则，只是一场虚幻的梦境。"

据报道，阿里巴巴（中国）网络技术有限公司2005年上缴的税款为25480万元，首次跨入纳税亿元企业行列，按全年250个工作日计算，成功实现了公司2005年初提出的"每天纳税100万元"的目标。同时，这次缴税仅涉及阿里巴巴公司本身，并未包括被收购半年的中国雅虎业务。

对于企业来说，缴税是为国家和社会创造价值的表现，也是对自身成就的肯定。现在企业的纳税意识在不断提高，阿里巴巴把"一天纳税100万元"作为公司未来几年的经营目标，并给自己设了一个"紧箍咒"——没有一天100万元的税，就是对社会没贡献。

然而，令人遗憾的是，很多企业老板却抱有与此相反的想法，那就是想方设法偷税漏税，无视国家税法，纳税意识淡薄，与税务人员捉迷藏，给税收工作带来困难。这些创业者的主导思想是，税收是国家的，能偷就偷，能逃就逃，把权利与义务对立起来，这种思想是十分错误的。

2012年5月19日，中央党校国际战略研究所副所长、北京科技大学博士生导师周天勇发表微博称："今年全国一大批小微企业有可能被税务部门整死。"这条微博一经发出立即引起了轩然大波。

2012年5月25日，在接受《中国企业报》专访时，周天勇回应称："绝非危言耸听。减税、清费、发展社区小银行是关键步骤，这方面不动真格的，中小企业会越来越困难，会破产倒闭一大批。"

持这样观点的企业老板也不在少数。例如，一位企业老板在接受媒体采访时坦言："如果所有的税费我都严格按照规定缴纳，我的公司马上就会倒闭。如果过去我没有逃税，公司根本活不到今天。"

当然，对于企业老板而言，仅仅以这样的理由去逃税漏税显然是不成立的，既然选择了创业之路，无论企业规模大小，都不能逃税漏税。

然而遗憾的是，在众多中小企业中，有九成企业有逃税行为，这足以引起企业老板的反思。

这样的问题在2012年5月北京大学国家发展研究院联合阿里巴巴集团发布的调查报告中得到了印证。该调查报告显示，在调研所涉及的1400多家中西部小微企业中，90%的企业存在逃税操作。

研究发现，很多企业老板在经营过程中，为了增加利润，人为地逃税漏税。在《一个小企业的逃税式生存：不逃税就倒闭》一文的开篇就描述了企业逃税漏税的问题："邵林（化名）的公司非常尴尬：再小一点，就是'税务部门懒得管的小虾米'；再大一点，就会进入'查收的重点范围'，偷逃税费会变得很困难。规范吧，成本巨大；不规范吧，又很难融资和进一步壮大。报纸上'小微企业减税'的大标题印得醒目，但邵林却看都没看就翻了过去。拥有一家员工40多名、年营业收入1000多万元的企业，他本应该与这样的新闻息息相关，但他为何如此漠不关心？'再减我也不能交那么多。'他说。'你的公司逃税？'面对这个问题，邵林几乎不假思索地回答：'如果所有的税费我都严格按照规定缴纳，我的公司马上就会倒闭。如果过去我没有逃税，公司根本活不到今天。'"

看了这个案例后，笔者非常震惊，因为企业老板必须遵循某种规则，这个规则就是——合法经营，照章纳税。

近年来，我国地税稽查部门在税务稽查中发现，企业法人指使财务人员做假账偷逃税款的事件多如牛毛，而一些企业老板也因触犯法律而被判刑，其中以私营企业，特别是家族企业尤为突出。

据地税部门介绍，私营企业中涉税违法犯罪的共同特点是，这些企业法人在利益驱使下，尽可能地少缴或者不缴税，经常利用企业财务人员保住自己"饭碗"的心态，授意、指使财务人员做假账偷逃税款。一般地，企业逃税漏税会采取以下三种手法：

（1）企业法人授意或指使财务人员设置两套账，实行账外经营。内账记录实际收支作为内部核算使用，外账则采取不列或少列收入的手段来应付税务、工商等部门的检查。

（2）企业法人故意向财务人员隐瞒真实经营情况，提供虚假的经营凭证给财务人员记账。

（3）企业法人要求财务人员按"指定"的利润额记账和申报税费。

事实上，不管采用什么样的方式逃税漏税，税务稽查人员都能查出来。因此，这就要求企业老板必须合法经营，照章纳税，特别是照章纳税，主要强调企业对国家和社会应承担责任。

第三十章

天下唯我独尊：打败所有竞争对手，独霸市场

> 消灭竞争对手未必会赢，想打败竞争对手的话，这个公司就变成职业杀手，对手可能在你走向成功和顺利的过程当中增加一些麻烦，但不是关键，关键的是怎么帮助你的客户成长起来。
>
> ——阿里巴巴创始人 马云

挑战别人的人基本上不会长久，终有一天会倒下

在一次内训课上，一位老板向笔者说出了他的计划："周老师，我告诉您我们公司的竞争战略，那就是消灭所有的竞争对手，直到我们公司独霸市场。"

不可否认，这个老板有如此雄心是好的，但只不过是一场黄粱美梦而已。事实上，不管是自认为天下最好的剑客，还是自认为天下最厉害的拳王，最终都倒在了对手之下。

马云2002年在宁波会员见面会上演讲时说道：

我在中央电视台《对话》栏目里面听到某位中国的知名企业家讲了一句话，他说："我这个企业很难管理，哪怕通用电气前任CEO杰克·韦尔奇在我这里管理，最多只能待三天。"我觉得很不以为然：第一，杰克·韦尔奇不会只待三天；第二，他来了一定会改变你的企业。

可怕的不是距离，而是不知道有距离。我在网站上也讲过这句话，我讲一个例子，我有一个朋友，是浙江省散打队的教练，他给我讲了一个故事：

武当山下面有一个小伙子非常厉害，他把所有的人都打败了。他认为自己天下无敌，于是就跑到了北京，找到北京散打集训队教练说："我要跟你的队员打一场。"

教练说："你不要打。"

教练越不让他打他越要打。最后只好让他打，可是这个小伙子5分钟不到就被打了下来。

教练跟他说："小伙子你每天练两个小时，把每天练半个小时的人打败了。我这些队员每天练10个小时，你怎么可能跟他们打？而且我们的队员还没有真打。"所以，天外有天，人外有人。

在商业竞争中，这样的道理也同样适用。在2013年中国（深圳）IT领袖峰会上，百度公司创始人、董事长兼首席执行官李彦宏与腾讯控股创始人、董事会主席兼首席执行官马化腾针对目前非常热门的话题向马云发问。

马化腾的问题是："现在听到你很多的想法，比如用互联网方式开始做金融，我也知道小微金融。现在很多银行也会很警觉，马云你讲的银行没有做好的事你来做，但是从挑战银行业这个角度来看，大家还是觉得胆子挺大的。至少不像我们，我们对运营商都很老实，从不敢说过分的话。你用什么底气说这些话？"

针对此问题，马云说："第一，我从没觉得要推翻一个金融行业，我觉得中国金融行业的存在到今天为止有特定需求，而且做了很大贡献，但是对未来的金融，我觉得我们作为这一代的人，不是我们有更大的利益需求，而是必须有这个责任思考。假如今天拥有这样的技术、这样的人才、这样的需求，无数的网商、无数中小企业今天想要钱，而拿不到钱，但我们有解决方案，而且我们这个方案又是贯彻了透明、开放、责任、分享，我就坚持下去。"

在马云看来，未来的金融必须满足更大的利益需求。马云也坦然承认，自己不想去挑战谁，这主要取决于阿里巴巴的战略，因为从创建阿里巴巴到马云卸任CEO，在这段时间里阿里巴巴没有去挑战过谁，而是尽可能地去创造谁。

马云说："紧张是正常的，紧张促进社会进步……假如阿里巴巴集团能够让现有金融体系紧张一下，也是互联网企业对社会进步的重要贡献。"

商业就不该害怕竞争，害怕竞争就不该做商业

在马云看来，一定要争得你死我活的商战是最愚蠢的。在创业的道路上，竞争跟纳税一样不可避免。为此，马云告诫创业者："创业者不怕竞争，怕没诚信。"

2010年7月8日，淘宝网宣布调整搜索排序，加大对卖家服务质量的重视程度。新规则推出后，陆续有部分淘宝卖家攻击淘宝，并连续两次到淘宝网杭州总部聚众抗议。这些抗议的人群声称受到新规则的"不公正待遇"，新

规则直接导致其利益受损。①

面对部分淘宝卖家的抗议，2010年9月5日晚，马云在阿里巴巴内网发出告全体员工信，阐述自己对该事件的观点。在鼓励员工坚守原则、为使命而战的同时②，马云也告诫创业者："商业就不该害怕竞争，害怕竞争就不该做商业。我们害怕的是不透明的竞争、不诚信的竞争、不公平的竞争。"

在2012年电商"双11"促销大战前一天，马云在接受中央电视台记者采访时，就"双11"促销抛出了狮羊论，认为以电子商务为代表的新经济模式已经成长为狮子，将"吃掉"传统商业生态系统。③

马云坦言："天猫购物狂欢节将是中国经济转型的一个信号，也就是新经济、新的营销模式对传统营销模式的大战，让所有制造业贸易商们知道，今天形势变了。对于传统行业来讲，这个大战可能已经展开。"

马云还强调，新的营销方式、新的商业流程、新的商业生态系统，对于传统商业生态系统将会开展一次革命性的颠覆。

马云说："就像狮子吃掉森林里的羊，这是生态的规律，游戏已经开始，就像电话机、传真机会取代大批信件一样，这是必然趋势，（以电子商务为代表的）新经济模式已经有点狮子的味道。"

然而，作为阿里巴巴的"船长"，马云是在无视对手的存在吗？据搜狐IT报道，"双11"促销最早由天猫在2009年发起，三年过后，从内到外，这一天都变得不同寻常。在阿里巴巴集团内部，对这一天的重视也上升到新的高度。阿里巴巴集团还将这一天升级为"购物狂欢节"，并突破天猫的范畴，在资源配备、支付稳定性、技术保障等方面都提升到阿里巴巴集团层面。同时，淘宝、天猫和聚划算三大事业群都加入进来。在外部，这一天已成为整个电商行业各企业的促销大战日，乃至混战日，京东、苏宁、易迅等电商企业都不甘落后。

对于业界和媒体关注的"是在无视对手，还是真的不看作是电商大战"的问题，马云的看法耐人寻味。他说："我们也不知道跟谁战，也没什么战的，我们很少把竞争当成自己的主业在干，消灭竞争对手未必会赢，老是想打败竞争对手的话，这个公司就变成职业杀手，关键的是怎么帮助你的客户成长起来。"

马云表示，更愿意将"双11"购物狂欢节定位为感恩节。据搜狐IT报道，2011年11月11日，淘宝支付宝总交易额为52亿元，天猫支付宝总交易额为33.6亿元。

---

①② 张绪旺. 马云：创业者不怕竞争怕没诚信[N]. 北京商报，2010-09-08.
③ 何峰. 马云：不要老是想打败竞争对手[EB/OL]. http://www.iheima.com/archives/13473.html，2018.

如前所述，商业竞争是不可避免的，但是马云告诫企业老板："竞争的时候不要带仇恨，带仇恨一定失败。"马云的理由是："企业现在最多的是竞争，包括在我们这儿也有很多抱怨。阿里巴巴、淘宝建了两个市场，很多人杀价，很多人天天杀价，我出5000万元，他出4000万元，这是最愚蠢的商战，我教一个傻子也会干，这不是企业家，比价算什么英雄？"

在马云看来，竞争最大的价值，不是打败对手，而是发展自己。马云说："竞争者是你的磨刀石，把你越磨越快，越磨越亮。"

无论是"西湖论剑"还是"网商大会"，马云在广发英雄帖时，都给竞争对手奉上一张。马云相信："心中无敌，无敌天下。"

马云认为，作为企业老板，千万别讨厌你的竞争者，因为"竞争对手是企业最好的实验室，因为竞争对手会研究你，而你也会从他们所提出的任何创新点子中汲取经验。但千万不要模仿，而是学习他们的优点。所以我喜欢竞争对手，而且我始终都以钦佩的目光来看待他们"。

第六篇 在商不言商,我认识谁谁谁

一些土地、税收、人才引进等政策,都是对大中型企业做一些"锦上添花"的事情,但很难对小企业、创业企业做到"雪中送炭"。

——清华大学中国创业研究中心副主任 雷家骕

第三十一章

企业政治化：在商不言商

> 从现在起我们要在商言商，以后的聚会我们只讲商业不谈政治，在当前的政经环境下做好商业是我们的本分。
>
> ——联想创始人 柳传志

做好商业是企业家的本分

很多中国企业家都非常热衷搞政治，似乎政治比经营企业更重要。2013年6月，有"企业家教父"之称的柳传志召集正和岛等十几家公司讨论"抱团跨境投资"时说："从现在起我们要在商言商，以后的聚会我们只讲商业不谈政治，在当前的政经环境下做好商业是我们的本分。"

此言一出，立刻掀起了一场关于企业家该不该谈政治，以及柳传志的言论到底意味着什么的讨论。

一些企业家认为，柳传志提出的"在商言商"言论违背了企业家精神。在这部分企业家看来，企业家谈政治是企业家的社会责任和超越价值之一，企业家既然拥有那么多的社会资源，就要承担起相应的社会责任。而柳传志的这种言论，传递的都是消极信号。

不可否认，在中国，像联想这样带有强烈民族产业标签和政策扶持特征的公司，其成长、壮大与政治脱不了关系。虽然这样的观点是可以理解的，但是，笔者认为企业家不能过于强调政治。

实际上，中国传统理解的政治和西方现代政治的含义大相径庭。那么什么是政治呢？我们翻阅史料发现，"政治"一词来自古希腊《荷马史诗》，而当初的含义是指城堡。在古希腊时代，雅典人往往把卫城修建在山顶上，而称卫城为"阿克罗波里"，简称为"波里"。当城邦制形成后，"波里"就成为具有政治意义的城邦的代名词。因此，"政治"一词一开始就是指城邦中的公民参与统治、管理、斗争等各种公共生活的行为的总和。

在中国，"政治"一词在先秦诸子的文集中就曾使用过。如《尚书·毕命》中谈道:"道洽政治,泽润生民";《周礼·地官·遂人》中谈道:"掌其政治禁令"。但在更多的情况下,是将"政"与"治"分开使用。

"政"主要指国家的权力、制度、秩序和法令,具体而言:①"政"一般是指朝代的制度和秩序,如"大乱宋国之政"。②"政"也包含统治和施政的手段,如"礼乐刑政,其极一也"。③在中国古代,符合礼仪的道德和修养也通常称为"政",如"政者正也,子帅以政,孰敢不正"。④"政"还指朝廷中君主和大臣们的政务活动,如"其在政府,与韩琦同心辅政"。"治"则主要指管理人民和教化人民,也指实现安定的状态等,具体而言:①指安定祥和的社会状态,如"天下交相爱则治"。②指统治、治国等治理活动,如"修身,齐家,治国,平天下"。

由此可见,在中国古代,"政治"的含义与西方"政治"的含义是完全不同的。在西方的"政治"中,本义是"城邦事务",指的是公民参与讨论、管理城邦公共事务的总和。在中国的"政治"含义中,很大程度上强调君主和大臣们维护统治、治理国家的活动。

基于此,学者乔木撰文指出,"现代政治"强调公民意识,而对企业家而言,则应看重企业家精神,其高于一般的公民意识。主要是因为,企业家所拥有的资源和影响应与企业家的社会担当成正比,应致力于追求权利保护、公平交易等一系列现代社会必备的"公义",而不是传统的重利轻义、独善其身、浑水摸鱼、闷声发大财等"私念"。[1]

在乔木看来,一些企业家只看重政治中的权力这个环节,却忽视了环境、规则和压力。然而,让这些迷恋政治的企业家们没有想到的是,他们迷恋政治的最终结果往往是,要么因罪入狱,要么随权力之争而浮沉。

在中国古代历史上,由于遭受政治打压,一些商人不敢主张自己的权利诉求,反而加剧了对权力的崇拜和恐惧。看权力脸色行事的结果是,中国很难产生伟大的企业家和企业,往往一世而终。[2]

获得政府支持并不等于大谈政治

柳传志"在商言商"的言论,掀起了一场关于"企业家该不该谈政治"的热议。

热议的观点主要有三:第一,"在商言商"是小看企业家的能量和影响

---

[1][2] 乔木. 柳传志与马云的政治经:在商言商 寻求妥协[J]. 彭博商业周刊,2013(7).

力。远大集团董事长兼总裁张跃就持这种观点。

第二，可以选择不说话，而不应该"以其影响力说这种话"。北京一家基金管理公司的董事长王瑛认为，作为"企业家教父"的柳传志可以选择不说话，而不应该"以其影响力说这种话"，否则，带的不是好头而是坏头。王瑛用退出正和岛的行动表达了自己的立场。

第三，说柳传志不关心社会、不关心政治系片面理解。信中利资本集团创始合伙人兼首席执行官汪潮涌则认为，不关心社会、不关心政治系片面理解，"在商言商"的说法并非就是"两耳不闻窗外事，一心只赚企业钱"。

在这三个观点中，笔者比较赞同汪潮涌的看法。不过，柳传志之所以提出"在商言商"的观点，是因为改革开放后中国的整体虽然在趋好，但会有反复。一段时间的国进民退或对某些企业家判决的争议，会影响人们的判断。柳传志所谓的不讲政治，其实是最大的讲政治，即寻求政治安全。这是在政商江湖闯荡多年的柳传志年逾古稀收山时的一种无奈。①

在共识网关于"柳传志呼吁企业家不要谈政治"的民意调查中，仅有2%的被调查者认为，赚钱是企业家的天职，做好自己的事就是对社会的贡献；9%的被调查者认为，中国的政治过于复杂，对于企业家来说，应该远离政治，否则可能因此身败名裂；39%的被调查者认为，每个公民都必须关心政治，原因是，关心政治既是权利，又是义务；48%的被调查者认为，良好的商业环境离不开稳定的政治环境和公正的法律环境。②

针对此问题，笔者采访了数十位企业家，在他们看来，有些企业家之所以关心政治，只不过是为了获取更多的资源，这样的目的性本身就存在问题。因此，我们必须提醒企业老板，要善于利用各种资源，包括政府资源，这对任何一个企业的成长来说都十分重要。但是，政府提供的资源是有限的，对企业老板而言，关键是要提升企业的竞争优势，绝不能把希望全都寄托在政府的帮扶上，否则将非常危险。

对此，百度创始人李彦宏曾多次强调："竞争优势不仅能够显著地为客户带来收益或节约成本，同时与竞争对手相比，它具有难以模仿的独特性。从这个意义上说，能否正确认识企业的核心竞争力是制定出目标清晰、具备可操作性的发展战略的第一步。"

企业竞争优势必须独特，否则它就不可能有更大或更强的竞争力。一个典型的例子是湖北幸福集团的周作亮，为了满足政府的偏好而把企业做大，

---

①② 乔木.柳传志与马云的政治经：在商言商 寻求妥协[J].彭博商业周刊，2013（7）.

但由于缺乏核心竞争力，很快便走向了末路。

罗志德的事也是这方面的典型例子。

2004年秋季，当媒体再次采访云南民营经济史上少有的风云人物、昔日的云南"钛王"罗志德时，非常吃惊。这位昔日的"云南企业之父"坐在空荡荡的办公间的一张旧沙发上，手里握一根拐杖——这个正值壮年的企业家已经行动不便了。

据悉，当初的罗志德意气风发。1985年，罗志德创办云南路达科技开发总公司，其后十几年，路达靠着几个高难度的飞跃一路到达巅峰。

1992年，创业成功之后的罗志德提出了一个在云南昆明盖一座56层大厦的想法。之所以定为56层，是因为中国有56个民族，大厦的一层就代表一个民族，从而彰显中华民族的大团结。

20世纪90年代，罗志德并没有真正想建这个56层的大厦，仅仅是自己的一个想法而已。然而，他的想法却让地方有关领导知道了。

地方有关领导为了促进地方的发展，对这个56层的大厦赋予了非同寻常的意义。在地方有关领导的授权下，"特批"一块位于昆明市中心面积达100亩的土地给路达公司建56层大厦，而且有关部门还在昆明市郊给了罗志德200亩土地。

此刻的罗志德没了退路，只好按照地方有关领导的意图去执行。不过，按照当时路达公司的实际情况，根本没有能力建这座56层大厦，且路达公司向银行贷款又没有足够的抵押物。

于是，罗志德只好以发行股票筹资的办法来修建56层大厦。幸运的是，仅发行股票的头三天就筹集了2000万元。

罗志德原本以为这样的方法可以解决资金短缺的问题，然而，罗志德发行股票筹资的事情被一个记者得知，于是该记者写了一份路达公司乱发股票，扰乱金融市场秩序的内参。路达公司被勒令立即停止股票发行。

没有了资金来源，代表56个民族的大厦自然也就没有盖起来。

从此，路达公司的麻烦不断涌来，曾经平安无事的矿山开采开始遭到有关部门三番五次的检查，原来安分守己的村民也开始不断来矿上滋事。

最要命的是，路达的钛矿采选厂和其他非法矿厂一起被有关部门勒令关停。钛矿采选厂是路达的生命线，也是罗志德赖以起家的本钱。采选厂完了，也就意味着路达完了，罗志德完了。

不可否认的是，获得资本资源对一个企业的成长至关重要。很多企业在初创时，往往很难获得外部资本、渠道、产品研发等的支持。尽管许多创业企业具有较大的发展能力，但是合作者、银行、风投等是不会把钱借给或者投给这些创业企业的。此刻，只能靠创业者自己白手起家和善于利用各种资源。

就像上述案例中的罗志德，创业成功之后，合作者、银行、风投等都知道罗志德的经营能力了，而此刻的罗志德却忽略了一个问题，那就是没有想办法获得社会资源。当然，创业企业能否获得所需资源要看企业自身的张力，这都取决于企业老板的战略意图。

第三十二章

关系重于泰山：我认识谁谁谁

> 官员的权力太大，主要的社会资源都掌握在他们手里。权力过大不被约束的时候就没有"天使"，这是人类早就知道的。尤其这十年，垄断越来越集中，政府权力越来越大。……企业家做大了一定要和权力切割。……否则倒下一个贪官，就有一批企业家也跟着倒下。
>
> ——北京中坤投资集团董事长　黄怒波

贪官倒一个，企业家倒一批

我们经常听见一些企业家说，"我认识谁谁谁"。在很多时候，一些企业老板认为，拉关系比经营更重要。在北京中坤投资集团董事长黄怒波看来，这样的观点是有失偏颇的。

黄怒波说："企业家要与权力严格切开，现在倒一个大贪官就倒一批企业家，这个时代一定要过去，企业家一定要保有企业家的独立人格。过去创业没有钱，肚子也饿，有时候做点下三烂的事情也是有可能的，但是现在衣冠楚楚，在这个时候我们要考虑到尊严和人格，不要为钱财再去低头哈腰了。"

黄怒波的观点与马云的观点不谋而合，马云在中央电视台《赢在中国》栏目评点创业选手时曾说："我没有关系，也没有钱，我是一点点起来。我相信关系特别不可靠，做生意不能凭关系，做生意不能凭小聪明，做生意最重要的是你明白客户需要什么，实实在在创造价值，坚持下去。这世界最不可靠的东西就是关系。"

马云在多个场合提醒企业老板，在20世纪80年代的中国，创业靠勇气就可以成功；在20世纪90年代的中国，创业靠关系就可以成功；而在21世纪初的中国，创业必须靠知识和能力才能成功。

不可否认的是，在中国的某些地方，关系可以使企业老板在短时间内扩大规模。但是，一旦企业老板把关系作为一个重要的战略来抓，甚至达到过分迷恋的程度，那么企业倒闭也就在情理之中。

马云告诫企业老板，凡是整天热衷于围着政府官员转的企业，很难有大的成就。随着市场经济的游戏规则越来越健全，官商关系也会越来越趋向于规范，那么潜规则的影响力将越来越弱。

在马云看来，关系不是企业的核心竞争力，关系随时会不复存在。只有真正地提升企业的经营管理，才能从根本上解决企业竞争力的问题。

马云认为，杭州才是最好的创业地点，这就是当初马云没有选择北京和上海的原因。那么，马云如何看待上海的创业环境呢？

2008年1月27日，在上海市政协十一届一次会议上，时任上海市委书记的俞正声要求反思"上海为何留不住马云"，并表示"为上海失去这样一个由小企业发展而成的巨型企业感到相当遗憾"。①

2008年2月20日，时任广东省委书记的汪洋率广东省党政代表团在华东学习考察活动中专门到杭州考察阿里巴巴公司。汪洋考察后，对马云的创业精神和阿里巴巴的商业模式给予了充分的肯定和赞许。

那么，马云当初为何离开上海呢？2008年2月29日，《中国青年报》记者魏和平通过互联网找到了马云2007年的一篇演讲稿，在这篇演讲稿中，马云详细地解释了自己离开上海的真正原因。

在该演讲稿中，马云讲道："以前，我把总部放在上海，在淮海路租了一个很大的办公室，装扮得漂漂亮亮的，觉得有可能利用一些关系来发展阿里巴巴，结果一年以内特别累心，招人招不到。他们说阿里巴巴是哪儿的公司？几乎没有人理我们。最后，我们决定从上海撤离，先是选定了北京，最后觉得还是回杭州好。"

马云又讲："当时，我自己安慰了一下，我想假如说在北京和上海，我们是500个孩子中的一个，在杭州，我们是杭州唯一的孩子，至少我们能够受到更多的重视。"

的确，在很多地方，特别是一线城市上海，比较喜欢跨国公司、世界500强。马云说："因为上海比较喜欢跨国公司，上海喜欢世界500强，只要是世界500强就有发展，但是如果是民营企业刚刚开始创业，最好别来上海。"

在上海期间，马云感受比较深刻的是，在上海人看来，"我们都是乡下人"。马云说："作为一个大都市，不应该比哪里的楼高、哪里的路宽，而应该看一个城市的胸怀有多大，应该考虑怎么包容外地人来创业。"

---

① 《中国青年报》编辑部. 马云谈离沪初衷：回杭州能得到更多重视[N]. 中国青年报，2008-03-03.

马云坦言："我想，上海有今天，是因为有很多不会讲上海话的人融进这个城市，帮助这个城市成长。所以，我觉得一个城市第一要投资的是人；第二要建立良好的投资环境；第三，一个城市的激情非常重要。"

马云离开上海到杭州创业，自然有马云的道理。调查显示，曾经被很多民营企业看好的上海，其商业成本正变得越来越高。截至2007年6月，有7000多家浙江民营企业撤离上海，而把总部或重要部门迁往杭州、宁波、香港。而广东的中小企业数量虽然是全国第一，但却没有孵化出像阿里巴巴这样的创新型电子商务企业。①

因为杭州能给予中小企业很多的支持和较好的创业环境，才有阿里巴巴这样的公司入驻。而上海和广东虽然有较多的中小企业，却没有世界顶级公司。对此，清华大学中国创业研究中心副主任雷家骕认为，一个城市的商业文化和创业成本对正在成长的民营企业来说是很重要的。雷家骕说："对刚开始创业的小企业来说，不管是不是高科技企业，生存都很艰难。"

企业要生存，首先要有足够的现金流，然后做到逐步盈利，但刚开始创业的企业基本都是亏损的，就是马云创办的阿里巴巴也是先亏损了三年才开始走向盈利。

雷家骕坦言："一些土地、税收、人才引进等政策，都是对大中型企业做一些'锦上添花'的事情，但很难对小企业、创业企业做到'雪中送炭'。"

从事创业教育研究的 KAB 研究院副院长刘帆则从另一个角度对这个问题进行了反思，他认为，创业成功最主要的因素是创业者本人的素质，但其创业行业和地域因素也会对创业企业的成功有很大的影响。②

做生意不能凭"我认识谁谁谁"

在创业的路上，不管是开拓市场，还是融资，很多创业者都过分地把精力放在政府和银行身上。其实，这样的做法是不可取的。马云认为，在创业融资过程中，家人、亲戚和朋友才是年轻人最便捷的选择。

事实上，过分依赖政府势必会影响创业者制定科学的战略。特别是在创业融资中，千万不要完全依赖银行贷款，作为创业者必须掌握最便捷的创业融资方式。

为此，马云回顾了阿里巴巴的融资过程。2004年2月17日，日本软银集

---

①② 《中国青年报》编辑部. 马云谈离沪初衷：回杭州能得到更多重视[N]. 中国青年报，2008-03-03.

团向阿里巴巴再次投入8200万美元。当8200万美元的融资到位后，阿里巴巴的发展犹如"猛虎加之羽翼，而翱翔四海"。这是阿里巴巴发展过程中获得的最大单笔投资，同时创造了中国互联网历史上最大的单笔私募纪录。

阿里巴巴之所以能够得到高盛、软银的投资，不仅靠的是实力，而且还有马云的个人魅力和他所领导的团队。在争取风险投资时，马云一直强调："不要相信关系，世界上最靠不住的就是关系，你需要做的就是保证你的客户忠诚度和满意度。"因此，必须放弃"关系就是生产力"的想法，踏踏实实地经营企业。

第七篇 有销无营，营销就是靠忽悠

没有产品、质量、服务这些东西，一切策划都是空的，这是我的一个看法。

——阿里巴巴创始人 马云

第三十三章

明星代言要大腕：名气够响、派头够足，就是企业合适的代言人

> 电动车行业的明星代言，早已不是什么新鲜事了。但是很多让明星代言的企业，并没有将明星代言与自己的品牌文化有机结合，只是纯粹炒作，最终的结果是，代言初期会有可能获得一定的发展，但是代言过后，留在人们心中的只是电动车，并没有让人们看到真正的品牌内涵。是否能够将明星与自身品牌进行充分结合至关重要。
>
> ——大名科贸爱玛事业部总经理　丁国生

明星代言既能给企业带来品牌效应，也能带来巨大灾难

当我们打开电视机时，随处可见明星代言各种各样的产品，如汽车、油漆、手机等。可以说，在如今这个时代，明星代言已经成为非常流行和有效的营销方式之一。

在电动车行业，当姚明签约代言捷马电动车后，再次引发人们对明星代言的诸多关注。资料显示，具有号召力的明星，如成龙、刘德华、周杰伦等，都曾在电动车行业代言过产品。

可能读者会问，既然如此，明星代言是否带动了电动车的销售呢？针对此问题，大名科贸爱玛事业部总经理丁国生在接受媒体采访时坦言："电动车行业的明星代言，早已不是什么新鲜事了。但是很多让明星代言的企业，并没有将明星代言与自己的品牌文化有机结合，只是纯粹炒作，最终的结果是，代言初期会有可能获得一定的发展，但是代言过后，留在人们心中的只是电动车，并没有让人们看到真正的品牌内涵。是否能够将明星与自身品牌进行充分结合至关重要。"

在丁国生看来，明星代言的确可以使企业获得一定的发展，但是自身品牌建设更加重要。不仅如此，明星代言甚至还存在风险，如同一把"双刃剑"。企业老板在找明星代言时，一定要察看明星有没有负面影响，特别是过

去的言行等。这主要是因为代言人的风险度和未来前途关系到产品的美誉度。

研究发现，代言人出现任何负面问题都会导致企业或者产品遭受惨重损失。一旦公众对明星的人品产生怀疑，就会株连明星所代言的产品。例如，美国女演员莎朗·斯通（Sharon Stone）在被问及汶川地震时，发表了不当言论，而这番言论不仅使莎朗·斯通自身形象一跌再跌，更是殃及其代言的迪奥（Dior）品牌。

2008年5月24日，出席第61届法国戛纳电影节的美国女演员莎朗·斯通在被媒体记者问及中国汶川"5·12"大地震时，竟然大放厥词道，"这非常有趣"。不仅如此，莎朗·斯通还振振有词地搬出更加惊世骇俗的理由："因为，首先我很不高兴中国对待西藏的态度，我觉得任何人都不能对别人不善……然后这次发生了地震，这是不是报应呢？如果你做得不够好，然后坏事就会发生在你身上。"

当莎朗·斯通的不当言论被各种媒体报道出来，立即引来了中国网络的集体反击。一位网友发帖说："在赈灾一线，我们听到了那个魔鬼般女人的咒语，我们的心在滴血。我代表灾区人民向全世界的华人倡议：对这样的冷血动物必须采取手段，我们坚决不容许她的一切东西进入中国！电影、广告……一律停止，立即停止！"

中国媒体也纷纷谴责莎朗·斯通的不当言论，诸如，"莎朗·斯通：无德者无畏，无知者无耻！""莎朗·斯通，真善还是伪善？""那'斯'，给我闭嘴！"。

事实上，莎朗·斯通并不惧怕遭受谴责，而是惧怕抵制其所代言的产品。在中国，人们不仅言辞上谴责莎朗·斯通，而且将对莎朗·斯通的抵制付诸实际行动。

第一，中国院线将莎朗·斯通参演的所有电影集体封杀。在莎朗·斯通发表不当言论之后，许多音响专卖店撤下所有莎朗·斯通主演的音像制品；中国院线集体封杀莎朗·斯通参演的电影，如中影南方电影新干线明确宣布，中影南方旗下院线响应号召，不再播映莎朗·斯通主演的任何电影。

第二，不少中国消费者抵制莎朗·斯通所代言的迪奥产品。在莎朗·斯通发表不当言论后的短短数小时，多个论坛的网友自发采取了抵制迪奥产品的行动。

有网友在论坛上客观地向迪奥集团喊话："我们针对的并不是迪奥，但是我可以保证，我会抵制、拒绝所有她代言的产品，并倡议我周围的人也这么做。"

"请迪奥在48小时内做出对莎朗·斯通撤销代言的决定,不然,我们除了抵制莎朗·斯通外,将开始一律抵制迪奥的所有产品。"

在中国市场,原本很受消费者青睐的迪奥产品,却因为莎朗·斯通的不当言论而陷入尴尬局面。

面对莎朗·斯通不当言论而引发的代言危机,迪奥公司随后发表公开声明,声称绝不认同莎朗·斯通的个人言论,决不支持任何伤害中国人民情感的言论。与此同时,他们对此次汶川大地震中的不幸遇难者表示哀悼,并对灾区人民表示深切的同情和慰问。

在强大的压力下,尽管迪奥公司更换了形象代言人,但是莎朗·斯通不当言论引发的代言危机却在持续发酵。让迪奥公司没有想到的是,这场代言危机使迪奥品牌的信誉度在短时间之内大幅度降低。

尽管迪奥公司没有发生产品质量危机,也不存在歧视中国消费者的行为,但却陷入了被中国消费者大规模集体抵制的窘境,错就错在迪奥公司选择了一个缺乏良知、毫无道德底线的代言人。

面对代言危机,迪奥-中国向媒体发出正式声明,表示将立即撤销并停止任何与莎朗·斯通有关的合作。

迪奥-中国的声明书全文如下:

鉴于近期莎朗·斯通失当的言论所造成的社会不良反应,迪奥-中国现已决定,立即撤销并停止任何与莎朗·斯通有关的形象广告、市场宣传以及商业活动。

我们对此次四川汶川大地震中不幸遇难的同胞表示哀悼,并对灾区的人民表示深切的同情和慰问。我们重申对中国市场的长期承诺并对灾区重建予以鼎力支持。

特此声明!

迪奥-中国
二〇〇八年五月二十九日

莎朗·斯通的代言事件也给诸多中国企业提了醒,在选择明星代言人时,一定要谨慎,不要认为只要名气够响、派头够足,就是企业合适的代言人。一旦这个派头十足的代言人有了出格的举动,则企业再无辜都要被牵连进去,到那时就是"哑巴吃黄连,有苦说不出"了。

明星代言虽然能给企业带来品牌效应,但是也能带来巨大的灾难。对于任何一个企业来说,聘请明星代言产品,其提升品牌知名度与带来风险是并存的。一旦明星影响力不断提升,那么所代言品牌的知名度也会随之提升;

反之，一旦明星个人的道德缺失、行为不端导致其形象受损，则可能给企业品牌带来负面的影响。在这种情况下，企业必须迅速采取措施进行危机管理，否则将使舆论不断朝着恶化的方向发展，最后给企业或产品销售带来难以估量的损失。①

明星代言存在大量的负面因素

很多企业之所以愿意用明星代言其产品，主要还是因为明星的商业价值。在如今这个商业时代，正面的明星已经成为不可多得的媒介资源。一些企业为了迅速提升产品品牌知名度，不惜花重金聘请明星代言其产品。

在这里，我们必须提醒企业老板，企业利用明星代言，存在着大量的负面因素。这样的例子不胜枚举，例如，田亮是中国跳水界的明星人物，但是因为违反相关规定，不能够进入国家队，其体育生涯戛然而止，而当初选择其代言的企业也因其退役而付出了代价。②

事实证明，错误地选择明星代言人可能会埋下危机的隐患。因此，企业老板选用明星代言时，必须注意以下几点：

第一，在选择明星代言人时，应尽可能地选择一个形象正面、远离绯闻的明星。选择正面形象的明星可以避免日后可能发生的诸多危机。

事实上，当选择一个绯闻缠身的明星来代言某产品时，由于明星是否能保持良好的形象存在不确定性，因而随时可能给企业带来诸多风险，危机也就可能随时爆发。

第二，在选择明星代言人时，应尽可能使明星代言人与企业品牌表现出高度的一致性。主要体现在如下三个方面：

（1）企业所选的品牌代言人应尽可能地与企业品牌的目标受众一致。不可否认，只有当品牌代言人对目标受众有足够的影响力时，目标受众才可能产生购买的冲动。

（2）企业所选的品牌代言人应尽可能地与企业的产品特点或品牌个性相一致。很多企业老板认为，只要明星名气足够大就是好的代言人。其实，这样的观点是错误的。在选择明星来代言某产品时，必须分析产品或品牌的特征，选择合适的品牌代言人。只有这样，才能使消费者记牢代言人所代言的

---

① 林景新.企业如何应对"广告门"危机[N].中国证券报，2008-04-21.
② 庞亚辉.明星代言时代的企业危机应对策略[J].销售与市场，2007（5）.

产品，一提到代言人就想起其代言的产品或者品牌。

（3）企业所选的品牌代言人应尽可能地与企业品牌当时的战略目标相一致。选择明星代言产品时，必须建立在企业战略的基础之上。当企业想迅速抢占某个新的细分市场时，就必须选择具有较大影响力的明星代言。当企业打算扩大其目标市场时，就必须挖掘新市场的消费需求，尽可能地选择与新市场相匹配的明星代言人。当企业打算持久巩固其品牌知名度时，就不能频繁更换明星代言人，而应使消费者一看到该明星就联想到其代言的品牌或者产品。

第三，为了降低明星代言的风险，应尽可能选择多个明星，一旦某个明星出现负面问题，企业就可以封杀，让其他明星来分散注意力，从而降低代言风险。因此，选择明星代言时，危机管理是不可或缺的，必须时刻保持危机意识。

那么，企业老板应如何管理和应对明星代言可能出现的重大危机呢？在明星代言的危机管理中，危机的预控管理是非常重要的。"凡事预则立，不预则废"，说的就是这个道理。

一般地，在明星代言的危机预控管理中，制定系统的预警方案尤为重要。在危机之前，企业应制定多种广告宣传方案，而且要有系统的应对突发情况的预案，不至于危机发生时措手不及。因此，明星代言危机预警方案不仅可以有效地减少危机的发生，而且能正确地应对危机。

不过，明星代言本身就存在一定的风险，其危机的发生难以预测。明星代言危机发生后，企业老板必须积极面对，应对方法有如下两个（见表33-1）。

表33-1 应对明星代言危机的方法

方法	具体内容
及时有效地对明星代言危机做出回应	在任何形式的危机事件中，及时应对危机都是非常重要的。企业及时地通过媒体向公众传播企业的态度，不仅可以切割与明星代言人的关系，也可以避免信息传达不及时所造成的负面影响，还可以让公众觉察到企业的舆论导向，使公众对企业产生同情
更换代言人	当发生明星代言危机后，企业必须及时对危机的危害做出合理的评估。一旦危机非常严重，触犯道德，甚至法律底线，企业老板就应毫不犹豫地及时更换代言人，避免危机明星冲击企业品牌，扩大不良影响。同时，可以借助更换代言人，为品牌再次造势，这是转危为机的一个不错的方法

现实中，一些企业老板盲目地选用明星代言，且发生危机事件后没有采取合理的处理方法，从而将品牌推向更大的危机中。因此，有原则地选用正能量的代言人，并做好应对危机事件的准备，才能保证企业品牌寿命的长久。

第三十四章

有销无营：急功近利求业绩，闭门造车论营销

> 其实我现在都不知道教科书里面的营销是怎么定义的，我也没有在这个词上面去琢磨过。但是我在营销上考虑的还是比较多的。营销，我觉得最核心的一个问题，还是要了解你是销给谁。把目标消费群研究透了，路子对了，然后再适当用一些表现手法，说法上用一些技巧，把你的这个想法当面给他；把当面说的那些话，变换一种方式告诉他。
>
> ——巨人创始人　史玉柱

营销不等于策划，也不等于忽悠

在中国，一些企业老板不是迷信广告策划，就是偏向制造营销概念，使得原本非常弱势的营销渠道更加可有可无。在这些企业老板的眼中，一旦产品滞销，在媒体上做几个广告或制造几个营销概念就够了。

经过采访得知，这些企业老板之所以这样做，是因为他们看到在娱乐界，很多艺人都在经纪人的策划和包装下，大大增加了曝光率。于是，他们将产品策划作为公司的重要战略来抓。

殊不知，这种治标不治本的做法会影响企业正常的生存和发展。马云在《赢在中国》栏目上评点创业选手时说道："没有产品、质量、服务这些东西，一切策划都是空的，这是我的一个看法。"

马云的评论是有根据的。作为创业者，如果没有适销对路的产品，没有过硬的产品质量，没有较好的服务，一切策划都是昙花一现。

研究发现，对于企业老板而言，策划是一把"双刃剑"，无论是造势策划，还是跟势策划，抑或是别出心裁的策划，其轰动的背后必将同时引来对策划本身的怀疑与反思。如果中间不能很好地平衡各种关系，将会带来灾难性的后果。[1]

---

[1] 肖志营. 从秦池、三株看中国策划业的发展 [EB/OL]. http://www.mba163.com/glwk/ppgl/200512/22974.html, 2018.

在中国，可能有人不知道史玉柱本人，但一定知道广告词——"今年过节不收礼，收礼只收脑白金"。有研究认为，脑白金之所以能火起来，完全是依赖广告，靠忽悠。而巨人网络 CEO 刘伟对此并不认同："那是外界不了解我们的营销策略。"

刘伟认为，随着每年广告费的节节攀升，其广告成本非常高，仅仅依赖广告根本撑不住脑白金市场。即一旦脑白金没有回头客购买，那么后果是不可想象的。

针对研究者的质疑，史玉柱坦言："骗消费者一年，有可能。骗消费者十年，不可能。"在史玉柱看来，脑白金的成功是口碑宣传的结果。口碑营销是非常重要的，时间已经证明了这个问题。

资料显示，脑白金刚成功时，一些营销专家断言，脑白金不出一年就会垮掉。事实却出乎这些营销专家的意料，脑白金已经销售了十多年，现在还是同类产品的销售冠军。脑白金的几位主要干部都是当初在珠海时期的"老巨人"，是 1992 年、1993 年到公司的。脑白金的营销团队也很强，有 1/3 的分公司经理是首款保健品脑黄金时期的人。

在做脑白金的这段时间里，史玉柱深入一线市场，做了大量的调查。例如，为了调查脑白金的真实市场，史玉柱亲自询问一些商场的柜员、农村大姐大妈。正是这样的调查，保证了脑白金的成功，也有了"今年过节不收礼，收礼只收脑白金"的广告语。

史玉柱在公开场合坦言："脑白金的成功没有一丁点的偶然因素，归功于我本人带领的团队对目标消费群的调查与研究。"

史玉柱调查发现，那些批评脑白金的人多数是没有吃过脑白金这个产品的，而真正吃过脑白金的消费者往往是不会主动向媒体披露的，甚至这些消费者也没有对媒体宣传的义务。

在脑白金的销售中，离不开消费者的口碑宣传。正是这个口碑宣传，才使脑白金赢得了回头客。

史玉柱对目标市场做了大量的实地调查，无疑最有发言权。在第一次失败后的很长一段时间里，史玉柱不是在药店里调研，就是到农村跟一些老年人沟通交流。史玉柱在开拓无锡市场时，竟然把当地几百家药店都调研了一番，成功地为销售脑白金打下了基础。而且史玉柱每启动一个新市场，都会这么做。

消费者比营销专家更有话语权

要想把产品销售给消费者，作为企业老板，不要去问营销专家，而是要问消费者。对此，史玉柱在公开场合说："我一直认为，营销学书上的那些东西都是不可信的，和他们想法相反的，倒可以试一下。营销学诞生于美国20世纪初，事实上是当时美国几大广播公司搞出来的，目的就是为了让企业投放广告。最好的营销老师就是消费者，如果有好的产品、好的营销，队伍过硬，就能打开市场。"

在史玉柱看来，消费者比营销专家更有话语权。史玉柱坦言，在策划脑白金这个品牌时，完全遵守了"721原则"：①所谓7，就是把消费者的需求放在第一位，即花70%的精力来服务消费者。②所谓2，就是公司投入20%的精力做好销售终端的建设与管理。③所谓1，就是公司只花10%的精力来处理公司与经销商之间的关系。

史玉柱之所以要花费大量的精力研究消费者，是因为消费者是直接购买产品的人。对此，史玉柱在接受媒体采访时说道："营销是没有专家的，唯一的专家（就）是消费者，（也）就是你只要能打动消费者就行了。"

在中国，保健品市场的竞争从来都是非常激烈的。要想在红海市场深处杀出一条血路，就必须开拓自己的蓝海市场。

史玉柱经过一番深入的研究，用脑白金、黄金搭档这两款产品开拓出一片蓝海，从而获得意想不到的成功。

按照传统的营销思维，一般是先生产一个较好的产品，再根据产品去开拓市场，把产品销售出去。然而，史玉柱却恰恰相反，而是先在一个潜力巨大的市场中去研究消费者，然后根据消费者的需要和定位生产消费者所需的产品。

2003年，史玉柱驾驶着汽车走遍了中国所有的省、市、自治区，其目的就是做市场调研。

史玉柱深入调查后发现，在中国，至少有70%的女性有睡眠不足的毛病，而睡不好觉的老人有90%以上。

在调研中，老人和妇女还经常关心衰老的问题。在史玉柱看来，这是一个具有潜在巨大商业价值的市场机会，更为重要的是，在这个市场内缺乏明显的领导品牌。

于是，史玉柱针对这些消费需求，将脑白金以及其后的黄金搭档强势推出。然而，史玉柱和其他创业者一样，刚开始推广脑白金时并不顺利。

尽管遭遇挫折，但史玉柱却不轻言放弃，因为史玉柱看到了许多中老年人失眠、肠道不好的迫切需求。脑白金改变了传统的胶囊形式，推出了"1+1"的产品模式：胶囊管睡眠，口服液管肠道，刘伟称"脑白金这个做得很绝"。

在推广黄金搭档时，史玉柱把广告词撰写得更加通俗易懂："黄金搭档送长辈，腰好腿好精神好；黄金搭档送女士，细腻红润有光泽；黄金搭档送孩子，个子长高学习好。"

尽管这样的广告词被众多的营销专家和广告大师评点为俗气，但是史玉柱撰写的广告词却牢牢抓住了每一个目标受众的心。

第三十五章

打个擦边球：做广告时偶尔触及法律的红线

> 过分追求创意的新奇及注意力效果，往往会给广告主带来市场认同的风险，创业者必须控制广告创意的风险。为此，要做一个好的广告就必须要注意广告的法律限制。
>
> ——巨人集团创始人 史玉柱

过分追求创意的新奇而忽略广告的法律限制

一些企业老板往往会进入一个广告误区，那就是要想增加产品销量，多制作几个非常有争议的广告，在此基础之上加大宣传力度就可以了。这样的观点遭到了史玉柱的反对，他坦言："产品在做广告时，千万要注意广告的法律限制。"

在史玉柱看来，有些企业可能会使用一些具有争议的广告来提升品牌的知名度，殊不知，具有争议的广告是一把"双刃剑"。一旦用得不好，企业将为之付出惨重的代价。因此，对于任何一个企业老板来说，在制作广告时，应摒弃过分追求创意而忽略广告的法律限制的思维。

2008年1月8日，西班牙《国家报》在第15版上刊登一个整版的法国雪铁龙汽车广告。然而，正是这个广告在短时间内引起了中外华人的抗议。究其原因在于，该广告画面的主角并不是法国雪铁龙汽车本身，而是中国已故开国领袖毛泽东的大幅照片。

雪铁龙西班牙广告代理公司创意人员为了博人眼球，竟然将我国开国领袖毛泽东的形象进行了肆意篡改。在刊登的该广告中，其大幅标语是："雪铁龙，2006年和2007年年度销售领袖。恺撒风范尽现！"雪铁龙在广告语中写道："毫无疑问，我们是王者，对于雪铁龙，革命远远没有结束。我们将在2008年将所有已有的技术优势进行到底。来吧……"

据《环球时报》报道，这则广告一出现在西班牙媒体上就引起了中国侨民的强烈反响。不少读者纷纷要求中国的侨团代表与《国家报》以及雪铁龙公司进行交涉。2008年1月，已经有巴塞罗那华人华侨联谊总会正在酝酿和这两大巨头的交涉策略，有的西班牙律师也愿意为中国侨民出面，在法律上讨个说法。

一些华人在网上对雪铁龙公司表示强烈抗议，认为其"必须道歉"。一位网友说："这是西班牙人的不公平行为。前段时间，一个青年不是因为烧国王画像而被判了吗？看来他们也知道侮辱领袖不好啊。那为什么对于他国领袖这么不尊重呢？"①

2008年1月14日，《环球时报》以《西班牙雪铁龙广告轻慢毛泽东 当地华人反应强烈》为题进行了报道。

在该危机爆发后，雪铁龙方面似乎还想低调处理，因为在很多雪铁龙人看来，中国人有点小题大做。让雪铁龙方面没有想到的是，中国各大网站的新闻编辑们都发现了这条伤害中国人民感情的新闻，于是将其推到网站首页，甚至有的新闻网站迅速制作了相应的专题。

例如，新浪财经特地制作了一期"雪铁龙广告轻慢毛泽东"的专题，在这个专题中，我们可以看到"我领导人形象被篡改""当地华人反应强烈""伤害中国人感情"这样的子标题。在专题中，还将雪铁龙在中国的一次召回，在欧洲的一次裁员，甚至是在青岛的一次质量纠纷集结在一起，其子标题是"雪铁龙正在失去尊敬"。

此外，新浪网还发挥了网络媒体互动的优势，做了一个"1.雪铁龙广告轻慢中国已故领导人，您认为原因是什么？2.雪铁龙就此事道歉，您是否能够谅解？3.您是否还会购买雪铁龙？"的民意调查专题。

截至2008年1月16日，在新浪有36502人参加调查，"其中57.3%的人认为雪铁龙广告轻慢中国已故领导人是故意行为；并且超过56.72%的人认为即便雪铁龙就此事道歉也不能谅解；67.44%的表示以后不会购买雪铁龙的汽车。"

据西班牙的律师称，西班牙有相关的法律规定不准对现任的国王以及王室成员采用任何形式的侮辱和诽谤，但是西班牙法律没有规定对外国领袖侮辱后应该承担的法律责任。②

这就给一些毫无道德底线的广告商留下了法律空白。然而，让法国雪铁龙没有想到的是，这则广告不但没有赢得消费者的认可，还给消费者留下了恶俗的印象。更严重的后果是，法国雪铁龙的这种做法影响了其在中国消费者心中的形象，进而影响了广大潜在消费者的购买决策。

---

①② 张金江，王方，李琰等.西班牙雪铁龙广告轻慢毛泽东 当地华人反应强烈[N].环球时报，2008-01-14.

广告创意应规避营销风险

广告是连接产品和消费者的第一道桥梁,尤其是对于潜在的消费者。为了树立品牌形象,增加销量,一些企业尽可能地向消费者传达品牌理念。如果在媒体上做了广告,消费者却没有记住,则这样的广告肯定不是好广告。

因此,一些企业老板为了抓住人们的眼球,制作了一些有争议的广告。研究发现,争议广告发挥作用的前提是对企业不会产生任何的负面影响。

能对企业产生正面作用的争议广告必须具备四个因素(见表35-1)。

表35-1　正面作用的争议广告需具备的四个因素

因素	具体内容
有帮助	所制作的广告对树立和提升企业品牌形象有帮助
有品位	所制作的广告体现出这个品牌自己的品位
相关性	所制作的广告与广告传播的目标信息相关
坚决不做低俗广告	一些低俗的或者坏品位的东西坚决不能做

在这里,我们来看看麦当劳的争议广告:

顾客:一个星期就好了,一个星期……(老板摇头)三天时间,三天时间好不好?

老板:(态度坚决)我说了多少遍了,我们的优惠期已经过了。

顾客:大哥,大哥啊……(跪地拉着老板的裤管乞求)

旁白:幸好麦当劳了解我错失良机的心痛,给我365天的优惠……

当麦当劳让中国消费者下跪求折扣的广告播出后,立刻引起了中国消费者的强烈不满,如山洪般的抵制让麦当劳公司不得不回应这则新广告:"麦当劳了解顾客天天都想拿到物美价廉商品的需求,所以才设计了这个故事情节,下跪的细节是为了让广告显得轻松和幽默,绝对没有诋毁消费者的意思。"

不管是法国雪铁龙,还是麦当劳公司,这样的广告之所以能播出,还是源于这些跨国公司不尊重中国消费者,而且这不是个案。这些跨国公司对中国消费者之怠慢,与对待西方发达国家之殷勤,形成了鲜明对比。这些对中国消费者的歧视性做法,从本质上说,和麦当劳的"下跪"事件如出一辙。

这些外国公司之所以敢于怠慢中国消费者,甚至敢于让中国消费者"下跪",主要有以下两个方面的原因:第一,有关部门的"媚外"与执法部门的软弱;第二,中国人过于迷信外国产品。

事实证明,一些企业制作争议广告,尽管能吸引消费者眼球,但无疑是在与风险"共舞"。一旦把握不好,将会给企业带来意想不到的负面后果。

因此,在广告创意和品牌传播中,无论是创意的内容还是表达方式,都要考虑到当地的现实因素,如公众的文化接受习惯、商品的消费环境、公众的文化层次、广告业发展的阶段等。中国市场正在"从渠道竞争为主逐步进入一个推广竞争为主的阶段",当产品同质化非常严重时,就需要对品牌精耕细作。中国企业对广告应该有一个开放的心态,敢于探索,与专业的广告公司合作,根据中国市场的特点,制定最为有效的广告策略。[①]

[①] 齐馨. 争议广告是把双刃剑[N]. 市场报,2004-01-06.

第八篇 不惜一切代价上市

要记住，你一定要在你很赚钱的时候去融资，在你不需要钱的时候去融资，要在阳光灿烂的日子修理屋顶，而不是等到需要钱的时候再去融资。

——阿里巴巴创始人 马云

第三十六章

迎合风险投资家：在引进风投时失去对公司的控制权

> 几乎所有民营企业吃过一次亏就会想方设法去控股。我没有控股董事会。我成立阿里巴巴的时候，就跟董事会投资者讲，阿里巴巴的董事会是一个工作的董事会，不是在分享权利的董事会。CEO要凭自己的智慧、勇气、胆略去领导这个公司。
>
> ——阿里巴巴创始人　马云

不能在资本层面失去对企业的控制权

事实上，在做强创业企业的过程中，融资始终是一个绕不过去的问题。然而，马云告诫创业者，融资时必须要冷静对待，绝对不能在资本层面失去对公司的控制权，尤其是在创业成败的关键期。

我们来回顾一下国内的一些真实案例：2001年6月初，新浪网的创始人王志东离开公司的首席执行官（CEO）、总裁、董事等职位，在业界引起很大的轰动和反响。而在此之前，国内已经有一些公司在融入创业投资后，公司的创始人由于种种原因先后离开公司，如瀛海威的张树新、中公网的谢文、Chinaren的陈一舟、8848的王峻涛、美商网的童家威等。

另外，一些创业企业在融资后不久，创业投资家帮助公司引入职业经理，创始人从公司的"一把手"位置后撤，如一些技术出身的创始人转向主要负责技术开发，而不负责公司的总体发展和日常管理等。[1]

从这些失去控制权的创业者的处境来看，马云的指导非常具有建设性。因此，面对外界资金的注入，企业老板必须要能抵制金钱的诱惑。

在洽谈了数家融资方后，马云决定阿里巴巴只接受软银2000万美元的注资。为什么马云只接受软银2000万美元的注资？

---

[1] 《中国经营报》编辑部. 创业投资：所有权与控制权的博弈[N]. 中国经营报，2001-07-13.

针对这个问题，马云告诫创业者，面对来自各方的风险投资，创业者绝对不能见钱眼开，一旦见钱眼开，极有可能失去自己对公司的控制权。

研究发现，马云在历次融资中都坚持阿里巴巴公司的控制权绝对不能旁落他人之手，这是马云一直以来的原则。即使到2004年2月，阿里巴巴第三次融资8200万美元时，马云及其创业团队仍然是阿里巴巴的第一大股东，占47%的股份。[①]

创业企业中高层管理团队的人力资本具有特殊的重要性，尤其是处于种子期和初创期的企业，其大部分价值在创业者的头脑中。也就是说，即使创业者在企业中的股份不多，但他们拥有许多实质上的控制权。[②]

1996年3月，为了让中国黄页更好地发展，马云决定将中国黄页与杭州电信合并。然而，当中国黄页与杭州电信合并之后，由于中国黄页只占30%的股份，其话语权不足，所以处处受到杭州电信的牵制。

按照马云当初的设想，中国黄页最终的目标是打造成"中国的雅虎"，而杭州电信的主要目标却是赢利。双方经营理念的不同直接导致了决策上的巨大分歧，马云提出的种种计划都在杭州电信的无视下化为泡影。所以，在创办阿里巴巴时，马云一再强调不许任何人控制阿里巴巴，马云自己不控股，也不许别人控股。

外资不会控制阿里巴巴，自己会掌控阿里巴巴的未来

2010年10月，有关阿里巴巴控制权的问题引发业内关注。根据阿里巴巴之前与雅虎的协议，2010年10月，雅虎将拥有阿里巴巴第一大股票权及与马云等管理层相当的董事席位。业界分析认为，马云等有可能失去对阿里巴巴的控制权。

为此，在中国计算机大会上，马云首度表态称，虽然外资是阿里巴巴的控资大股东，但是外资不会控制阿里巴巴，自己会掌控阿里巴巴的未来。

马云：我要感恩。没有资本，可能阿里巴巴发展不会那么顺利，但是没有这个人的资本，还有他或他的资本。但是（如果）没有我们的价值体系，没有员工的点点滴滴，没有对未来的把握和社会的感恩，就不可能有我们的阿里巴巴。我们不会放弃原则，但是做任何事，必须是合法、合理、合规，还有合情。

---

① 顾建兵.阿里巴巴上市最后玩家细账：软银回报71倍[N].21世纪经济报道，2007-11-08.
② 《中国经营报》编辑部.创业投资：所有权与控制权的博弈[N].中国经营报，2001-07-13.

我坚信不疑的事情是：资本只能是赚取利益，资本家永远是舅舅，你是这个企业的父母，你要掌握这个企业的未来。股东永远是第三位，他（指资本）永远是舅舅，买奶粉的钱不够就借一点。

（当年）初创阿里巴巴时，曾经至少拒绝了30家VC投资，原因是他们要求控制阿里巴巴。

2000年1月，为了让阿里巴巴更好、更快地发展，融资问题已经迫在眉睫。于是，作为创始人的马云，带着最得力的创业伙伴（财务总监蔡崇信）与软银谈判引进战略投资。经过艰苦的谈判，投资事宜终于尘埃落定，甚至超出了马云的预料，孙正义答应软银向阿里巴巴提供3000万美元的投资。

据蔡崇信后来回忆说："对孙正义说'不'是需要勇气的，他是一个几乎让人无法拒绝的人，当时在互联网界他投资雅虎的故事已经让人听得耳朵都起茧了。可能因为我们当时资金还是比较充实的，我对他说了三次'不'。"

此刻，马云与蔡崇信在引进战略投资中旗开得胜。然而，当马云和蔡崇信在董事会上宣布了谈判结果——软银向阿里巴巴提供3000万美元的投资时，却掀起了轩然大波。董事们一致认为，软银向阿里巴巴提供3000万美元的投资会导致股东结构不平衡，将来再融资时就会出现重大问题。

经过深思熟虑之后，马云向孙正义的助手坦言，阿里巴巴只需软银提供2000万美元的投资。

在马云看来，融资是为了更好地让阿里巴巴高速发展，而不是卖掉阿里巴巴。每次融资时，一旦涉及股份问题，马云的态度都非常坚持，而且也很明确。马云的原则就是——外资不会控制阿里巴巴，自己会掌控阿里巴巴的未来。马云"以我为主"的融资之道具体体现在两大原则上（见表36-1）。

表36-1 马云"以我为主"的融资之道的两大原则

原则	具体内容
决不出让控股权	在阿里巴巴的融资中，无论是高盛，还是软银，其注入的风投资金都不能超过阿里巴巴股权的49%以上，阿里巴巴的控股权必须永远牢牢掌握在阿里巴巴团队手中。阿里巴巴在创业融资过程中，其融资都是非常成功的，而上亿元的融资曾经有过三次，引入的最大融资高达10亿美元（除去上市直接融资外）。但无论软银还是雅虎，谁都没有拿到控股权
主动挑选	在历次阿里巴巴融资中，马云都坚持"主动挑选"的原则，即使是在阿里巴巴最艰难的时期，也同样坚持"主动挑选"的原则。在阿里巴巴的发展过程中，要融多少资，要引入什么样的战略投资者，接受什么样的条件，都必须建立在以阿里巴巴的利益为主、以阿里巴巴的长远战略为依据的基础之上

第三十七章

不惜一切代价上市：企业的终极目标就是上市

> 最失败的就是让新东方上市。其他都还好。这个失败从另一个意义上说也是成功，没有上市也没有这么多关注。
>
> ——新东方创始人　俞敏洪

不惜一切代价上市简直就是拔苗助长

对于任何一个企业老板而言，上市与否完全取决于企业自身的情况。如果财务不规范，那么就聘请一个会计专家。如果的确要上市，那么就聘请相关的专家，一步一步、循序渐进地实现企业规范经营，从而达到上市公司的要求，绝对不能拔苗助长。

可能有读者会问，既然上市要根据自身条件，还要坚持循序渐进，那么为什么很多企业老板还要不顾一切上市，甚至有的企业老板还要造假上市呢？

其实就是部分企业老板不懂法律，总是抱着侥幸的心理，铤而走险，这样做的结果就是搬起石头砸自己的脚，从而葬送自己经营多年的事业。

1996年，绿大地生物科技股份公司创办者何学葵从云南小城河口一个小花店起步，用了短短五年时间，将小花店发展成为总资产上亿元的大型民营企业。

此刻的何学葵大胆决定和科研部门合作，并很快取得了较好的效果，没过多久就培育出了20多个新品种花卉，从而建成了云南省境内最大的种苗培养基地。不仅如此，何学葵培育的花卉产品得到中外经销商的认可，甚至还出口海外。

当事业蒸蒸日上时，何学葵抓住了1999年昆明世博会这个巨大的商机，签订了多项绿化工程项目合同，为绿大地生物科技股份公司成为云南园艺和绿化行业的龙头企业打下了坚实的基础。

《圣经》说，大多数人都会选择走"宽门"，因为这是最好走的路，也是通向地狱的路。只有极少数人才会选择"窄门"，那里通向天堂，只有这些人才会走进天堂。这个道理对何学葵来说，同样适用。如果何学葵脚踏实地地经营下去，那么绿大地必然有一个美好的未来。但是何学葵却不满足于这样稳健的发展路径，而是追求跨越式的发展，希望绿大地能够在短时间内迅速做大。

因此，何学葵产生了把绿大地包装上市，通过上市融资的方式来快速扩张的想法。

在此刻，何学葵正好接触到了几位资本运作的资深专家。资深专家给何学葵介绍了有关资本市场翻手为云、覆手为雨的种种传奇，进一步催化了绿大地上市的进程。

在何学葵的战略中，绿大地有条件要上市，没有条件创造条件也要上市。当然，要想上市必须达到上市的标准。然而，按照绿大地当时的情况，肯定是达不到上市标准的，绿大地上市只不过是何学葵的一个梦想而已。何况让绿大地上市，并不是何学葵的专长。要实现绿大地上市，何学葵就必须聘请相应的管理人才，而这个人才就是曾经就职于贵州财经学院和云南省审计厅的蒋凯西。

何学葵为了让蒋凯西帮自己实现绿大地上市梦，拿出了一部分原始股权给蒋凯西，同时在2000年前后，聘请蒋凯西担任绿大地的董事和财务总监。

蒋凯西的加盟，加快了绿大地上市的步伐。为了更快地让绿大地上市，蒋凯西向何学葵推荐了上市资深专家——庞明星。可以说，庞明星是一位名副其实的上市专家。在2003年加盟绿大地之前，庞明星已经帮助中国10多家企业做过上市，对上市的流程了如指掌。

之后，为了能达到上市的标准，绿大地董事长何学葵、财务总监蒋凯西、财务顾问庞明星、出纳赵海丽负责在账本上虚增业绩，而采购中心主任赵海燕负责在客户上做文章。就这样，绿大地这辆造假的马车开始在上市的路途上狂奔了，主要有以下三步（见表37-1）：

表37-1 绿大地上市的三个步骤

步骤	具体内容
修改公司名称	在绿大地公司的名称中加入生物科技的字样，以迎合市场和投资人的喜好
注册一批由绿大地实际控制的公司	注册了一批由绿大地实际控制的公司，利用其掌控的银行账户，操控资金流转
达到上市的条件	伪造合同、发票和工商登记资料，虚构交易业务，虚增资产，虚增收入，以达到上市的条件

经过事后稽查发现，在绿大地上市前后，共虚增资产3.37亿元，虚增收入5.47亿元，个别的资产竟然被虚增了18倍之多。期间，绿大地还经历了一些小小的波折，即在2006年10月，绿大地第一次上市失败。对此，何学葵认为："发行股票没有审核通过的原因，主要就是关于市场调研运行的问题，还有市场前景的问题、大量募集资金投向与经营的问题。"

但是，在何学葵"绿大地有条件要上市，没有条件创造条件也要上市"的指导方针下，蒋凯西、庞明星等最终还真把绿大地给鼓捣上市了。即在2007年12月21日，绿大地终于成功登陆了中小企业板，募集资金3.46亿元。绿大地成为当时A股唯一一家绿化行业的上市公司，也成为云南省第一家民营上市公司。

在绿大地上市挂牌的第一天，绿大地的股价一路高涨，市值上涨了178%，最高时涨到了每股近64元。作为绿大地创办者和董事长的何学葵，其一度拥有超过27亿元的资产。

2009年，在资本市场上凯旋的何学葵跻身胡润富豪榜，成为媒体和地方政府关注的云南女首富。而此时，在资本市场上狂奔的绿大地已经踏上了一条不归路。

为了达到上市公司的要求，何学葵等通过造假堆出虚假的繁荣。为了避免绿大地资金链断裂的危险，绿大地又在2009年8月提出了增发申请。

然而，让何学葵没有想到的是，正是2009年8月提出的增发申请，让监管部门发现了绿大地的造假上市问题，最终导致整个骗局的败露。

2011年12月，昆明市官渡区法院做出了判决：绿大地公司构成欺诈发行股票罪，判处罚金400万元；原董事长何学葵判处有期徒刑三年，缓刑四年；其他几位被告也分别被判处二到四年的缓刑。

那次判决之后，何学葵并没有上诉。但是昆明市检察院却提出了抗诉，认为处罚太轻，这才有了2012年5月7日在昆明市中级人民法院的第二次审判。这一次，检方又对何学葵等被告提出了违规披露重要信息罪、伪造金融票证罪和故意销毁会计凭证罪三项指控。其中，伪造金融票证罪最高的刑罚是无期徒刑。为此，中国新时代的云南女首富就这样谢幕了。

在本案例中，何学葵为了上市，不惜造假，最终因为自己的行为付出了代价。客观地说，何学葵是中国女企业家中一个非常耀眼的人物。

从何学葵的履历来看，1990年7月，何学葵毕业于云南财贸学院商业经济系，其后相继担任了云南省路达公司财务经理、云南省卫生厅升龙公司业务经理、昆明五华经贸公司总经理等职务。1996年6月，何学葵联合其他股东组建了云南河口绿大地实业有限责任公司，任总经理，并于2001年3月将公司整体变更为云南绿大地生物科技股份有限公司，任董事长。

短短数年间，何学葵把一个仅有 20 万元流动资金和 5 名员工的小花店发展成一个注册资本为 4400 多万元，总资产上亿元，拥有 250 多名员工的大型股份制企业。

这样的经营业绩说明何学葵是一个不可多得的经营人才，而且何学葵是一位女企业家。对此，中国证监会稽查大队稽查人员在接受采访时谈道："公司就踏踏实实做工程，做苗木工程，做绿化，也能活，估计还可以，但是规模可能不会像现在虚假这么大。"

当何学葵造假上市的事件被媒体披露后，有媒体把绿大地称为"银广夏第二"。原因在于，绿大地和银广夏这两家公司的上市手法非常雷同，两家公司都是农业股，都是虚增利润，业绩造假。

何学葵的做法警示企业老板，尽管上市融资对于任何一个企业来说都具有非常大的诱惑力，但是企业老板一旦不计成本，盲目跟风，甚至造假上市，那么一定会为之付出惨重的代价。就像上述案例中绿大地创始人何学葵一样，失去了实现自我价值的机会，实在令人惋惜。

上市要根据自身条件，还要坚持循序渐进

在很多场合下，一些企业老板总是大张旗鼓地向外界宣布，在多长时间之内必须把企业上市，而且不惜一切代价。如果企业老板这样做，那企业离倒闭就不远了。

的确，我们经常能看到，一些企业上市后按捺不住狂喜的心情，不是把成功上市的大幅标语挂在企业大厦的顶端，就是把上市作为炫耀的资本。

其实，这些企业老板压根不明白为什么要上市，除了攀比之外，大多是盲目跟风。在中国，新东方可以说是民营教育机构的一面旗帜。新东方上市之后，其创始人俞敏洪曾经在多个场合向外界传递了对新东方上市的后悔。

有记者问俞敏洪："作为一个成功者，你人生最大的失败是什么？"俞敏洪的回答给众多不惜一切代价上市的老板泼了一盆冷水。俞敏洪说："最失败的就是让新东方上市。其他都还好。这个失败从另一个意义上说也是成功，没有上市也没有这么多关注。"

俞敏洪说，上市就要对股东负责，就要追求规模和利润增长。当企业扩张之后，如何来保证质量就成为一个非常棘手的问题。

由于工作的原因，俞敏洪曾多次到访欧洲。巴黎的咖啡馆曾让俞敏洪反

思新东方上市是否是错误，俞敏洪说："很多500年、800年的咖啡店现在还开着，规模没有变化，但老板祖辈相传，充满了幸福感和骄傲感。"

然而，一旦企业上市，追求规模和利润增长就不得不作为企业经营的重要战略方向。俞敏洪说："想一下，如果咖啡店以每年20%的速度扩张，会变成什么样？整个巴黎都应该是同一家咖啡店了。"

俞敏洪坦言，自己的梦想是建一所真正的非营利私人大学，有全球最好的师资，提供最好的教育。然而，当新东方上市之后，这样的梦想变得越来越远。

客观地讲，俞敏洪的观点是非常有道理的。反观美国、欧洲等成熟市场国家，许多企业大多不肯轻易上市。在这些企业老板的意识中，是否上市是一个关乎企业生存和发展的十分谨慎的决策。

然而，诸多中国企业把上市作为一个伟大的目标来实现，甚至在很多企业战略中，明确把上市作为一件重要的事情来抓。

为什么美国、欧洲等成熟市场国家的企业不肯轻易上市，而中国企业纷纷举起上市的大旗？究其原因在于，两者的"上市观"差异巨大。主要是源于企业老板的动机不同，前者是为了更好地把企业做强做大，而后者就是为了上市圈钱，甚至有的企业为了上市圈钱不惜造假。因此，路径不同，其产生的后果也会迥然不同。

在"传统企业到底该如何转型"的培训课上，一个学员问："周老师，我觉得美国、欧洲国家的家族企业创始人就知道傻乎乎地干，一点都不懂得利用资本经营的作用，不轻易上市就是太保守。"

其实，这个学员的想法很有代表性，他只知道上市给家族企业带来的作用，却不知道上市有时也会影响家族企业的发展。一般地，家族企业上市的作用有以下六个（见表37-2）。

表37-2 家族企业上市的作用

作用	具体内容
上市有助于家族企业实现低成本、快速融资	融资是家族企业非常棘手的问题，而上市是家族企业一个相对低成本和快速的融资工具
减少家族企业对银行贷款的过度依赖	在家族企业的发展过程中，为了获得更好的发展，创始人往往会向银行寻求贷款，这样就会对银行产生一定的依赖性。然而，当家族企业上市后，家族企业从资本市场融到的是巨额资本，家族企业的资产负债率也相应大大地降低了。这样家族企业对银行贷款的依赖性就会降低，家族企业在银行的信用评级也会相应地得到提高

续表

作用	具体内容
有助于开展可融资和再融资	在家族企业的发展中，往往面临着可融资和再融资问题。当家族企业上市后，就可以进行可融资和再融资了。当然，由此会带来资金的乘数效应，从而获得更多的发展机会。例如，万科当初是以倒卖猪饲料开始的，后来凭借上市再融资获得了很多发展机遇
获得低成本广告效应	家族企业上市前后，众多媒体会发表相关的分析文章，这对于提升家族企业的品牌有一定的作用
实现跨越式发展	当家族企业上市后，不仅募集了巨额的发展资本，而且能利用募集的资本完成家族企业产业链的整合
提升家族企业的管理水平	当家族企业上市后，按照规定，家族企业必须引进科学的公司治理，建立一套规范的管理体制和财务体制，从而提升家族企业的管理水平

可能读者会问，对于家族企业来说，既然上市的优势如此明显，那么美国和欧洲国家的家族企业为什么不轻易上市呢？

原因在于，这些家族企业的创始人知道，一旦家族企业上市，就意味着曾经一个人或几个人拥有的家族企业将变成由许许多多人（包括中小投资者）共同拥有。当然，这只是其中一个原因，更多的原因如下：

（1）当家族企业上市后，人们往往对上市公司尤其是那些高成长型公司抱有较高的成长预期。

（2）很多家族企业不愿意接受上市公司严格的信息披露制度，因为家族企业一旦上市，就必须公开企业的信息，即使某些商业秘密也不例外，这是对上市公司竞争力的巨大挑战。

（3）一般地，当家族企业上市后，无疑就成为一家公众公司。这时，家族企业对社会的直接影响以及自身的社会形象就会具有放大效应，一旦遭遇危机，家族企业的股票市值就可能大幅度缩水。

（4）当家族企业上市之后，就意味着家族企业创始人的股权被稀释，家族企业的经营战略或者某些经营决策也可能被更多人控制，或者做出相应的改变，甚至有的家族企业的控股权可能遭到旁落他人的危险，尤其是过去家族企业创始人独享的利润将被极大地摊薄。

第三十八章

别人的钱不用白不用：从创业第一天起就开始想着融资

> 不要从创业第一天起就想着融资，在没有盈利之前也不要去想，绝大部分企业在没有盈利之前融资是不正常的。
>
> ——阿里巴巴创始人 马云

不要从创业第一天起就想着融资

在中国，融资是企业创立和发展的一个重要环节，也是理论界和实践界长期关注的热点问题之一。然而，融资问题一直困扰着非常多的企业老板。研究发现，很多企业老板为了解决融资问题，甚至在创业第一天起就开始筹划融资的事情。

2010年6月，在阿里巴巴股东大会上，马云向中小企业老板传递了一个"分享商业智慧，助力小企业人群"的"云计划"，马云亲手启动了"云计划"并担任首席导师。创业10年后，再次担任老师的马云在这个平台上频频亮相，观点犀利。

针对诸多中小企业老板步入融资误区及对融资时间举棋不定等问题，马云发出了这样的警告——中小企业不要急着圈钱。

然而，许多企业老板仍在融资的困境中煎熬着。例如，在房产中介服务行业工作十年的胡志刚决定创业。让胡志刚没有想到的是，刚转战互联网创业时就遭遇了诸多难题。

据介绍，2009年，胡志刚开始组织团队研发专业的找房网站，并于2010年初上线。该找房网站的客户定位是地产中介服务商和经纪人，但该找房网站在推广初期无法形成盈利，使胡志刚年内推广到20个城市的计划遭遇了尴尬。

胡志刚纠结于何时融资的苦恼，正是中国万千小企业在创业初期因缺钱而进退维谷的真实写照。这样的呼声很快在"云计划"中得到超过万人的点击和关注。①

针对胡志刚等企业老板的融资误区，马云告诫道："不要从创业第一天起就想着融资，在没有盈利之前也不要去想，绝大部分企业在没有盈利之前融资是不正常的。"

当然，马云的忠告来源于创建阿里巴巴时的经验。在创建阿里巴巴时，创业启动资金只有 50 万元。马云重点谈道，启动资金必须是 Pocket Money（闲钱），不许向家人、朋友借钱。

在马云看来，做企业，首先要想到的是"没有融资我也能盈利"，这才是正确的道路。在很多公开场合，马云告诫企业老板说："要记住，你一定要在你很赚钱的时候去融资，在你不需要钱的时候去融资，要在阳光灿烂的日子修理屋顶，而不是等到需要钱的时候再去融资。"

马云的告诫似乎与很多企业老板的做法迥然不同，在众多企业老板的意识中，只有缺钱的时候才是融资的最佳时期。因此，当大量互联网企业沉醉于刚创立就获得大批投资的"钱途似锦"时，已经亿万身价的马云对钱的态度显得谨慎和冷静了许多。②

马云一次次用自己的融资经验告诫企业老板："钱是资源，不可以没有，但光有钱一点用都没有！今天的网络，不是凭资本打天下，而是靠思想打天下、靠行动打天下、靠团队打天下、靠创新打天下。做企业，比的是花最少的资源做最大的事情，别人做这个事情要 15 块，你只要 5 块钱也能做得一样好，那你就赢了。"

企业老板要善用"他人的钱"

众多周知，急需融资的企业老板到银行贷款时，往往遭遇烦琐的程序而被拒之门外。

显然，银行这样做有点嫌贫爱富。在 APEC 中小企业峰会论坛上，融资难已经成为与会代表热议的话题，甚至有代表直言不讳地说，银行"只锦上添花，不雪中送炭"。

在 APEC 中小企业峰会现场，当谈到中小企业融资难的老大难问题时，马云颇为激动地说："为什么国企、房地产得到贷款，而中小企业没有，同样的问题我已经听了六年，我还要听多少年？"

---

①② 张绪旺. 马云：小企业不要急着圈钱[N]. 北京商报，2010-06-02.

面对中小企业与会代表的质疑，银行业代表则认为，中小企业融资难的原因是银行与企业间信息不对称。工商银行浙江分行业务部总经理助理陈诗礼说："为什么银行不能放信用贷款，为什么不能速度快一点？为什么利率不能低一点？说到底，银行不会做信息不对称的事情。我不知道你的信用，不知道你的信息的话，银行各个成本都会加大。"

来自银行的数据显示，中小企业的不良贷款率超过了银行平均整体不良贷款率。陈诗礼表示，1999年国企改制后，贷款不良率一般在1%以下，而中小企业在2008年金融危机时不良贷款率达1.46%。招商银行代表表示，浙江分行在2008年不良贷款率达0.4%，中小企业比例在0.5%~0.6%。[①]

招商银行杭州市分行中小企业部副总经理俞雷文认为，银行是以营利为目的的商业机构，怎样既防范风险又能获取利润，是可持续发展的前提。银行在和中小企业打交道的过程中，对一些管理不太好、效率比较低、产品前景不太好的企业，确实拒绝放贷。[②]

针对诸多的推诿，马云却不认可银行业代表的观点，他认为，中小企业融资难在于与银行"利益不对称"。

马云显得极为激动地说："如果银行真想做，这样对称的事情难道还做不起来吗？我相信中小企业的峰会我们的大行长不会来，但是500强的峰会他们可能就会去。"

其实，马云说得很正确，银行和中小企业之间并不是信息不对称，而是利益不对称、信任不对称、责任不对称。

针对陈诗礼的说法，马云认为："银行刚才说了国企的坏账率比民企低一点，可是很多国企是做垄断行业的，而中小企业完全靠市场。假如给我们机会，我们会做得更好。如果给在座的小企业钱，我相信一定会还。"

针对陈诗礼担心的中小企业信用问题，马云认为，这种顾虑是多余的。马云说，自己1992年的时候创办了一家翻译社，当时每年的房租高达2万多元，但翻译社第一个月收入才700元钱，还是熟人介绍的生意。为了维持生存，马云向银行贷了3万元，"这三个月几乎没有睡着觉过，即使是上哪儿借钱，也要把钱还回去"。

的确，马云的观点非常犀利。马云表示，阿里巴巴在成长的初期，没有得到过银行一分钱贷款，没有拿到政府一分钱。马云认为，银行以"信息不对称"为由拒绝向中小企业融资其实是一种托词，"不是信息不对称，而是信

---

①② 薛松. 马云忆当年融资难：一家家敲门一家家被拒[N]. 广州日报，2009-09-17.

任不对称，利益不对称"。①

面对银行必然的嫌贫爱富，小企业的资金之痛究竟如何解决？马云鼓励中小企业通过自身发展解决融资难题。

马云说："很多人知道我花了6分钟说服了孙正义，为阿里巴巴融到了钱，但却只有很少人知道，在这6分钟之前我遭到多少回绝，甚至冷言冷语。"

马云回忆，当年为了给阿里巴巴融资，与蔡崇信赶赴美国硅谷，7天里见了40多个风险投资者，结果所有人都对他说NO，甚至说这是最愚蠢的商业计划。那次的美国行没有给阿里巴巴带回资金，但是马云却带回了梦想。②

马云说："我们可以有一万种理由安慰自己，我不成功是因为我没有钱，因为别人不理解我、不支持我，绝大部分的人会为失败找借口，很少为成功找方向，我们创业者应该学会为成功找方向。"

---

① 薛松.马云忆当年融资难：一家家敲门一家家被拒[N].广州日报，2009-09-17.
③ 《扬子晚报》编辑部.马云炮轰银行贷款嫌贫爱富[N].扬子晚报，2009-09-14.

第三十九章

缺乏长远规划：用短期借款搞固定资产投资

> 我失误就失误在那时候不懂财务知识，将流动资金大量投入固定资产建设，结果使企业流动资金枯竭。企业也受此拖累，最后支持不下去了。
>
> ——巨人集团创始人　史玉柱

固定资产投资存在不确定性或风险性

在扩大企业规模的过程中，必须依据企业的实力，不能盲目地扩大规模，绝对不能用短期借款搞固定资产投资。这主要是因为在当今的中国市场，企业已经远离了暴利时代，无论是生产性企业还是经营性企业，盈利水平在5%是正常的，超过30%的很少。企业老板要树立长期稳妥的经营意识，克服投机心理。如果项目确实可行，但缺乏自有资金或长期贷款，应当尽可能通过租赁闲置厂房、设备或合资解决[①]扩大规模的问题。

对于任何一个企业而言，降低风险的最好办法就是尽量避免让资金冒看得见的风险。否则，倒闭也就是迟早的事情。我们来看一个真实的案例。

在某市，为了大力推广地产农业特色项目，在地方政府的倡导下，新组建了一个农副产品加工公司。

为了迎合某些政府官员提出的项目科技化、现代化思路，该公司负责人急不可耐地购进了一大批加工生产设备。当大批加工生产设备陆续到位后，该公司负责人发现，新购置的大批加工生产设备需要新的厂房。

该公司负责人没有想到的是，修建新厂房需要很大一笔资金。但为了采购加工生产设备，公司已经支付了巨额资金，账上的流动资金已几近枯竭。

在万般无奈之下，该公司负责人只得求助于银行，向银行申请贷款。经过辛苦的努力，该公司负责人总算以备料的名义从银行贷来了一笔款。该公司将这笔款投入新厂房的建设中，却忘了这是短期贷款。

[①] 曹俊杰.金钱游戏：用智慧实现你的发财梦 [M]. 北京：西苑出版社，2004.

当新的厂房修建完成，正兴高采烈地去邀请地方政府官员剪彩时，还款的时间到了。由于不能按时还上银行的短期贷款，银行申请法院将该公司原有的厂房及新盖的厂房和机器设备全查封了。这家公司一时落入了进退无路的境地。

在金融危机爆发后，一些中小企业由于融不到资而纷纷倒闭。其实，对于中小企业而言，如果盲目扩大规模，会为资金链断裂埋下祸根。

在上述这个案例中，单纯从银行贷款并没什么不对之处，几乎每家企业都有向银行贷款的经历。但是该农副产品加工公司错在用银行的短期贷款搞固定资产投资。

上述案例警示中小企业老板，由于中小企业缺乏必要的经济实力，所以在进行固定资产投资时必须特别慎重。

在进行固定资产投资时，企业老板必须做好详尽全面的可行性研究，同时需要倾听技术专家、行业权威的看法，并征求投资顾问的意见。因此，作为企业经营者，在进行固定资产投资时，一定要懂一些基本的财务知识，不懂就要花时间认真去学，否则早晚要吃大亏。

史玉柱总结自己失败的教训时说："我失误就失误在那时候不懂财务知识，将流动资金大量投入固定资产建设，结果使企业流动资金枯竭，企业也受此拖累，最后支持不下去了。"

因此，中小企业在经营的过程中必须严格资金管理，加强财务控制，不断提高资金营运效率。

事实证明，对于任何一个企业而言，合理地安排资金结构，不仅能提高企业资金运营效率，而且能使企业资金运用产生最佳效果，这是中外企业财务管理追求的基本目标。

中小企业受企业自身规模的限制，承受财务风险的能力相对较弱。因此，中小企业在实际运营中应形成合理的资金结构，确定合理的负债比例。

当然，中小企业进行资金分配时，需要有必要的流动资金与固定资金，只有两者有效配合，才能产生最佳的经营效果。中小企业在改善资金结构的同时，在资金运用上，要维持一定的付现能力，以保证日常资金运用的灵活周转，预防市场波动和贷款困难的制约。要加强现金管理，对企业的现金流量做准确的分析。要使资金来源和资金运用得到有效配合，如决不能用短期借款来购买固定资产，若借款到期而投入资金还未收回，势必要从另外渠道筹资偿还短期借款，从而导致资金周转困难。[①]

---

① 章振东.试论中小企业财务管理现状、成因及对策[J].湖南财经高等专科学校学报，2004（1）.

租赁闲置厂房、设备比用短期借款搞固定资产投资风险要小

2008 年金融危机后,在原材料价格上涨、劳动力成本提高、加工贸易政策大幅收紧、出口退税率不断下调、人民币持续升值等诸多因素影响下,经历多年高速增长的中国企业遭遇了严重考验。

这些考验不仅体现在销售收入方面,而且体现在融资和投资方面。客观地讲,固定资产投资决策涉及的时间较长,对未来收益和成本很难准确预测,即有不同程度的不确定性或风险性。因此,企业老板在投资时必须慎重。

然而,一些企业为了扩大生产规模,甚至用短期借款来搞固定资产投资。殊不知,厂房、设备等固定资产的投资往往需要较长的时间,短的也要三五年。固定资产投资具有如下几个特点(见表 39-1)。

表 39-1　固定资产投资的特点

特点	具体内容
固定资产回收时间较长	一般地,固定资产投资决策一旦做出,就会在较长时间内影响企业的经营和管理,因为固定资产投资收回成本的时间往往需要几年,甚至是十几年
固定资产投资的变现能力较差	由于固定资产投资的形态是实物,如厂房和机器设备等,所以通常不易改变其生产和商业用途,出售往往很困难,变现能力也较差
固定资产投资的资金占用数量相对稳定	固定资产投资一旦完成,在资金占用数量上无疑会保持相对稳定,几乎不会经常变动
固定资产投资的实物形态与价值形态可以分离	当固定资产投资完成,尤其是投入生产使用后,固定资产就会产生磨损,其价值就有一部分脱离其实物形态,转化为货币准备金。在使用年限内,固定资产的价值将逐年减少,直到报废
固定资产投资的次数相对较少	与流动资产相比,固定资产投资的次数相对较少,尤其是大规模的固定资产投资,通常几年甚至十几年才会发生一次

从表 39-1 可以看出,上述特点决定了固定资产投资具有很大的风险。企业老板一旦在投资决策中出现失误,那么就会严重影响企业的财务状况和现金流量,甚至导致企业破产。因此,企业老板在投资固定资产时,不能盲目,尤其是不能在缺乏调查研究的情况下轻率拍板,必须按照特定的投资程序,运用科学的方法进行可行性分析,确保固定资产投资决策的正确有效。

然而遗憾的是,一些企业老板乐观地认为一两年就可以收回固定资产投资,甚至用短期贷款或者短期借款来购买厂房、设备,往往是到期不能偿还,

导致罚息、诉讼甚至破产等严重后果。

　　众所周知，企业投资效益的预测往往都是建立在理论基础之上的。然而，在实践经营中，由于厂房的建成、设备的更新及其量产都可能需要较长的时间，所以无疑会产生较多的不确定因素。因此，企业老板最好不要按照一两年就可收回投资这样乐观的预测来组织、使用银行贷款或者短期借款，否则企业距离倒闭就不远了。

第四十章

财务报表睡大觉：财务紊乱，资金断流

> 在进行新的固定资产投资或多样化投资之前，必须首先筹措必要的长期资本，以确保原有经营项目营运资金周转不因新的投资受到影响。
>
> ——高级会计师　章振东

不懂财务就可能失去对项目风险的控制

在中国，一些中小企业老板总是热衷于扩张。然而，有些中小企业因为盲目扩张而灰飞烟灭。在寻求发展的过程中，中小企业老板往往会犯两个错误：

（1）将营运资金大量用于固定资产投资。中小企业日常的营运资金周转一般都比较紧张。当中国经济形势持续保持上升时，将营运资金大量用于固定资产投资就可能实现较丰厚的利润积累。但是，一旦遭遇世界性的经济危机，那么中小企业就会遭到毁灭性的打击。

（2）分散投资。在中小企业的发展过程中，为了避免产品单一情况下经营风险的扩大，一些中小企业老板力图采用多样化投资和多元化经营的战略分散风险。然而，分散投资无疑容易导致原有经营项目的营运资金周转遭遇困难，加上新的投资项目不能马上形成规模，所以难以形成竞争优势。[①]

要想规避上述两个错误，中小企业老板在进行新的固定资产投资或多样化投资之前，必须首先筹措必要的长期资本，以确保原有经营项目营运资金周转不因新的投资受到影响。[②] 否则，就可能陷入万劫不复的境地。

回顾中国明星企业失败的案例，很容易看出一个现象，就是盲目冒进、搞多元化、拆东墙补西墙。其实，深层次的原因在于这些企业老板不懂财务。巨人失败后，史玉柱总结自己的失败教训时说道："自己最大的失误，就在于不懂财务，失去了对风险的控制。"

事实也证明了这个观点，那就是中国企业，特别是中国家族企业老板很

[①②] 章振东.试论中小企业财务管理现状、成因及对策[J].湖南财经高等专科学校学报，2004（1）.

少有人懂财务，他们只知道战略，不知道具体的资金流向，从而使企业在快速扩张的道路中，由于资金链的断裂而倒闭。

20世纪90年代末期至21世纪初期，陈川东可谓重庆餐饮界一个"教父式"的人物。当人们提到陈川东首次完美地将川粤两大菜系结合的创举，提到曾经让百事可乐都心生妒忌的陈川粤系列饮料，提到陈川东那一度风光无限的陈川粤大酒楼时，都会情不自禁地感慨万千。

而今，陈川粤大酒楼这艘"美食航母"已经坠入深海；早已销声匿迹的"火锅爽"系列饮料与中国火锅热形成非常鲜明的对比；陈川东本人已不再是重庆餐饮商会会长、重庆市火锅协会副会长、渝中区餐饮协会会长……

1992年春天，原为政府官员的陈川东在下海的大潮中创业了。由于没有启动资金，陈川东向亲戚和朋友借了5000元现金，下海担任了广州"小洞天"川菜酒楼的经理。让陈川东没有想到的是，"小洞天"川菜酒楼开门营业还不到一个月就食客盈门。

当然，"小洞天"川菜酒楼要想在广州经营下去，面临的困难依然很大。在广州，粤菜菜品用料高档，做工考究，当食客有着这样的偏好时，无疑会极大地冲击"小洞天"的经营。为摆脱困境，陈川东大胆尝试在自己的川菜馆中配用粤菜的原料，这样不仅提高了"小洞天"川菜酒楼菜品的档次，而且融合了广东传统饮食口味。

经过一段时间的探索，陈川东将川菜、粤菜的优势结合在一起，在餐饮界形成了自己独特的风格，不仅赢得了四川消费者和广东消费者的认可，而且为中国餐饮业创造了一个川粤合璧的新派菜系。

1993年，陈川东在广州创立了川粤大酒楼，推出一系列川料粤吃、粤料川做的新派川菜。当年冬天，广州川粤大酒楼荣获广东名店美食金奖。

1994年，陈川东受重庆市各级领导盛情邀请，创办了重庆川粤大酒楼。重庆川粤大酒楼营业面积1200多平方米，开业后，一直火爆，被新闻媒体称为"川粤现象"。

1996年，陈川东乘胜前进，又投资2000多万元，在位于北京市西二环阜成门附近的四川大厦开办北京陈川粤大酒楼。

经过十余年商海征战，陈川东不仅在北京拥有一家陈川粤大酒楼，在广东、四川、重庆等地也有陈川粤大酒楼，甚至还把陈川粤大酒楼开到万里之外的美国。从此，川粤饮食集团改名叫陈川粤集团。

在陈川东的企业帝国中，不仅经营着像陈川粤大酒楼这样的餐饮业，而且经营饮料业。在当时，陈川粤经营的饮料曾经畅销西南市场，连可乐饮料业巨头可口可乐和百事可乐都不敢小视。

此时，陈川粤大酒楼终于成为中国餐饮行业的一匹黑马，不仅受到消费者的青睐，而且引起了众多投资者的关注。这其中就包括重庆群鹰商场的管理者——重庆夫子池物业公司。

重庆夫子池物业公司寻求与陈川东的合作，主要是因为若干位雄心勃勃的投资者在群鹰商场巨资经营保龄球馆、百货、酒楼、皮具商场等都以失败告终。其实，群鹰商场位于重庆商业中心——解放碑步行街的西街口，可以说是一个寸土寸金的黄金位置。

为了改变过去屡战屡败的局面，夫子池物业公司试图通过与陈川东的合作，打造一艘商业航母。在与陈川东的合作中，夫子池物业公司以1.59亿元的价格将群鹰商场10年产权转让给陈川东。

陈川东也希望借助群鹰商场这样一个大型美食大厦来打造陈氏餐饮帝国的旗舰店。于是，陈川东答应了夫子池物业公司提出的条件。在剔除合同中一些其他因素后，陈川东实际支付给夫子池物业公司的房租款为1.3亿元。

陈川东之所以答应夫子池物业公司的条件，是因为：

第一，1999年，该大厦的评估市值为2.26亿元。如果把陈川粤美食大厦全部装修后，该大厦的评估值绝对不会少于2.5亿元。所以，陈川东认为，按最保守计算，大厦仅地产部分10年增值就至少可达1亿元。

第二，根据陈川东实战多年的商业经验，只要陈川粤美食大厦正常营业，即使最坏的结果是陈川粤美食大厦每年亏损两三百万元，但陈川东自己在10年中仍然可以从该大厦赢利数千万元。在陈川东的算盘中，承租群鹰大厦绝对是一个只赚不赔的项目。

第三，陈川东承租群鹰大厦的目的是凭借陈川粤美食大厦提高其在全国餐饮界的地位，以重庆为中心，为在全国各地拓展连锁店打下坚实的基础。

第四，从财务状况来看，陈川东每年只需要支付给群鹰大厦1000余万元，这样的发展战略还是较为稳健的。部分银行工作人员听到陈川东购买群鹰大厦10年的产权后，表示可以先期贷给陈川东2000万元。租赁设备的合作者也表示，只要陈川粤美食大厦正常营业，愿意以500万元把设备租赁给陈川东。

然而，意想不到的情况还是发生了。

第一，在装修队进驻群鹰商场的同时，陈川东就已经着手对招聘来的300余名员工进行岗位培训。按照陈川东的部署，陈川粤美食大厦一旦装修完毕，就可以立即开业。但陈川东没有想到的是，陈川粤美食大厦仅消防管网的改造就花费了400余万元，而这400余万元的支出完全是先前预算之外的。

第二，一旦装修不能按时完成，无疑会影响陈川粤美食大厦的开业时间，而仅每月员工工资就数十万元，增加的员工工资同样是先前预算之外的。

第三，正式接手后，群鹰大厦隐藏的其他问题也显现出来。原群鹰商场最后一位投资者在经营商场期间，拖欠了供货商大量货款。陈川东承租了群鹰大厦商场后，供货商便找陈川东索要货款。陈川东拒绝了供货商的要求后，有些供货商就向法院提起诉讼，因而法院依法查封了群鹰商场。当法院启封群鹰商场时，已经又过了几个月了，陈川东不得不多花一笔额外的支出。

第四，先前承诺贷款2000万元给陈川东的银行工作人员也改口了。答应以500万元把设备租赁给陈川东的合作者表示无法提供设备了。

此刻的陈川东已是进退两难，不得不大量挪用各地陈川粤大酒楼和陈川粤饮料厂的利润来填补陈川粤美食大厦的资金缺口，而陈川东大量抽资使得各地陈川粤酒楼和饮料厂的流动资金链几乎断裂，严重影响了各地陈川粤酒楼和饮料厂的正常生产与经营。

陈川东这样拆东墙补西墙的做法，使得陈川粤集团陷入了一个非常可怕的恶性循环。这大大超出了陈川东当初的规划。

在非常艰难的情况下，陈川东费了九牛二虎之力才装修好群鹰商场的第一、第二层，百货超市、中华名小吃正式开业。

尽管群鹰商场百货超市已经开业，但是与群鹰商场一街之隔的重庆百货和新世纪把群鹰商场当作自己最大的竞争对手，于是警告供货商，谁要是向陈川粤供货，就将其从重庆百货和新世纪的商场清理出场。

这就让陈川粤百货超市出现了无货可卖的境地，陈川东不得不从重庆百货和新世纪采购。为了招揽顾客，又采用比重庆百货和新世纪更低的价格促销。

重庆百货和新世纪也在陈川粤百货超市开业促销的时候降价促销，而且力度比陈川粤百货超市更大。仅仅过了两个月，陈川粤百货超市就再也挺不住了，不得不出让给新世纪。尽管第二层的中华名小吃已经营业，但是第三层正在装修，噪声、灰尘整日不断，许多顾客往往是乘兴而来，败兴而归，第二层中华名小吃的生意也变得惨淡了。

面对这样的局面，陈川东不得不加快第三、第四层的装修进度。陈川东为了给即将开业的美食大厦制造更多的商业气氛，还在报纸、电视上做了大量的广告，光广告费就花了100多万元。

让陈川东上火的是，只需200万元第三、第四层的装修就可以全部完工了。然而，就是这最后的200万元，卡住了陈川东的脖子。陈川东四处融资，几次上当受骗，将陈川粤的最后一口气也弄断了。当美食大厦让陈川粤陷入困境时，曾经风光无限的饮料厂也因为受其影响而悲壮地倒下了。

据媒体报道，2002年11月，在陈川粤的企业帝国中，最先倒闭的是陈川粤饮料厂，该厂的倒闭直接让陈川东背负巨债，拖欠工人的工资就达到几十万元。2003年3月，陈川东寄予厚望的陈川粤美食大厦在众多供货商的愤怒声讨中，被法院查封了。树倒猢狲散，分布在全国各地的大酒楼也相继倒闭。除了背负一身巨债外，留给陈川东的几乎没有任何值钱的物件，甚至连女儿的学费都付不起了。

陈川粤的倒闭看似出乎意料，但却是情理之中的事情。主要是，陈川东在财务上过于冒进，将真金白银放置于谁也没有把握的未来预期盈利，而且投入大大超过能力，最后不得不拆东墙补西墙，造成陈川粤疮痍满身，后继乏力，最后油尽灯枯，仆地而亡。

提升中小企业的财务管理能力

在"传统企业到底该如何转型"的培训课中，有学员总是充满困惑地问我："周老师，陈川东的创业失败与不懂会计有什么关系吗？"

当然，这个关联是很大的。如果陈川东采取稳健的财务战略，他必须懂得财务。陈川东在投资过程中，起码应做出合理的投资预算，而他却凭借自身的经验采取了激进的财务战略，结果使得陈川粤这艘"航母"搁浅。

全国工商联对21个城市的抽样调查表明，有40%的企业主看不懂财务报表，有45%的企业没有自己的科研开发人员，企业生产经营的信息主要靠买方和传媒提供。因此不难看出，在中国企业中，普遍存在的情况是老总不懂财务，在投资过程中往往采取经验主义，也就在无形中阻碍了中小企业的发展和壮大。

事实上，在中小企业中，企业老板不是技术出身，就是营销出身，但很少是财务出身。因此，如何让一些非财务出身的企业老板们看懂财务分析数据，更多地了解财务工作，就成为老板们面临的新课题。

企业老板如何才能避免盲目地实施激进的财务战略呢？方法有以下几个：

第一，规范企业的财务管理。其实，规范化的财务管理对上市公司或者欧美国家的企业来说，已经不是什么问题了。但在中国这个特殊的国情下，混乱的财务管理制度依然存在，特别是中国家族企业较多的浙江、广东、江苏、福建等省，常出现丈夫是董事长兼总经理、妻子是会计总监兼出纳的现象，而按照我国的法规，会计和出纳是不能由一个人来兼任的。因此，财务管理本身的作用并未发挥出来。要避免企业老板盲目地实施激进的财务战略，规范的企业管理势在必行，特别要规范企业的财务管理。

第二，强化以现金流为核心的企业财务管理。对于中小企业来说，不管是采取积极的财务战略，还是稳健的财务战略，都必须保证中小企业的生存和发展，这才是企业老板的首要任务。中小企业要生存和发展，必须保证现金流足以维持生产经营所需。在此基础上，如果还有充裕的现金流，就可以通过加大技术创新和品牌建设的投入力度，或者进行并购重组等，实现中小企业的战略转型和扩张，而这要求企业老板具备财务风险管理的意识和能力。

第三，提升中小企业财务管理的能力。从中国中小企业的现状来看，仍然有相当大比例的中小企业存在财务管理粗放等诸多问题，对外部条件引发的财务问题缺乏相应的分析和应对能力。

许多企业老板误以为财务管理就是简单的记账做账。事实上，企业财务管理涵盖的方面非常多，包括资金筹集、资产营运、成本控制、收益分配、信息管理、财务监督等。那么，应如何提升中小企业的财务管理能力呢？可以从以下三个方面着手（见表40-1）。

表40-1 提升中小企业财务管理能力的方法

方法	具体内容
制定和实施财务战略，及时调整发展方向	中小企业老板应当分析目前市场上的产业状态，结合其经营发展和财务管理实际情况，搞清楚中小企业的经营思路，明确中小企业的发展方向，从而加强中小企业的财务战略管理
完善内部财务制度，健全财务运行机制	通过完善的企业管理制度，确保财务管理贯穿中小企业的各个业务，并健全财务决策、财务控制、财务激励与财务监督机制，做到真正有效地控制中小企业的财务风险
培养财务管理人才，加强风险管理的人才保障	由于财务管理工作自身的专业性、政策性较强，必须培养财务管理人才，做到既要掌握国家相关财政、金融、税收、资产管理等政策法规，又要熟悉企业的业务流程等

第四，建立财政对中小企业财务的有效监管制度，推进财政风险管理"关口"前移。一般地，财政对中小企业财务实施监管主要包括以下四个方面：

（1）掌握中小企业财务风险的微观形成机制，从而在实施宏观财政政策时把好脉、开准药。

（2）及时控制中小企业财务风险及其引发的财政风险，实现可持续发展。

（3）从外部推动中小企业转变管理理念，提高中小企业的整体财务管理水平。

（4）确保中小企业按规定使用财政资金，提高财政资金使用的安全性和有效性。

要避免企业老板盲目地制定激进的财务战略，必须建立中小企业财务预警机制和财务管理评估制度来进行干预。具体包括：

（1）财务预警机制。所谓财务预警机制，是指区分中小企业所处的不同行业、不同规模，采用财务风险指标体系对中小企业实际财务运行资料进行科学合理的测算分析，及时向中小企业及有关方面发出风险预警，从而有针对性地、及时地采取应对措施的一种机制。

（2）财务管理评估制度。所谓财务管理评估制度，是指对中小企业财务管理的内部环境及流程、制度体系的健全性、制度执行的有效性等进行客观的分析和评价，一旦发现中小企业财务管理的薄弱环节，就及时地提出改进建议的一种制度。

第九篇 把飞机引擎装在拖拉机上

记得曾有个营销副总裁跟我说:"马云,这是下一年度营销的预算。"我一看:"天啊!要1200万美元?我仅有500万美元。"他却回答我说:"我做的计划从不低于1000万美元!"

——阿里巴巴创始人 马云

第四十一章

一山二虎：核心团队非互补组合

> 唐僧这个人不像很能讲话，也好像不像个领导的样子，但是他很懂得领导这个团队。
>
> ——阿里巴巴创始人　马云

核心团队中不能个个都是孙悟空

在中国，自古就有"一山不容二虎"的说法。因为老虎在山林里处于食物链的顶端，因此在这片山林里的其他动物只能养活一只老虎。一旦出现更多老虎，无疑使更多的动物被老虎捕杀，这样此山林里的其他生物种群就会消亡，最终导致老虎因为缺乏足够的食物来源而饿死或者迁移。

在一个组织系统中，这个道理也同样适用，因为两个老板如果不互补，那么这个团队冲突的可能性就会大大增加。

要想使企业团队效率实现最大化，就必须互补，不能个个都是孙悟空。因此，在创业企业中，高绩效团队应该是一个能够形成合力的团队。这就要求团队成员"1+1 ≥ 2"。如果创业企业团队成员不互补，就可能导致整天充满争执与冲突。若团队成员都按照自己认为正确的方向用力，那么将会有相当大的努力花费在内部的无谓消耗中，团队的整体目标可能会成为泡影。毋庸置疑，在团队管理中，项羽就是一个非常失败的"老板"。

在中国历史上，项羽是一个不得不提的枭雄。在推翻秦王朝的过程中，项羽的作用是非常巨大的，且当时项羽的势力远远超出刘邦。

在攻打秦军的战争中，项羽势如破竹，只要他亲临战斗，则每战必克。然而，最终的结果却是项羽被围垓下，自刎乌江。估计项羽至死也没弄清楚，自己到底失败在何处。在项羽看来："此天亡我也，非战之罪也。"

反观胜利者刘邦，本领没有张良、萧何、韩信这"兴汉三杰"大，早在当亭长时，"廷中吏无所不狎侮"，简直就是一个地痞流氓。

公元前206年（汉元年），项羽攻入关中，范增劝项羽消灭刘邦势力，但未被采纳。后范增在鸿门宴上多次示意项羽杀刘邦，又使项庄舞剑，意欲借机行刺，终未成功。汉三年，刘邦被困荥阳（今河南荥阳东北），用陈平计离间楚君臣关系，范增被项羽猜忌，辞官归里，途中病死。

这就为刘邦最终打败项羽打下了基础。可能读者会问，为什么呢？

刘邦在建立汉朝后，这样向群臣解释自己战胜项羽的原因："夫运筹帷幄之中，决胜千里之外，吾不如子房（张良）；镇国家，抚百姓，给饷馈，不绝粮道，吾不如萧何；连百万之众，战必胜，攻必取，吾不如韩信。三者皆人杰，吾能用之，此吾所以取天下者也。项羽有一范增而不能用，此所以为吾擒也。"

可以说，项羽的作战能力不用质疑，但是其团队人才不能互补，仅有的一个谋士范增的建言也未被采纳。如果项羽门下有10个甚至100个像范增这样的谋士，杀掉刘邦，那么项羽就能名正言顺地成为皇帝。

在笔者看来，刘邦的胜利是一个互补型团队的胜利。在刘邦的团队中，人才被用在恰当的岗位上，而项羽则仅靠匹夫之勇，没有建立起一个人才得其所用的团队，所以失败也是情理之中的事。这启示企业老板，要想使企业在竞争中生存和发展，就必须建设互补型团队。只有这样，企业基业长青才会成为可能。

最好的创业团队是唐僧团队

随着小说《三国演义》在华夏大地的流传，很多人不自觉地认为，世界上最好的团队是《三国演义》中的蜀国创业者刘备及其创业伙伴关羽、张飞、诸葛亮、赵子龙等。

在蜀汉创业团队中，最早加入的关羽武功高强，而且非常忠诚，又是刘备拜把子的兄弟；张飞同样武功高强，非常忠诚，也是刘备拜把子的兄弟；诸葛亮是一个难得的"初创公司CEO"；赵子龙武功高强，非常忠诚，最有名的就是舍命救刘禅。

应该说，这样的一支蜀汉创业团队十分出色。但马云却说："我比较喜欢唐僧团队，而不喜欢刘备团队。因为刘备团队太完美，而唐僧团队是非常普通的，但它是天下最好的创业团队。"

唐僧师徒四人取经的故事家喻户晓，很多读者都比较看好孙悟空，因为他不仅能腾云驾雾，而且能斩妖除魔，不可或缺。而唐僧手无缚鸡之力，多次落入妖魔鬼怪之手，倘若不是孙悟空前去搭救，早就被妖魔鬼怪吃掉了，这样的人怎么能胜任领导者呢？对此，马云却有自己与众不同的看法："唐僧这个人不像很能讲话，也好像不像个领导的样子，但是他很懂得领导这个团队。"

马云坦言："唐僧其实很懂得怎样去管制他的员工——念咒。他知道猪八戒不会出大问题，让他慢慢去弄，对不对？他也知道沙和尚要时而鼓励一下，这是好领导。好领导不是一定像马云一样，能侃、能说、会演讲。领导者就是要坚定不移地坚持自己的信念；领导者就是要不管遇到多大的困难，说我去了，你们可以离开。即使你们离开，我还是去的，这是领导者。"

马云的话是非常有道理的。之后在媒体记者采访马云的事件中印证了这一点。在媒体记者与马云交谈时，马云突然需要从电脑上查找一些资料。然而，让媒体记者感到意外的是，马云花了很长一段时间也没有找到想要的资料。于是，马云不得不打电话求助秘书前来帮忙。秘书只在电脑前操作了不到10秒钟，所需的资料就找到了，困扰马云的问题也就解决了。

让媒体记者非常困惑的是，在阿里巴巴公司，难道连一个秘书都具备极高的电脑水平吗？然而，该媒体记者好奇地走到马云所用的电脑前才发现，难住马云的仅仅是一个简单的 Word 文档问题。

媒体记者就此问题问马云，马云解释说："我只会干两件事：一是浏览网页；二是收发电子邮件，其他的一窍不通。我连如何在电脑上看 VCD 都不会，一直保持这种'菜鸟'级的水平挺好的。我不懂电脑，销售也不在行，但是公司里有人懂就行了。"

毋庸置疑，像马云这样的电脑水平，与阿里巴巴众多技术开发人员相比，可以说是天壤之别。然而，让很多企业老板疑惑的是，马云这个电脑"菜鸟"却领导着一大群IT天才，创造了"芝麻开门"的神话。神话的创造者马云就如同唐僧不懂降妖除魔，却能带领齐天大圣孙悟空、天蓬元帅猪八戒、卷帘大将沙僧披荆斩棘，取得真经。

在马云看来，一个企业里不可能全是孙悟空，也不可能都是猪八戒，更不可能都是沙僧。研究发现，在唐僧取经这个团队中，其成员不仅有优点，而且缺点也很明显。例如，作为领导者的唐僧除了专注取经什么都不会做；孙悟空有通天的本领，但是脾气暴躁，动不动就要打要杀；猪八戒富有幽默感，可是好吃懒做，大错没有，小错不断；沙和尚始终任劳任怨，但是一直没有大的作为。

在马云眼里，唐僧团队就是一个好团队。马云对其中每一个人物都做了分析：

唐僧虽然没有什么特别的本事，但是意志异常地坚定，有很强的使命感。

他要去西天取经，谁都改变不了他的想法，一定要取到真经才肯罢休。不该做的事情，他一定不会去做的。

孙悟空能力很强，但有时候经常犯错误。这种人每个单位都有，对不对？都是孙悟空的公司没法干了，没有孙悟空的公司也没法干。

猪八戒好吃懒做，但是他特幽默，团队需要这样的人。据说他是最理想的丈夫，其实他才华横溢，与他的长相成反比。

沙和尚最勤恳，他说你不要跟我讲理想，讲奋斗目标，我每天上八个小时的班，早上到，晚上回去。这样的人，也少不了。

一个企业里不可能全是孙悟空，也不能都是猪八戒，更不能都是沙和尚。要是公司里的员工都像我这么能说，而且光说不干活，会非常可怕。

在马云看来，让适当的人处在适当的位置上，承担适当的责任是非常重要的。事实证明，在一个团队中，要想达到效率最大化，就必须发挥每一个团队成员的个人优势。综观唐僧取经的过程，之所以能够取得真经回来，关键在于唐僧师徒四人优势互补、目标统一，每个人都能发挥自己的优势，所以形成了一个越来越坚强的团队。

正如马云在公开演讲中说的那样："这四个人，经过九九八十一个磨难，最后（到达）西天取到真经，这种团队到处都是。每个人都有自己的个性，关键是领导者，如何让这个团队发挥作用，凝聚在一起，这才是真正'唐僧式'的好团队。有了猪八戒才有了乐趣，有了沙和尚就有人担担子，有了孙悟空才能斩妖除魔。少了谁也不可以，这就是团队精神。关键时也会吵架，但价值观不变。我们要把公司做大、做好。阿里巴巴就是这样的团队，在互联网低潮的时候，所有的人都往外跑，但我们是流失率最低的。"

第四十二章

明星团队就是成功保证：创业时期就重金引进明星团队

创业时期千万不要找明星团队，千万不要找已经成功过的人。

——阿里巴巴创始人　马云

创业公司不能引进明星团队

在很多论坛上，一些喜欢足球的企业老板总是拿"世界杯足球赛"指点江山。在这些企业老板的意识中，世界上最好的足球队就是明星团队，而在企业经营过程中，明星团队也是最好的团队。

然而，这样的观点却没有得到马云的认可。马云在《赢在中国》第一赛季晋级篇第七场点评创业选手赵尧时，告诫创业者说："创业时期千万不要找明星团队，千万不要找已经成功过的人。"

在《赢在中国》赛场上，创业选手赵尧的参赛项目是："支付式营销。即把美国成功电视营销方法和其他成熟的产品，经过中国专业化服务拓展到中国市场。涉及市场调查、媒体的策划和采购、订单通过呼叫中心的取得、订单的处理、收付款结算、物流，以及市场开发。"[1]

在简短的项目介绍后，马云就让赵尧简要地介绍一下他的管理团队。赵尧说："我先从中国这边说起，现在是我一个人全职做这件事情，我的团队已经非常认同这件事情。认同我们事情的人，包括这么几位角色，其中一位朋友在中国做电视直销，成功运作了好几年，他后来改行做了保健产品，但是当我提起这个概念以后他非常感兴趣，他要加盟，这是一位。第二位最近刚刚把他苦心经营了十年的物流企业，出售给了一家香港上市公司，他就退出了。这位跟我也是八年的朋友，他在美国和中国之间跑来跑去，他的

---

[1]《赢在中国》项目组. 马云点评创业 [M]. 北京：中国民主法制出版社，2007.

企业还代理沃尔玛在加拿大的全部物流业务,他会加入我的团队,帮我们打理在中国的物流操作工作。第三位朋友在美国代理了一家汽车用品企业,这个企业到中国来做代理商,在过去几年它的产品通过行销占据中国70%的市场。在这种情况下,他给我们带来的,除了对中国零售环节这种概念和管理的经验之外,更多是可以帮助我们。当美国客户的产品通过电视频道进行直销以后,下一步在产品周期不同发展阶段会有和地面零售结合的方式,他提供这方面的资源。除此之外,在美国有一位斯坦福毕业的律师,在过去三年里,服务于两家不同的非常成功的电视营销企业,他是我的合作伙伴,在美国这边为我们处理所有法律业务,这很重要。还有一位,他曾经是 NBC 广播网副总裁,后来在美国家庭频道做了市场营销总裁。我认识他是在提供咨询服务的时候,他在洛杉矶又服务于不同的电视直销企业,做高级领导。我想请他为我们做顾问和公关,他说融资以后要加入我的管理团队,简单地讲有这么几位。"[1]

然而,让赵尧自以为傲的明星团队却没有得到马云的赞同,相反,马云忧虑地点评说:"你的整个成熟度,以及项目的可行性,刚才吴鹰也都讲过,我挺认同,我就讲一些我可能担心的事儿。第一,你最骄傲的是你的团队,你的团队恰恰是我最担心的,创业时期千万不要找明星团队,千万不要找已经成功过的人跟你一起创业。在创业时期要寻找这些梦之队:没有成功,渴望成功,平凡、团结、有共同理想的人。这是看了很多人的创业过程我才总结出来的。等到你一定程度以后,再请进一些优秀的人才,对投资、对整个未来市场开拓才有好的结果,尤其是 35 岁到 40 岁,已经成功过的人,他已经有钱了,他成功过,一起创业非常艰难。所以我给你提出逐步引进,创业要找最适合的人,不要找最好的人。"

老实说,马云对赵尧的告诫还是意味深长的。在阿里巴巴做强做大的过程中,马云也犯过类似的错误。

在这个过程中,马云强调"MBA 团队凶猛"的理念。但是,要做到真正的凶猛,马云也走了一些弯路。经历过 MBA 团队的教训后,马云非常强调团队的战斗力。他认为,互联网是 4×100 米接力赛,你再厉害,只能跑一棒,应该把机会给年轻人。为此,马云设计了每半年一次评估的策略。[2]

为此,马云说:"评估下来,虽然你的工作很努力,也很出色,但你就是

---

[1] 《赢在中国》项目组. 马云点评创业 [M]. 北京:中国民主法制出版社,2007.
[2] 金错刀. 马云管理日志 [M]. 北京:中信出版社,2009.

最后一个，非常对不起，你就得离开。在两个人和两百人之间，我只能选择对两个人残酷。"

绝对不要迷信 MBA 团队

对于任何一个企业老板而言，必须关注 MBA 团队的风险防范，特别是那些迷信 MBA 团队的企业老板更是如此。

然而遗憾的是，中国诸多初创企业往往不重视对 MBA 团队的风险防范，甚至企业老板都不清楚，在任何一个企业的人力资源管理中都存在着诸多风险。如果企业老板在人力资源决策时稍有不慎，就有可能给企业带来不必要的损失，甚至灾难性的后果。

这绝对不是耸人听闻。为此，马云在多种场合告诫企业老板："不要迷信 MBA 团队。"马云在接受《中国食品报·冷冻产业周刊》采访时就谈过这个问题，马云说："我曾经认为，如果你能拿到 MBA，则意味着你一定是个很优秀的人才。但在他们只会不停地跟你谈策略，谈计划。记得曾有个营销副总裁跟我说：'马云，这是下一年度营销的预算。'我一看：'天啊！要 1200 万美元？我仅有 500 万美元。'他却回答我说：'我做的计划从不低于 1000 万美元！'"[①]

马云的这番言论说到了点子上，这也是为什么马云要"把 80% 的 MBA 开除了"。在 MBA 团队建设上，马云坦言："要么送回去继续学习，要么到别的公司去。我告诉他们应先学会做人，什么时候你忘了书本上的东西再回来吧。如果你认为你是 MBA 就可以管理人，就可以说三道四，那就错了。所有的 MBA 进入我们公司以后先从销售做起，六个月之后还能活下来，我们团队就欢迎你。"

马云的做法跟中国目前很多企业家的做法迥然不同，甚至有些相悖。在一些企业中，为了引进 MBA 人才，或者引进明星团队，企业老板不惜巨资。在这些企业老板的意识中，明星团队就意味着渠道、人脉和品牌效应。殊不知，花费巨资引进的明星团队可能不会创造所期望的价值，甚至会给初创企业带来灭顶之灾。

研究发现，马云慎用明星团队或者 MBA 团队，主要是源于马云在阿里巴巴经营中吃过 MBA 团队的亏，这个教训让马云对 MBA 团队较为慎重。

之后，马云甚至向商学院发飙称："三年来，我的企业用了很多的 MBA，

---

① 马云. 马云：不要迷信 MBA[N]. 中国食品报·冷冻产业周刊，2010-04-05.

包括从哈佛、斯坦福等学校,还有国内的很多大学毕业的,95%都不是很好。"

马云为此对MBA做了一个非常形象的比喻:可能是拖拉机里装了波音747的引擎,把拖拉机拆了还跑不起来。①

马云说:"我希望调整MBA自己的期望值,MBA自认为是精英,精英在一起干不了什么事情。我跟MBA坐在一起,他们能用一年的时间讨论谁当CEO,而不是谁去做事。"

2001年,作为阿里巴巴"船长"的马云把自己的四个同事送到哈佛大学商学院、沃顿商学院念MBA。临行前,马云对四个同事说:"你回来时告诉我忘了MBA教的一切,你毕业了;如果还是条条框框,你没有毕业,继续回去学。MBA学了两年以后,还要起码花半年时间去忘掉MBA学习的东西,那才真正成功了。"

马云敢于发表此番言论自然有马云的道理。为此,马云还曾在美国哈佛商学院、麻省理工学院提醒美国MBA:"进MBA入门学什么?我觉得,全世界各地的MBA教了很多技能性的东西。但是,做事首先是做人,应该从做人的道理学起。"

为此,马云坦言,那些新到公司的商学院毕业的MBA人才,总是有怀才不遇之感,似乎总有满肚子的不满,"基本的礼节、专业精神、敬业精神都很糟糕,一来好像就是我来管你们了,我要当经理人了,好像把以前的企业家、小企业家都要给推翻了。这是一个大问题。进商学院首先是学什么?作为一个企业家,小企业家成功靠精明,中企业家成功靠管理,大企业家成功靠做人。因此,商业教育培养MBA,首先要过的是做人关。"

马云称:"教授总是认为自己是最好的,但是我觉得商学院的客户是谁?是我们的这些企业、这些用人单位,企业的声音要听。"

马云还说:"MBA毕业以前做什么?是调整期望值。这些人出来以后眼睛都很高,念了MBA,该有一些人让我管管了。我认为,MBA学了两年以后,还要起码花半年时间去忘掉MBA学的东西,那才真正成功了。"

---

① 《时代商报》编辑部. 马云"退而不休"[N]. 时代商报,2013-01-17.

第四十三章

把飞机引擎装在拖拉机上：盲目引进世界500强企业的职业经理人

> 就好比把飞机的引擎装在了拖拉机上，最终还是飞不起来一样，我们在初期确实犯了这样的错。那些职业经理人管理水平确实很高，但是不合适。
>
> ——阿里巴巴创始人　马云

适合岗位的人就是人才

在初创企业的发展道路上，很多企业老板都愿意把飞机的引擎装在拖拉机上，使得创业企业快速前行。然而这样做不仅不能前进，还有可能倒退。

在这方面，马云也犯过同样的错误。例如，阿里巴巴在创业早期请过很多"高手"，甚至还有一些来自500强大企业的管理人员加盟阿里巴巴，结果却是"水土不服"。

对于500强大企业管理人员"水土不服"的原因，马云形象地比喻说："就好比把飞机的引擎装在了拖拉机上，最终还是飞不起来一样，我们在初期确实犯了这样的错。那些职业经理人管理水平确实很高，但是不合适。"

马云坦言："其实大家看到这句话后肯定就知道我要说的意思了。很简单，把飞机引擎装在拖拉机上是浪费的，很大的浪费，装上以后拖拉机的性能不见得就比原来好，我觉得经过这样处理的拖拉机可能连启动都无法完成了。在人才的选用上也是同样的道理，假如你是一家很小的企业，你非要把世界一流的人才请过来，这样的人才不一定适合你的企业，你的企业也不一定有能力提供他施展才华的舞台。如果这个人觉得在你的企业不愉快的话，他可以马上跳槽，因为世界一流的企业需要一流的人才。什么才叫人才？在适当时候最适合这个岗位的人就是人才。MBA不一定就适合你这个企业，农民也不一定就不适合你这个企业，把人用对，让他在最适合的岗位上发挥最大的能量就OK了，这就算我们用人用对了。"

马云还说:"前些天,我组织公司的一些高层看《历史的长空》。这是一部很好的电视剧,讲述了一个农民如何逐步成长为将军的故事。主人公姜大牙一开始几乎是个土匪,但是通过不断学习、实践,不仅学会了游击战、大规模作战、机械化作战,而且还融入了自己的创新,最终成为一个百战百胜的将军。与众多的中小企业一样,阿里巴巴也希望员工像姜大牙一样,不断改造,不断学习,还要不断创新,这样企业才能持续成长。"

在变革的时代,在面临转型的中国,马云告诫企业老板,如果初创企业不能适时地应对时代的发展和消费者的个性化需求变化,如果不能不断创新出适销对路的产品,那么对于创业者而言,要做百年企业的想法简直就是痴心妄想。

针对这个问题,马云总结说:"造就一个优秀的企业,并不是要打败所有的对手,而是形成自身独特的竞争力优势,建立自己的团队、机制、文化。我可能再干5年、10年,但最终肯定要离开。离开之前,我会把阿里巴巴、淘宝独特的竞争优势、企业成长机制建立起来,到时候,有没有马云已并不重要。"

飞机引擎装在拖拉机上还是拖拉机

有些企业老板认为,只要把飞机引擎装在拖拉机上,拖拉机就变成了飞机。然而,马云却不这么认为。在马云办公室的墙上挂着一幅题字,内容是:"善用人才为大领袖要旨,此刘邦刘备之所以创大业也。愿马云兄常勉之"。这幅题字是武侠小说大师金庸的墨宝。马云说:"我挂在办公桌前面,这是给自己看的,挂在后面是给别人看的。天天看到这个,也是对自己的一种提醒。"[①]

1999年9月,经过创业团队的精心筹划,马云终于创办了阿里巴巴网站。阿里巴巴网站在刚刚成立时,马云对他的团队说:"从现在起,我们要做一件伟大的事,我们的B2B将为互联网服务模式带来一次革命!我们要在中国一个小城市创造一个世界一流的企业。我们要在五年内成为世界十强。你们现在可以出去找工作,可以一个月拿三五千元的工资,但是三年后你还要去为这样的收入找工作。虽然我们现在每个月只拿500元的工资,一旦我们的公司成功,就可以永远不为经济而担心了。"

---

① 《解放日报》编辑部. 马云商道真经:别把飞机引擎装在拖拉机上 [N]. 解放日报,2008-09-09.

在马云的战略中，阿里巴巴要为中小企业提供一个敲开财富之门的平台。当然，马云的战略得到了高盛的认可。1999年10月，由高盛牵头的战略投资给阿里巴巴提供了500万美元风险资金。

得到资金的马云做出了一个大胆的决定，从中国香港特别行政区和美国等世界500强企业引进大量的外部人才。

马云在公开场合宣称："创业人员只能够担任连长及以下的职位，团长级以上全部由MBA担任。"

在这次人才引进中，阿里巴巴引进了不少人才。据说在第一波大规模人才引进中，阿里巴巴12个人的高管团队成员中除了马云自己，全部来自海外。[①]

在之后的几年时间里，阿里巴巴聘用了更多的MBA人才。这些MBA人才的毕业院校包括哈佛、斯坦福等世界著名大学商学院，也包括国内知名大学商学院，但是由于"水土不服"等原因，马云还是壮士断腕，把这些斥巨资引进的MBA人才辞退了95%。

可能读者会问，马云葫芦里到底卖的什么药呢？其实道理很简单，对于创业企业而言，"适用"的人就是人才。

马云对那些被辞退的MBA人才的评价是："基本的礼节、专业精神、敬业精神都很糟糕。"在这些MBA人才的意识中，被阿里巴巴引进，就是专门负责管人的，甚至这些MBA人才加盟阿里巴巴后就要把阿里巴巴所有的东西都给推翻。

马云从来没有否定过那些职业经理人的管理水平，这些MBA人才的水平就如同飞机引擎一样，但问题在于，如此高性能的引擎适合阿里巴巴这台拖拉机吗？

为此，马云总结出一个关于人才使用的理论："只有适合企业需要的人才是真正的人才。"尽管这些MBA人才的管理水平很高，但是不适合阿里巴巴。

马云忠告创业者，"适用"的人就是人才。然而，在很多企业老板的意识中，只有高学历、高职称的人才能算是人才，否则即使有通天的本领，没有一纸文凭或职称，也不能称其为人才。但是，西方却有这样一句名言："垃圾是放错位置的财富。"是不是人才，关键是看把他放在什么位置上，只要他在这个位置上能够做好，做出成绩来，他就是人才；如果不行，即使顶着再多的桂冠，他也不是人才。[②]

[①②]《解放日报》编辑部.马云商道真经：别把飞机引擎装在拖拉机上[N].解放日报，2008-09-09.

第十篇 老板总是对的

谁来呼唤炮火,应该让听得见炮声的人来决策。而现在我们恰好是反过来的。机关不了解前线,但拥有太多的权力与资源,为了控制运营的风险,自然而然地设置了许多流程控制点,而且不愿意授权。过多的流程控制点,会降低运行效率,增加运作成本,滋生官僚主义及教条主义。

——华为创始人 任正非

第四十四章

老板总是对的：把责任尽可能推卸到员工身上

> 当他的部下犯了过错以后，他显出无能为力，他就应当承认自己是一个失败的领导者。而他是个推卸责任的领导者，他就不能当一个领导者，因为他不具备一个领导者所具备的最基本的素质。
>
> ——联想集团创始人　柳传志

老板总是对的，其实就是帝王思想在作祟

笔者在给企业做内训时发现了一个奇怪的现象，在 A 公司的宣传板上是这样写的："第一条，老板总是对的；第二条，如有疑问，请参照第一条。"

在好奇心的驱使下，我问了该企业老板为什么要写这样的宣传语。该企业老板说，写这个的初衷是为了避免员工推卸责任，因为很多员工总是把责任推卸给老板。这样的话，老板就可以把责任推卸到员工身上了。

责任是关乎企业竞争力的一件大事。因此，任何一个企业的老板都应当担负更多的责任，而不应该把责任推卸给员工。

关于责任，彼得·德鲁克曾多次撰文谈过，不管是在《管理实践》一书中，还是在《管理：任务、责任、实践》一书中，都多次介绍了责任的重要性。

在《管理实践》一书中，彼得·德鲁克对责任、管理人员的责任、员工的责任以及企业的责任谈得很多。《管理：任务、责任、实践》一书则以其简洁而浓缩的书名道出了管理学的真谛。

从彼得·德鲁克的两本著作中可以看出，管理就是管理任务、承担责任、勇于实践，而承担责任是管理的核心。

令人惊奇的是，当我们在《管理：任务、责任、实践》这本书中搜索"责任"这一词条时，发现该书有多达 36 处谈到"责任"，但竟然没有一处谈到管理是靠"权力"来维持。在彼得·德鲁克看来，权力和职权是两回事。

管理当局并没有权力，而只有责任，足见管理大师对责任的重视。

位于中关村的 L 公司，不仅有着便利的地理位置，而且销售的是国际知名品牌联想的 Thinkpad 笔记本电脑，生意异常火爆。

在很多时候，L 公司都是先送笔记本电脑，再快递发票。2012 年 4 月 11 日，该门市部门销售经理刘迪吩咐店员王晓燕打电话叫快递公司，送 20 台笔记本电脑的发票给 D 公司的财务部总监何启。

王晓燕和刘迪确认了 D 公司的具体地址，及 D 公司财务部总监何启的姓名后，就打电话叫快递员过来取快件。5 分钟后，给 D 公司财务部总监何启快递发票的事情就处理完了。

然而，两天后，D 公司财务部总监何启打电话给刘迪说，他没收到 20 台笔记本电脑的发票，并让刘迪查询一下快递公司。

刘迪放下电话，马上询问王晓燕是否快递了 20 台笔记本电脑的发票。王晓燕说明发票已经按照刘迪确认的地址寄出，并拿出快递回执单证明。

刘迪对照了快递回执单和自己给出的地址之后，马上意识到是自己把地址搞错了。但是刘迪却说："小王，你一个女孩子，交给你的工作一点也不细心，真够马虎的，地址错了怎么不告诉我？"

王晓燕不知所措地回答道："邮寄之前我跟您确认过地址，当时您说肯定是正确的。"

"推卸责任，狡辩！小王，你这样做是不行的！"刘迪马上批评王晓燕道。

王晓燕知道，无论自己如何解释也没有用，只好委屈地说："刘经理，我知道'错'了，今后一定改正。"

"这就对了，小王，工作就应该像你这样，要勇于承担责任。"刘迪得意地说。

通过上述情景案例，我们看到 L 公司门市部门销售经理刘迪在推脱责任，没有丝毫承担责任的勇气。更加荒唐的是，门市销售经理自己做错了事情，居然还训斥并教导自己的属下要"勇于承担责任"。

刘迪的做法在中国企业中还是相当普遍的，似乎企业老板就不应该担负起自己做错事的责任。这样的思维是要不得的。可以说，这样的企业老板是极其不负责任的，也是不具备领导资格的。

在"传统企业到底该如何转型"的培训课上，经常见到刘迪式的企业老板。他们不仅将责任推卸给员工，而且将责任推卸给合作者。

这样的现象必须引起中国企业老板们的高度重视。从长期来看，如果企业老板没有担当，不敢承担相应的责任，那么员工也会效仿企业老板这种拒绝承担责任的行为。

这样就直接促使企业形成一种"谁都不承担责任"的企业文化，从而使企业所有人员都对企业不负责任，都把责任推卸给其他人。因此，当企业所有人员都不负责任时，企业是不可能真正为顾客着想的，因而也就不可能生产出顾客真正需要的产品，最终会被市场抛弃。

对于任何人，责任都必须止于此

在"传统企业到底该如何转型"的培训课上，一个企业的高级主管说："把公司的资产全部拿走，只要把所有人员留下，五年之内我就能使一切恢复旧观。"

从这个高级主管的话中不难看出，任何企业的成功绝不是偶然的，它主要建立在责任的基础之上。

同样，在彼得·德鲁克看来，管理其实就是管理人员的责任、员工的责任和企业的责任，没有什么捷径可言。

其实，在所有的企业中，公司的高效率都源于管理，而又止于管理。对此，美国第33任总统哈里·S.杜鲁门（Harry S. Truman）曾经在椭圆办公室挂了一个牌子："责任止于此处。"可以说，任何一位企业老板都应该记住杜鲁门的这句座右铭。

研究发现，像杰克·韦尔奇那样伟大的企业老板在管理员工时，往往不会使用公司给他的权力，而通常只使用责任。

可能读者会问，什么样的企业老板才会主动地承担责任，而不是把责任推卸给员工及其合作者呢？答案是优秀的企业老板。

通常，优秀的企业老板具有以下九种品质：

（1）敢于承担全部的责任。在实际的经营中，无论企业老板的权限范围有多大，企业老板都应该在自己的权限范围内承担起相应的、最大的领导责任。如果该企业老板把责任推卸给员工，那么他就不能胜任领导者的岗位，因为他不具备一个企业老板应具备的最基本的素质。

（2）关心员工，尽可能帮其解决所遇到的难题。伟大的企业家大多富有同情心，要尽可能地帮助员工解决在工作中遇到的问题，如工作条件、工作环境、同事之间的矛盾等。

（3）良好的感召力。对于任何一个企业老板而言，仅仅具备领导者的专业素质是远远不够的，还必须具备感召力。在实际的企业竞争中，企业老板应像是企业的一面旗帜，员工一看到企业老板就充满很强的战斗力。

（4）卓越的领导特质。是否拥有卓越的领导特质将决定企业老板是否能

第四十五章

员工是螺丝钉：我雇用了他，放到哪里我说了算

> 每天我去参加会议，总有人在言谈中有意无意流露出"员工就是螺丝钉"的想法。
>
> ——《哈佛商业评论》前记者 妮洛弗·麦钱特

员工就是螺丝钉，哪里需要在哪里

中外企业老板们经常会犯同样一个错误，那就是把员工当作螺丝钉。妮洛弗·麦钱特（Nilofer Merchant）就撰文指出这个问题。妮洛弗·麦钱特坦言："每天我去参加会议，总有人在言谈中有意无意流露出'员工就是螺丝钉'的想法。"妮洛弗·麦钱特举例说，在CEO圆桌会议上曾听到有的同行这样说："我打算招三个业务员，使人均创造的年收入达到34.5万美元。"

在调动员工积极性方面，妮洛弗·麦钱特曾写过一本书，建议公司关注"人"的因素，以此弥合执行差距。该书出版后，几家大型公司的CEO友好地把妮洛弗·麦钱特拉到一旁，说妮洛弗·麦钱特此举过于冒失。尽管媒体就"软性"因素的重要性刊登过无数的学术论文和最佳实践案例，但大多数公司仍将员工视为生产线上的投入要素。曾经有领导人问妮洛弗·麦钱特，这种"员工参与"是否可以在核心业务完成之后再添加进去，就像在纸杯蛋糕上加糖霜一样。[①]

这对于一直研究员工积极性问题的妮洛弗·麦钱特来说简直不敢相信。在妮洛弗·麦钱特看来，我们的经济已不再以生产物品为主。在这样的背景下，我们在谈起员工时，如果还把他们当成一颗颗可更换的一次性螺丝钉，则是没有任何意义的。[②]

---

①② [美]妮洛弗·麦钱特.别把员工当螺丝钉[EB/OL]. http://www.ebusinessreview.cn/articledetail-101037.html，2018.

够成功领导员工。因此，企业老板不断地运用他的特质来影响员工，就成为打造伟大领导力的必备条件。

（5）明辨是非。作为企业老板，应该明辨是非，去伪存真。如果企业老板难以辨明是非，则不仅得不到员工的拥护和尊敬，而且会阻碍企业的发展。

（6）很强的自控力。通常，优秀的企业家都具有很强的自控能力。试想一下，一个自我控制能力不强的企业老板，在实际的管理中，肯定没有员工听从他的指挥。

（7）合作意识。优秀的企业家都具有很强的合作意识，而且善于运用合作原则激发团队的力量。

（8）熟悉管理中的细节。在实际的管理中，一个称职的企业老板往往都熟悉企业管理中的各个细小环节。

（9）做事有计划性。通常，优秀企业家会对他做的每件事都做一个周详的计划，并按照计划行事。

妮洛弗·麦钱特击中了目前很多企业老板的要害。事实上，这个问题在中国也同样严重，有的企业老板总是抱有"我雇用了他，放到哪里我说了算"的态度，导致核心人才的不满，甚至造成企业倒闭。

2000年初，李大志被深圳市克林电子有限公司挖去做副总兼营销总监，主要负责营销事务。

李大志，贵州省遵义人，毕业于贵州大学中文系，1993年辞去公职南下深圳谋求发展，在去深圳市克林电子有限公司之前为圣达公司华北区销售经理。

李大志走马上任后，竟然发现克林电子公司生产的产品是仿冒外国的一个同类产品，主要的销售模式是依靠低廉的价格。

面对这样的产品，李大志主动与总裁刘国栋沟通。然而，出乎李大志意料的是，在克林电子公司，不仅李大志与总裁刘国栋之间存在沟通障碍，或者说根本无法沟通，甚至每个高层经理与总裁刘国栋都沟通不畅。

当然，这都源于总裁刘国栋的刚愎自用，独断专行，没有给过李大志等人沟通的机会。

半年后，在克林电子公司召开的营销工作会议上，总裁刘国栋认为，召开营销工作会议只是讨论一些技术性问题。

然而，李大志觉得，召开营销工作会议只讨论一些技术性问题永远不够。因为克林电子公司出现的很多问题已经不是这些技术性问题本身了，很多技术性问题是由克林电子公司的战略决策所限定的。

让李大志没有想到的是，克林电子公司目前的很多重大战略决策都存在着方向性错误。面对这样的历史性遗留问题，李大志认为，如果重大战略决策的方向性错误得不到纠正，则讨论再多的细节问题也毫无实质性益处。

经过几个月的周密调研，李大志根据自己的调研结果，拿出了要对公司重大的方向性问题进行修改的方案。

当刘国栋拿到这份方案后，非常生气地说："我们克林电子公司需要的只是战术型人才，不是通盘考虑的战略型人才。在克林电子公司，全局战略性问题由我决定就可以了。"

刘国栋说完之后，气冲冲地离开了会议室。

从那以后，为了说服刘国栋，李大志经过大量的研究，特别是针对市场策划、市场开拓、产品价格及产品设计提出了自己的想法，并把这些创意汇报给刘国栋。然而，刘国栋对李大志的销售方案不屑一顾，甚至推托有事情以后再谈，要么就干脆否定李大志的营销策划方案。

在克林电子公司，岗位职责得到了细化，在"营销总监岗位职责"中非常清楚地规定了营销总监的工作范围与职权："一、制定公司的营销战略；二、制定公司的营销政策；三、制定新的营销模式；四、制订公司的广告投放计划；五、制定新产品的宣传策略；六、负责市场部内部人员工作安排；七、制订市场开拓及维护计划，并组织执行。……"

尽管"营销总监岗位职责"罗列得非常详细，但是在实际工作中，李大志却无法行使营销总监的职权。

当李大志将一份《2000—2001年克林电子公司产品市场营销总体方案意见书》交给刘国栋之后，就再也没有收到回复。

2000年7月，李大志问刘国栋他写的那份意见书需要哪些修改时，刘国栋却说："克林电子公司有关产品营销总体战略、营销模式设定及市场总体开发计划的重大事宜不是你这位营销总监考虑的。这些大的营销战略都是由我来统一制定。你这位营销总监的职责只是执行这些营销战略。记住，你这位营销总监的任务只有一个——按照克林电子公司统一的营销策略提高销售额。"

李大志问刘国栋："刘总，既然您认为我还是营销总监，可以给您提几个营销战略的建议吗？"

刘国栋说："那是当然的，我非常欢迎。"

李大志又问："刘总，我的那份报告就算一份建议书，为什么交上来之后一个月还没有答复呢？"

刘国栋说："你报告中的内容不符合克林电子公司的实际销售情况。"

李大志又问："哪些内容不符合呢？"

刘国栋说："这个方案应该是由总经理做，不是你分内的工作，所以不必那么麻烦。"

李大志拿出公司的"营销总监岗位职责"给刘国栋边看边说："这上面写得非常清楚，这些工作都是我这个市场总监分内的工作。"

刘国栋说："不要那么教条和死板，制度是死的，人是活的，不能什么事情都那么僵化。"

李大志听后只觉得无言以对。

2006年4月，笔者去深圳给一个企业做内训，再次见到了李大志。李大志现在在一个大型企业做销售总监，他说，克林电子公司已经死掉快三年了，死因就是刘国栋一人独裁，听不进高层干部的建议，以至于公司的产品没有市场，大部分压在库房，从而使资金链断裂，最终崩盘。

上述案例中，营销总监李大志可以说是一个称职的职业经理人。尽管李大志在工作中兢兢业业，但是却因为刘国栋这样的老板，使得自己的业绩黯然无光。

当然，正是刘国栋的刚愎自用，独断专行，以及"把员工当作螺丝钉"的态度，为克林电子公司的倒闭埋下了祸根。

把员工当作个人，而不是机器中的螺丝钉

2008年，百事食品（中国）有限公司再次获得中国杰出雇主（2008年上海地区）荣誉称号。时任百事食品（中国）有限公司人力资源副总裁的徐敬慧对杰出雇主有着清晰的理解：首先，要有非常强的价值观体系；其次，要有持续性；最后，在市场上要有区别性。

徐敬慧坦言："我们会专门研究'80后'，首先了解他们想要什么，如更快的发展和不错的收入、工作和生活的和谐、职业发展的想法等；其次公司能够提供什么，如重视多元化，强调公益精神、团队精神等。"

在徐敬慧看来，人才是支撑企业发展的根本动力。徐敬慧说："他们是作为个人，而不是机器中的螺丝钉。"

然而，当我们研究中国企业时发现，在中国大多数中小企业中，最滞后和落伍的不是厂房、设备、技术和营销模式，而是中小企业老板的用人观，即"我雇用了他，放到哪里我说了算"。这就大大地降低了核心人才的积极性和主动性。在上述案例中，刘国栋只不过是中国千万家企业中一个非常具有典型性的案例。

在"传统企业到底该如何转型"的培训课上，笔者发现很多家族企业老板往往刚愎自用，独断专行，从来都听不得企业员工的不同意见，哪怕是一点反对意见也不行，而且很多家族企业老板从来不考虑员工意见的可行性。

一些家族企业老板抱怨说："周老师，现在的高级管理人员就是不听话，非得要弄出一个××管理体系，还要参与什么企业战略决策。在私下我跟这些高级管理人员说：'兄弟，咱们企业就这么大，你按照我的战略执行就行了，至于其他的，你就不用那么操心了。'而这些高级管理人才说：'老王，不是我不执行您的战略决策，是您的战略决策有问题。'"

其实，类似这样的抱怨还有很多。在一次关于"中外家族企业成功之道"的公开课上，一家大型民营企业的老板非常纳闷地问笔者："周老师，你说要票子我给票子，要房子我给房子，要车子我给车子，就差要老婆把老婆给

他了。凭良心说我真的待他们不薄，可为啥他们就是不领我的情，还是要辞职呢？"

笔者曾见过那位民营企业老板所说的那个辞职的员工——王正坤，这是一位毕业于北京某大学的高材生，在企业里摸爬滚打了十几年，具有丰富的管理经验。谈及离开那家民营企业的原因，王正坤深深地叹道："其实老板待我也不错，但是我离开绝对不是因为这些，在那里我总是觉得很空虚、很压抑……"

笔者将那个民营企业老板的话转达给他之后，王正坤说出了自己的心里话："其实现在金钱对于我来说没有绝对的诱惑力，我只想干出一番业绩，证实我的能力，而在那里我总是不能全力施展自己的才能。"

上述案例中的问题反映出一个非常值得反思的现象。很多家族企业老板从不愿意招聘高级人才，从某种程度上说，他们更热衷于招兵。家族企业老板往往把他们定义为一线执行人才，而高级人才加盟了家族企业，必定要分享家族企业老板的一部分决策权。

据很多家族企业老板说，听话的高级人才没本事，有本事的高级人才不听话。随着高级人才的加盟，家族企业业绩蒸蒸日上后，不管是外界的合作者、媒体还是内部的员工，都会自觉不自觉地把目光投射到高级人才身上，这就使得家族企业老板本人黯然失色。这是一部分家族企业总是留不住高级人才的根本原因所在。

当然，要想改变这种现状，企业老板就必须摒弃在用人时坚持的错误观念，如"员工是螺丝钉""我雇用了他，放到哪里我说了算"，否则是根本不可能有任何改变的。

可能读者会问，既然这种错误观念的危害如此之大，那么作为企业老板该如何避免呢？方法有如下三个：

（1）善于授权。在授权给核心人才时，企业老板不能越权指挥，也不能在授权范围内指手画脚。

（2）监控风险。在授权给核心人才时，必须监控风险，不能授权之后就放手不管。一旦风险加大，企业老板就要善意提醒核心人才，以确保风险在可控范围之内。

（3）责权明晰。在授权时，责权一定要非常明晰。当核心人才没有完成任务时，可以依据授权时的责权来进行惩处。

第四十六章

心理契约的空中楼阁：给员工的承诺都是镜花水月

> 和谐的员工关系对于企业来讲就像是润滑剂对机器一样，平时可能感觉不到在起润滑作用，一旦缺乏，企业庞大的机器就无法正常运转。员工关系管理的问题最终是人的问题，主要是管理者的问题。在员工关系管理中，管理者应是企业利益的代表者，是群体最终的责任者，也应是员工发展的培养者。在员工关系管理中，每一位管理者能否把握好自身的管理角色，实现自我定位、自我约束、自我实现乃至自我超越，关系到员工关系管理的和谐程度，更关系到一个企业的成败。
>
> ——北京正略钧策管理顾问有限公司顾问　林彬

空头承诺可能激化员工和企业的矛盾

在很多中小企业中，由于制度不够完善，当某些员工做出业绩时，企业老板一般会口头承诺许多奖励，如员工加薪、晋升等，但却始终都不兑现，结果招致所有员工的不满，最终使企业元气大伤。在"中国家族企业为什么做不大"的培训课上，C学员讲述了自己创业前的一段经历：

我从大学毕业后，由于性格比较文静、内向，加上偏向于做稳定的工作，于是应聘到A公司做文员。在面试时，我与A公司老板石总谈好大概的工作内容和薪酬待遇。尽管在试用期的月工资只有1100多元，但是老板承诺，只要过了试用期，转正之后月薪就是2300元。

当我终于过了试用期，兴冲冲地拿着表格到老板办公室申请转正时，老板却当场指出我在工作中的很多问题。

当谈话结束时，老板说："原先2300元工资的承诺是给特别优秀的员工，但从试用期来看，你的能力只能算是合格，所以只能给1600元工资。"

在我看来，老板当初承诺的2300元的月工资没有兑现，比承诺时少了700元。我为此非常不高兴。

没过多久，老板的承诺又没兑现。一个星期前，老板让我准备 ISO（国际标准化）的资料，让我做 ISO 评估的负责人。但是在 ISO 培训时，老板却没让我参加。

为此，我跟老板大吵了一架，辞职创业了。当我辞职创业后，A 公司近一半的员工加盟了我们新公司，结果 A 公司元气大伤，如今进入了破产边缘。

在本案例中，A 公司老板两次口头承诺，到后来却都没有兑现，以至于 C 学员辞职创业，结果一呼百应，使得 A 公司老板众叛亲离，最终 A 公司陷入岌岌可危的境地。

W 连锁集团经过短短 10 多年的发展，已经从原来的一家小型连锁店发展成为某地区一家知名的家电连锁企业。

W 连锁集团管理层踌躇满志，希望把握住中国家电业良好的发展机会，争做家电连锁企业的领先者。

然而，在 W 连锁集团北京海淀店，发生了多名骨干店员集体跳槽事件，让店长李文华如坐针毡。

李文华直接的压力是，随着更多的竞争者加入，家电连锁投资浪潮一浪高过一浪，一方面是新开的门店如雨后春笋般出现，另一方面是原有的家电连锁企业纷纷扩建。这些新开的门店为了吸引人才，纷纷高薪招聘有经验的店员。让李文华不可接受的是，竞争对手还采取挖墙脚的方法来获取企业所需的人才。

很多有经验的店员禁不住外部高薪的诱惑，纷纷跳槽了。在 W 连锁集团北京海淀店，仅一季度离职的骨干店员就达到十几人。

刚开始，W 连锁集团北京海淀店店长李文华比较理性，他认为，在 200 多人的门店离职十几个店员也算正常，对该店的经营不会有什么大的影响。

让李文华没有想到的是，该店跳槽风波愈演愈烈。在一周之内，该店两名非常出色的业务主管被竞争对手挖走了，更为严重的是，两名业务主管还陆续带走了一些有经验的店员。

李文华得知这一情况后，主动应对辞职危机事件，立即通知所有员工及领导班子开会，并责令人力资源部尽快采取有效措施，改变当前店员流失的被动局面。

该店人力资源部经过一番调查和研究之后，向李文华递交了一个建议书，建议把该店已经跳槽店员的家人和亲戚从本店全部开除，以防止店员流失事态的加剧。

李文华觉得该建议可以有效阻止店员流失，于是批准了人力资源部的建议。在随后的一周内，"大清洗运动"开始了，该店数十名店员因为与跳槽店员有亲属或者朋友关系而被 W 连锁集团北京海淀店单方面解除了劳动合同。

尽管辞退了一大批店员，但是事情却变得更加复杂了。被辞退的店员一方面向 W 连锁集团总部申诉，另一方面向北京市海淀区劳动主管部门上诉，要求维护自己的工作权利。

北京市海淀区劳动主管部门经过调查之后，认定 W 连锁集团北京海淀店这样的"株连政策"是严重的侵权行为，责令 W 连锁集团北京海淀店尽快恢复这些店员的劳动关系。

然而，让李文华没有想到的是，北京某报头版头条刊登了声援被无辜解雇的店员的新闻，而且发表评论文章谴责 W 连锁集团北京海淀店。

W 连锁集团北京海淀店的"跳槽风波"迅速上升为该公司的重大危机事件。在种种压力下，W 连锁集团总经理责令店长撤销已经发布的"株连政策"，并尽快恢复那些被辞退店员的劳动关系，而且花了很大力气做劳动主管部门和媒体的工作。但是，经过"株连政策"之后，越来越多的店员辞职了。

上述案例警示每一个企业老板，留住核心员工、吸引核心员工不能靠野蛮式的"株连政策"，而必须建立在改善员工关系的基础之上，或者给核心员工提供可以实现自我价值的平台，使得即使竞争对手高薪挖角，自己的员工也不愿意被挖。因此，对于企业老板而言，必须知道员工关系管理是企业人力资源管理的重要组成部分。

许多中国企业老板常常忽略员工关系管理

在这里，要提醒企业老板的是，员工关系管理一般很难细化，不像人力资源管理工作中的招聘、培训、绩效、薪酬等可以量化。但是，员工关系管理贯穿于企业人力资源管理的各项工作中。

在实际的企业管理中，许多中国企业老板常常忽略员工关系管理，主要源于：一方面，企业老板缺乏员工关系管理意识，认为员工关系管理不重要；另一方面，在实际管理中，员工关系管理仅仅作为一种领导艺术，没有得到中国企业老板的重视，即员工关系管理还没有成为许多中国企业老板日常的管理工作。

可能有读者会问，什么是员工关系管理呢？MBA 智库百科的定义是："从广义上讲，员工关系管理是在企业人力资源体系中，各级管理人员和人力资源职能管理人员，通过拟订和实施各项人力资源政策和管理行为，以及其他的管理沟通手段调节企业和员工、员工与员工之间的相互联系和影响，从而实现组织的目标并确保为员工、社会增值。从狭义上讲，员工关系管理就是企业和员工的沟通管理，这种沟通更多采用柔性的、激励性的、非强制的手段，从而提高员工满意度，支持组织其他管理目标的实现。其主要职责是：协调员工与管理者、员工与员工之间的关系，引导建立积极向上的工作环境。"

从员工关系管理的定义不难看出，对于任何一个企业来说，员工关系对于企业的生存和发展有着举足轻重的作用，企业老板重视员工关系管理将是企业做强做大的重要条件。因此，对外实行客户关系管理，对内实行员工关系管理就成为必然。

实践证明，如果企业老板重视员工关系管理，那么企业员工的责任心就较强，岗位效率也很高，其工作成果就较大，各项任务完成得就比较好；反之，如果企业老板对员工关系管理不重视，那么员工责任心就较差，各项工作就上不去，企业目标也就难以实现。那么，对于企业老板来说，如何才能有效地改善员工关系管理呢？方法有以下四个（见表46-1）。

表46-1　改善员工关系管理的四个方法

方法	具体内容
强化员工关系管理的意识	在企业经营中，员工是维持企业生存和发展的重要保障。企业的一切目标、利益、计划、政策、措施等都必须通过发挥员工的工作技能才能实现。可以说，离开员工就失去了企业存在的基础。企业老板只有将员工关系作为最重要的关系来对待，才能发挥员工的潜能
让员工认同企业的愿景	在任何一个企业中，所有利益相关者的利益都是通过企业共同愿景的实现来达成的。在员工关系管理中，企业老板应尽可能地让员工认同企业的愿景。企业往往都是通过确立共同愿景来整合企业所有的资源，最终实现个体的目标。如果员工不认同企业的共同愿景，那么就没有利益相关的前提
制定科学有效的激励机制	员工关系管理的最终目的是激发员工的工作积极性。一般地，企业老板往往采用科学有效的激励机制来激发员工的工作积极性，根据员工的工作能力、行为特征和绩效等各个方面进行公平的评价，然后给予员工相应的物质激励和精神激励
将员工的发展作为重要职责	企业老板是员工关系管理的重要推动者、倡导者、建设者和执行者。在进行员工关系管理时，应将员工的发展作为重要职责，营造宽松的工作氛围，努力完成团队的工作目标，创建良好的员工关系

第四十七章

工作错误零容忍：不能容忍员工犯任何一个错误

> 公司要宽容"歪瓜裂枣"的奇思异想，以前一说"歪瓜裂枣"，就把"裂"写成劣等的"劣"。我说你们搞错了，枣是"裂"的最甜，瓜是"歪"的最甜。他们虽然不被大家看好，但我们从战略眼光上看好这些人。今天我们重新看王国维、李鸿章，实际上他们就是历史上的"歪瓜裂枣"。我们要理解这些"歪瓜裂枣"，并支持他们，他们可能超前了时代，令人不可理解。你怎么知道他们就不是这个时代的梵高、这个时代的贝多芬、未来的谷歌？
>
> ——华为创始人　任正非

工作错误零容忍，禁锢员工创新思维

在日常管理工作中，企业老板对员工犯的错误必须正确评价，力戒失误。当员工犯错时，企业老板必须分析其犯错的原因，及其是否是影响企业生存与发展的重大问题，从而避免评价失误。

关于犯错误，雪落飘香在《史布克的忠告》一文中做了这样的论述："每个人在生活中总要犯错误。我们不怕犯错误，而是怕犯同样的错误。不容忍犯错误的人，往往成不了大的气候。因为总是有无形的东西在束缚着他，当他要突破重围或者有所创新时，总会有一个潜意识的念头在心里告诫他，不要犯错误，或者小心做错。这样，他再也无法放开手脚去大干一番了。这样的人没有冒险精神，也就缺乏开阔的眼界和思路。因为你没有丰富的经历，你就没有发言权，更没有决策权。所以，人重要的是在犯错误中学习和积累，犯错误是为了以后不犯错误。假如年轻的时候不犯错误，那么到以后犯的错误就是致命的、无法挽回的。作为领导、长者或者企业的负责人，要允许自己的下属犯错误，同时也给他们一定的自由让他们犯错误，然后他们才能成长起来，达到少犯错误和不犯错误的境地。到了这个地步，他就成熟了，也具备了丰富的经验和分析事物、判断事物的素质和能力，而这个时候也就可

以担当重任、独当一面了，从而也就不用你操心了。"

从以上论述不难看出，容忍员工的错误是一个优秀企业老板的重要素质。作为老板，要尽可能地容忍员工所犯的错误。因为在日常的管理中，老板常常遇到的问题是，工作能力越强的员工，犯错的机会就越多一些。

位于京郊的 P 印刷公司尽管规模不是很大，但是在总经理陈天剑的经营下，即使金融危机也没有能改变公司业绩蒸蒸日上的势头。

陈天剑上任的第一件事情，就是招聘能人。不管有无工作经验，只要能为 P 印刷公司贡献力量就行。

就这样，毕业于某印刷学院的郑天桥顺利地进入了 P 印刷公司。在 P 印刷公司，郑天桥从一线业务员做到了业务总监，不过这个阶段花去了郑天桥三年的时间，即从 2008 年大学毕业到 2011 年。

在 P 印刷公司的三年间，郑天桥在工作中一直兢兢业业，勤劳上进，每年的业绩都位列 P 印刷公司第一名。

当然，郑天桥也深受总经理陈天剑的赏识，成为 P 印刷公司其他业务人员学习的标杆。

然而，在 2011 年 11 月下旬的一天，郑天桥像往常一样从客户那里收回 P 印刷公司的货款时，却接到了父亲郑友朋的一个紧急求救电话。郑友朋在电话里说，郑天桥的母亲不幸得了癌症，现在是癌症早期，医生说急需手术。尽管已经变卖了家里的很多物资，但也不够手术费，让郑天桥能不能想点办法借钱医治他母亲的病。

郑天桥闻此消息，马上给总经理陈天剑打电话说借钱的事情，可是陈天剑的电话总是无人接听。5 分钟后，郑天桥决定从 P 印刷公司货款里先借一万元给母亲治病。

郑天桥十分清楚挪用公款是业务人员的大忌，更何况自己是业务总监，轻则退赔开除，重则绳之以法。

之后，郑天桥主动地走进了陈天剑的办公室，将剩余的货款和一张邮电局汇款收据摆在了陈天剑的办公桌上。

郑天桥和陈天剑足足谈了一个多小时，而陈天剑的表情始终是冷淡的。最后陈天剑说："你先休息一下，叫张助理通知业务部全体人员，20 分钟后召开紧急会议。"

在这次会议上，陈天剑宣布辞去郑天桥业务总监职位，业务总监的职位由原业务副总暂代。

两天后，得知此事的 U 印刷公司总经理周文儒以年薪 80 万元的高薪将郑天桥聘请过去，同时预付了 10 万元给郑天桥母亲治病。

2012 年 4 月，U 印刷公司的销售额增长了 600%，而 P 印刷公司的业绩却一落千丈。

在上述案例中，陈天剑犯下了一个不能容忍员工犯错的错误。作为业务总监的郑天桥，不仅业绩出色，而且在最短的时间内到陈天剑办公室说明情况，这至少说明郑天桥的职业操守还是非常强的。然而，陈天剑却不认为，还是按照公司制度处理了郑天桥。

然而，U 印刷公司总经理周文儒以年薪 80 万元的高薪将郑天桥聘请过去，同时预付 10 万元给郑天桥母亲治病。面对同一件事情，这两个企业老板的处理方式却有着天壤之别。

如前所述，员工犯错误非常难免，只要是情有可原，就没有必要深究不放。

尽可能地容忍员工所犯的错误

企业老板在领导员工奋斗时要处理好企业中的"双强"关系。这里的"双强"主要是指能力较强的企业老板和能力较强的员工。在中国企业中，很多企业老板，特别是企业创始人，他们的能力都非常强。

在这样的情况下，必须要求企业老板在增强自身领导魅力的同时，给予能力较强的员工以充分的发展空间，让其能力得到最大限度的发挥，使其自身价值得到最大限度的实现。这样，既有利于提升员工的工作积极性，又有利于培养公司急需的人才。

研究发现，一些企业老板通常会认为，如果不正视员工犯的错误，势必会滋生员工推卸责任的工作态度。但事实证明，如果企业老板过分地看重员工犯的错误，那么员工便会自觉或不自觉地犯下不可避免的错误。

可能读者会问，作为企业老板，当员工犯错时，应该如何处理呢？方法有以下几个（见表 47-1）。

表 47-1 处理犯错员工的四个方法

方法	具体内容
绝不批评动机良好而无心犯了错误的员工	如果员工动机良好而无心犯了错误，那么企业老板只需纠正犯错员工的工作方法就可以了；反之，如果员工恶意犯错，就必须从严处罚

续表

方法	具体内容
充分看到每个犯错员工的闪光点	发现犯错员工的长处其实是一个优秀企业老板的硬素质。在实际的管理中，企业老板必须充分看到每个犯错员工的闪光点，如犯错员工的特长、工作经验及优势。在进行重大决策时，要主动听取犯错员工的意见，依据有效的建议制定出符合企业自身发展要求的决策，从而调动他们的工作积极性
主动地放下架子	当员工犯错后，企业老板应主动地放下架子。有些企业老板往往爱摆架子，以为这样就可以管理犯错的员工了。其实不然，企业老板只有放下架子，以宽广的胸怀对待犯错的员工，做到小事不计较，大事能论理，才能有效地激发犯错员工的工作积极性
企业老板时时处处严格要求自己	在实际的员工管理中，特别是当员工犯错后，企业老板必须"身教重于言教"，处处模范带头，以身作则

摒弃传统的"成王败寇"管理模式

在今天的企业管理中，作为一名企业老板，如果依然还用"成王败寇"的思维模式来评价员工，那么员工永远都不能成功。因此，企业老板要尽可能宽容员工的失败，尽可能让那些员工从失败的阴影中走出来，特别是那些有创新意识的员工。

很多创新项目的风险往往比较高，如果员工创新成功了，企业老板当然应该奖励他；反之，如果员工创新失败了，那么企业老板应该尊重他、安慰他、鼓励他，绝对不能因为创新失败而嘲笑他、打击他、为难他。

身为企业老板，不要回避员工的失败，不要轻视任何一个失败者，而应该尊重员工的劳动成果。在员工失败时，企业老板应给予充分的肯定，并从失败中吸取教训。

可能读者会问，作为企业老板，应如何处理员工的失败呢？技巧有以下三个（见表47-2）。

表47-2 企业老板处理员工失败的三个技巧

技巧	具体内容
弄清楚责任所在，批评其责任人	在很多时候，一些项目是因为部门经理指导方法的错误而造成了失败，这就必须弄清楚责任所在，批评其相关责任人

续表

技巧	具体内容
原因尚不明确时，不能胡乱批评员工	虽然某些项目失败，但是原因尚不明确时，企业老板不能胡乱批评员工，否则，员工就没有勇气再尝试下去，就可能造成某些项目无果而终
员工没有责任，就不能批评员工	由于不可抗力的外在因素的影响，即使项目失败，企业老板也不能批评员工

员工工作失败，其原因是多种多样的，可能是员工工作不够努力，可能是员工经验不足，可能是由于某种客观条件不够成熟……在这些原因中，除了员工工作不够努力尚可指责外，其他的都不能简单地归罪于失败者。如果企业老板不分青红皂白，一听到或看到员工失败就肆意指责，那么员工肯定是不会心服的。

第四十八章

惯以成败论属下：企业老板进步了，团队和员工拖后腿

> 作为一个管理人员，你应该懂得，雇员个人的成功与失败是企业荣辱的组成部分。你们的任务是不断地充实集体的力量，而不是人为地制造分裂。
>
> ——新希望集团创始人 刘永好

"成王败寇"的思维模式过于僵化

在实际的管理中，很多企业老板往往把"成王败寇"作为评价员工工作完成与否的一个重要标准。在那些追求短期效率的企业中，企业老板这样的做法尤为显著。

然而，很多企业老板不知道，员工的成功与否与企业老板的领导方式、领导风格、领导魅力都有着非常紧密的联系。如果企业老板不称职，那么员工是很难取得优秀业绩的。

事实证明，一个企业老板之所以优秀，是因为企业老板摒弃了传统的管理模式，采用与时俱进的创新管理理念来指导企业，以自身的领导魅力来影响员工。当然，这样的企业老板往往也会非常坦然地接受员工的失败和挫折。

毫无疑问，业绩出色的员工往往容易受到企业老板的偏爱，而对那些曾经有过失败、过失记录的员工，企业老板或多或少会存在偏见。但是企业老板的这种用人观往往会导致业绩出色的员工和曾经有过失败、过失记录的员工之间的对立。

然而，对于任何一家企业而言，不可能做到永远不败，一个伟大的企业都曾经历过多次的失败，企业的员工也是如此。因此，企业老板容许员工失败是激发员工创造力的一个重要手段，也是企业老板的一种用人策略。

其实，员工在工作中的失败就如同生老病死一样不可避免，企业老板必须正确地、客观地看待和处理员工的失败，这不仅关乎员工创造力的激发，

更关乎企业未来的生存、发展和壮大。

三国时代，时局动荡加剧了战争的频发。蜀国对外与东吴联盟，对内改善和西南各族的关系，实行屯田，加强战备。蜀建兴五年（公元227年）三月，蜀丞相诸葛亮率领千军万马北驻汉中，准备北伐中原。

临出师前，诸葛亮向蜀帝刘禅上疏《出师表》，并开宗明义地指出："先帝创业未半而中道崩殂。今天下三分，益州疲弊，此诚危急存亡之秋也。"

诸葛亮还表明自己的心迹："受命以来，夙夜忧叹，恐托付不效，以伤先帝之明。"另外，诸葛亮认为"今南方已定，兵甲已足，当将率三军，北定中原"。

在这样的战略判断下，诸葛亮觉得统一中国的时候到了。于是放下狠话，扬言要从斜谷道经陕西郿县，直捣长安。然而遗憾的是，前后六次北伐中原，多以粮尽无功而返。

诸葛亮平定南中之后，经过两年准备，于公元227年带领大军驻守汉中。汉中接近魏、蜀的边界，可以随时找机会进攻魏国。而诸葛亮的整体部署是：命赵云、邓芝率领部分军队进据箕谷，虚张声势，做出攻打的样子，以图把魏军主力吸引过来。同时，诸葛亮亲自率领二十万主力大军北出祁山，以便先取陇右，最后夺取长安。

诸葛亮到了祁山后，决定派出一支人马去占领街亭，作为据点。当时诸葛亮身边有几个身经百战的老将，可是诸葛亮都没有用，单单看中参军马谡。

可能读者会问，诸葛亮为什么会重用马谡呢？其实，马谡是襄阳人，随刘备自荆州入蜀，平日"好论军计"，在蜀汉平定西南少数民族叛乱时，曾献过"攻心为上，攻城为下"的计谋，因而受到诸葛亮的器重。但是，马谡缺少实战经验，因此，刘备在临死前告诫诸葛亮，马谡"言过其实"，对他不可重用。然而，诸葛亮却没有听从这个劝告。

诸葛亮采用声东击西的办法，故意传出要攻打郿县的消息，并且派大将赵云带领一支人马进驻箕谷，装出要攻打郿县的样子。魏军得到情报，果然把主要兵力派去守郿县。诸葛亮趁魏军不防备，亲自率领大军，突然从西路扑向祁山。

蜀军经过诸葛亮几年的严格训练，阵容整齐，号令严明，士气十分高涨。自从刘备死后，蜀汉多年没有动静，魏国毫无防备。这次蜀军突然袭击祁山，守在祁山的魏军抵挡不了，纷纷败退。

诸葛亮的主力部队突然到达祁山后，打了曹魏军队一个措手不及。汉阳、南阳、安定三郡的吏民纷纷起兵反魏归蜀，战局对蜀军十分有利。蜀军乘胜进军，祁山北面天水、南安、安定三个郡的守将都背叛魏国，派人向诸葛亮求降。那时候，魏文帝曹丕已经病死。魏国朝廷文武官员听到蜀汉大举进攻，都惊慌失措。刚刚即位的魏明帝曹睿比较镇静，得知诸葛亮率领蜀国大军进攻的消息后，积极应战：一方面派重兵驻扎在郿县一带；另一方面抽出精兵5万步骑，由宿将张合带领，赶往西线，驻防陇右，还亲自到长安督战。

但是，马谡这时在街亭却出了问题。马谡率军进至街亭时，遇到了魏将张合所率主力部队的抵抗。

马谡违背了诸葛亮原先的部署，又不听从部将王平的建议，在寡不敌众的形势下，居然不下据城，而舍水上山，结果被张合军队切断水道，杀得大败。

街亭失守，使诸葛亮十分被动，一场十分有利的战局顿时变成败局。虽然诸葛亮随后用空城计智退了司马懿，但是，败局已定，诸葛亮一气之下，将马谡斩首了。

从领导的角度来看，诸葛亮虽有20万兵马，但在对人的领导上没有听取刘备生前的忠告，使其在战时的决策失误，不但导致街亭失守，还导致马谡被斩，这是诸葛亮一生中的败笔。虽然诸葛亮随后用空城计智退了司马懿，但是依然无法弥补失地、斩将的损失。由此看来，失街亭的主要责任不在马谡，而在诸葛亮，诸葛亮因不了解部属的能力、意愿水平而做了错误的判断，并采用了不恰当的领导模式，最终导致了国家的损失和个人的失败。

优秀企业需要容得下"歪瓜裂枣"

在企业的管理实践中，企业家需要包容人才的缺点，这样才能真正地激发人才的活力，发挥其最大的价值。

查阅中国企业家的诸多管理著作发现，在任正非的演讲中，时常提到"歪瓜裂枣"理论。什么是"歪瓜"呢？所谓"歪瓜"，是指长得不圆的西瓜；什么是"裂枣"呢？所谓"裂枣"，是指表面平滑但有裂痕的大枣。

从"歪瓜裂枣"的定义不难看到，"歪瓜裂枣"虽然外表丑陋，但它们比正常的西瓜和枣更甜。任正非把华为公司里一些"歪才""怪才"比喻成"歪瓜裂枣"，即那些绩效不错，但在某些方面不遵从华为公司规章的人，尤其是一些技术专家，他们都有着特别的个性和习惯。

在会议上，任正非讲道：

这两天看王国维的电视剧，王国维是鲁迅先生骂的"不齿于人类的狗屎堆"，今天回过头看这个人的哲学思想是很伟大的，当年张之洞去开矿山、办工厂，李鸿章搞洋务的时候，王国维说："振兴中华要靠哲学"。但是，他还是被抛进历史的垃圾堆，作为清华大学教授，最后投湖自尽，自杀了。中国有两个痛苦的灵魂，以前说最痛苦的灵魂是鲁迅，现在往前走一步，王国维也是中国最痛苦的灵魂。王国维讲哲学才能改变中国，今天来看确实是这样的。英国、美国、日本、法国、德国及整个欧洲社会，他们在哲学体系上搞清楚了，他们国家几百年没有动乱过。而我们的政策一会儿左，一会儿右，就是从上到下我们的价值观没有统一，哲学观点没有统一。今天重新纪念王国维是来源于王国维这句话，是因为他对中国洋务运动的批判，中国应该先搞哲学来改造人们的思想，国家才能有新的机制和体制产生。王国维以前是一个"不齿于人类的狗屎堆"，现在我们觉得他是很伟大的。

还有一个伟大的人是李鸿章，李鸿章也是"不齿于人民的狗屎堆"，是中国最大的"卖国者"，不仅自己"卖国"，他去和日本谈判签《马关条约》的时候把儿子也带去了，让儿子也参与了《马关条约》的签订。但是今天重新来看历史，重新来看《血色黄昏》，李鸿章是中华民族伟大的英雄，以后大家会重新去理解这个结论。所以不要为一时半时有没有光荣和功勋去计较，要为千秋万代、中华民族做出历史贡献。

在看待历史问题的时候，特别是做基础科学的人，更多要看到你对未来产生的历史价值和贡献。我们公司要宽容"歪瓜裂枣"的奇思异想，以前一说"歪瓜裂枣"，就把"裂"写成劣等的"劣"。我说你们搞错了，枣是"裂"的最甜，瓜是"歪"的最甜。他们虽然不被大家看好，但我们从战略眼光上看好这些人。

今天我们重新看王国维、李鸿章，实际上他们就是历史上的"歪瓜裂枣"。从事基础研究的人，有时候不需要急功近利，所以我们从来不让你们去比论文数量这些东西，就是想让你们能够踏踏实实地做学问。但做得也不够好，为什么说不够好呢，就是我们的价值观不能完全做到统一，统一的价值观是经过多少代人的磨合才有可能的，现在我们也不能肯定，但是我们尽力去做。

在任正非看来，华为只有宽容"歪瓜裂枣"的奇思异想，才能活下去。正是任正非的包容，才打造了令世界跨国公司都恐惧的华为。

可能读者会问，如何合理地评价这些人，让这些"歪瓜裂枣"真正发挥自己的价值并获得与其贡献相符的回报呢?

华为在《管理优化》中提出:"作为管理者,要在公司价值观和导向的指引下,基于政策和制度实事求是地去评价一个人,而不能僵化地去执行公司的规章制度。在价值分配方面要敢于为有缺点的奋斗者说话,要抓住贡献这个主要矛盾,不求全责备。"

在华为内部,任正非一直都是允许异见的。例如,余承东自2010年出任华为消费者BG CEO后,其行事相对较为高调,经常出言不逊,惹得内外风波不断。

在当时,华为手机几乎全线失败,风头正盛的小米把华为手机挤压得喘不过气来,这让余承东不堪忍受。为此,余承东坦言:"我的痛苦来自反对声,很多不同的异议,很多噪声,压力非常大。"

在华为内部,余承东曾一度被"禁言",甚至差点被"下课"。面对消费者BG以及余承东的种种非议,任正非却表现出极强的宽容度。

在华为内部会议上,任正非讲道:

华为过去是一个封闭的人才金字塔结构,我们已炸开金字塔尖,开放地吸取"宇宙"能量,加强与全世界科学家的对话与合作,支持同方向科学家的研究,积极地参加各种国际产业与标准组织、各种学术讨论,多与能人喝喝咖啡,从思想的火花中感知发展方向。有了巨大势能的积累、释放,才有厚积薄发。

内部对不确定性的研究、验证,正实行多路径、多梯次的进攻,密集弹药,饱和攻击。蓝军也要实体化。并且,不以成败论英雄。从失败中提取成功的因子,总结,肯定,表扬,使探索持续不断。对未来的探索本来就没有"失败"这个名词。不完美的英雄,也是英雄。

面对问题人才,华为需要打破常规,坚持奋斗文化,坚持用最优秀的人去培养更优秀的人。对此,任正非说道:

用什么样的价值观就能塑造什么样的一代青年。蓬生麻中,不扶自直。奋斗,创造价值是一代青年的责任与义务。

我们处在互联网时代,青年的思想比较开放、活跃、自由,我们要引导和教育,也要允许一部分人快乐地度过平凡的一生。

……

近期我们在美国招聘优秀中国留学生(财务),全部都要求去非洲,去艰苦地区,华为的口号是"先学会管理世界,再学会管理公司"。

在任正非看来,只有真正地理解"歪瓜裂枣",允许黑天鹅在咖啡杯中飞起来，华为才有明天。任正非补充说道："允许异见，就是战略储备！我对自己的批判远比我自己的决定要多。"言外之意就是："你们一边自我批判去，不要老盯着别人的不足，更不要来逼我开掉余承东。"任正非的决策显然是正确的，后来的余承东最终成就了华为的终端业务。可以肯定地说，如果没有任正非当初力排众议的支持和包容，华为的手机业务将面临风险。

如今的华为手机，可谓斩获不小。2017年5月，全球知名市场研究公司——GfK集团发布了2017年4月中国智能手机零售监测报告。该报告数据显示，2017年4月中国智能手机销量达到3552万台。其中，华为的销量高达808.3万台，市场份额为22.8%。OPPO、vivo紧随其后，分列第二、第三位，市场份额分别为16.5%、15.9%，曾经一度独霸中国市场的苹果和三星位居第四位和第八位，与前三强无缘。

第四十九章

员工就是包身工：从不尊重员工，不打不骂不成才

> 对未来的探索本来就没有"失败"这个名词。不完美的英雄，也是英雄。鼓舞人们不断地献身科学，不断地探索，使"失败"的人才、经验继续留在我们的队伍里，我们会更成熟。我们要理解歪瓜裂枣，允许黑天鹅在我们的咖啡杯中飞起来。创新本来就有可能成功，也有可能失败。我们也要敢于拥抱颠覆。鸡蛋从外向内打破是煎蛋，从里面打破飞出来的是孔雀。
>
> ——华为创始人　任正非

随意践踏员工人格和尊严的管理模式已经过时

在《中国化工报》上，笔者看到这样一个案例："某化工企业不久前制定了这样一条新规定：凡不尊重员工者一律不予提拔。该企业本来在中层干部调整中将原三名车间主任定为提拔对象，但在征求员工意见时，员工普遍反映他们在日常管理中经常有态度蛮横、作风武断等不尊重员工的表现。该企业在听取员工意见后取消了对他们的提拔。"

事实上，尊重员工是企业老板激活员工工作积极性的一个重要方法，这个道理再简单不过了。就算不上升到以人为本的管理理念高度，单以企业和部门自身的发展来看，也是非常必要的。[①]

很多中小企业老板在实际管理的过程中，总是滔滔不绝地发表自己的意见，不断地反驳员工的意见，以显示自己是老板。殊不知，中小企业老板这种高高在上的姿态会引起员工的强烈反感，从而影响员工工作的积极性和主动性，甚至会损害企业的利益。这就需要尊重员工的人格，绝不能随意践踏员工的人格和尊严。随意践踏员工人格和尊严的管理模式已经过时。

在21世纪的今天，我们都在倡导人性化管理，特别是最近流行于很多世

---

① 顾永强. 不尊重员工不能提拔 [N]. 中国化工报，2006-07-13.

界500强企业的情感管理，这与这些世界500强企业当初强调的冷冰冰的制度管理迥然不同。

当这些世界500强企业了解了中国文化后发现，中国式管理才是激发工作效率的最好管理模式。

随意践踏员工的尊严，是部分中小企业老板在企业管理中犯下的一个较为严重的错误。然而，作为世界500强的连锁企业，欧尚也犯过这样的错误，这让笔者有些吃惊。

欧尚连锁企业从1999年进入中国开始，截至2010年6月，已经在北京、上海、江苏、浙江、安徽、四川等省市拥有大型超市36家。

客观地说，能够成为世界500强企业，往往都具有完善的管理制度，然而欧尚杭州店的做法似乎不符合世界500企业的管理作风。

据报道，位于杭州的欧尚超市，在对员工下班进行管理时，竟然采用让员工摸黑白围棋子的方法。当员工摸到白棋时，该员工就可以刷卡下班了。相反，当员工摸到黑棋时，就必须在该店保安的监视下，把自己所有的衣裤口袋都向外掏一遍。据媒体记者调查，该超市这种离谱做法已经存在好几年了。

当该店的这种做法被媒体披露后，欧尚超市杭州店店长助理回应说，这么做只是为了起到警示员工的作用。

随意践踏员工的尊严是一些中小企业老板常犯的一个错误。在上述案例中，不管该店店长助理如何回答，都显然是为该店的做法开脱。

对该店员工而言，摸白棋的概率只有50%，也就是说，每天都胆战心惊，如果摸黑棋就意味着自身的人格尊严被践踏。

可以肯定地说，该店的做法不仅不会起到所期望的警示作用，还凸显出该店对员工人格尊严的无视。这样对员工人格的随意践踏，是中国法律不允许的。

因此，企业在制定某项制度时，决不能超出法律的范围，而且必须以尊重员工的尊严为前提，否则，受践踏的不仅是员工的人格尊严，还有企业内部的和谐关系，最终会演化成巨大的危机事件。

尊重员工才符合当下的管理潮流

事实证明，不懂得尊重员工、随意践踏员工尊严和人格的企业老板肯定不是一个好老板。事实上，中小企业老板管理员工的目的，不过是为了激活其工作激情，使其在工作上做出成绩。因此，中小企业老板在管理员工时，千万不要盛气凌人，目空一切，而是应该尊重员工的人格、尊严、建议、工作成果。但是，如果中小企业老板滥用权力，诸如以权谋私、以自己的好恶标准去制约员工的工作、故意排挤员工等，那么将会有损企业老板的威望。

当然，作为一名企业老板，真正的权力体现为民主集中，以人为本。那种将员工当作机器或者奴隶的做法，只能使企业老板自己陷入管理的败局。

通用电气前 CEO 杰克·韦尔奇对尊重下属这个问题十分重视，他说："尊重下属就是在以 10000% 的速度发展。"

尊重下属是必要的。即使是那些有这样那样缺点以及犯过错误的员工，也同样有自尊心，有时甚至比其他人更渴望得到老板的理解和尊重。作为中小企业老板，应该充分考虑到下属的这种心理需要，真心诚意地尊重他们，否则，企业老板会为之付出惨重的代价。

可能读者会问，作为企业老板，如何才能避免随意践踏员工尊严的事情发生呢？方法有以下三个（见表 49-1）。

表 49-1 避免随意践踏员工尊严的三个方法

方法	具体内容
尊重下属	当企业老板不尊重下属时，发生随意践踏员工尊严的事情的概率就会大幅度提升。在实际的企业管理中，企业老板千万不要盛气凌人，目空一切，而应该尊重员工的意见，合理地安排员工的工作。一旦把工作交付给下属，企业老板就应尽量给予帮助，耐心地指导他们，给予他们意见和忠告
以人本思想为价值导向	在企业管理中，企业老板必须以人本思想为价值导向，在此基础上营造一个良好的公司环境
把人作为资源	企业老板应把下属作为战略资源。这不仅是一个关乎企业生存和发展的问题，而且是关乎企业做强做大的战略问题

第五十章

不懂得分享：功劳是自己的，苦劳都是员工的

> 不少大学生，几个朋友在一起创业，刚刚做到有欣欣向荣的迹象的时候，却因为有利润了，开始计较分多分少的问题，最后就散伙了，在创业还未达到顶级状态的时候就倒闭了，所以分享的精神在创业过程中也是非常重要的。
>
> ——新东方创始人　俞敏洪

独占功劳会打击员工的积极性

众所周知，一个卓越的企业老板不仅会与员工一起分享功劳，而且有时故意把本属于自己的功劳尽可能地让给员工。企业老板这样做既可以激励员工努力发挥自我价值，又可以营造一个把功劳尽可能给员工的企业文化。

然而，在很多企业中，有一些"精明干练"的企业老板却不轻易相信员工的工作能力，往往亲力亲为，与员工争夺功劳。就算在很小的一个工作任务中，这些企业老板都要亲自过问，时时刻刻都不愿意错过"我是老板，我说了算"的机会。

在"传统企业到底该如何转型"的培训课上，笔者问了学员一个非常平常的问题："假如在一年里你们公司的销售额增长了300%，应归功于谁？"

学员们更多的是说给予企业老板，理由是功劳是在企业老板的带领下才取得的。当然，这样的回答是不完全客观的。其实，企业老板应该把这个功劳归功于各级部门经理和一线员工。

然而，在中国很多企业中，企业老板往往与员工争功或者在公开场合下贬低员工。例如，当取得销售额增长300%的佳绩时，部分企业老板在例会上往往对员工说："像你们这么干怎么能成？要不是我亲自督战，销售额能取得增长300%的可喜业绩吗？"部分企业老板也可能这样说："有的同志会干的不干，不会干的瞎干，要不是我及时发现问题，销售额能增长300%吗？"

上述这些企业老板其实讲得很明确，如果没有他这位企业老板，该公司是不会取得销售额增长300%的好业绩的。

其实，企业老板与员工争功，贬低员工，都是企业老板心胸狭窄的具体表现。当某企业工作成绩突出时，人们往往会把"某企业经营得好"与"该企业老板能干"等同。因此，作为该企业老板，根本就没有必要自我表功。如果企业老板与员工争功，不承认员工的成绩，那么就会损坏企业老板在员工心目中的形象。

这看起来就是小事一件，然而，事情的后果却很严重，极有可能挫伤员工的工作积极性，以至于在岗位上变得毫无责任心。

这并非危言耸听，试想，但凡公司有一点成绩，都是老板的功劳，员工谁还有心思搞好工作？因此，企业老板与员工争功，不仅会极大地影响企业老板的领导力，而且会激化员工与企业老板之间的矛盾，从而加剧员工的怠工心理，阻碍企业的发展。

在"中外家族企业成功之道"的培训课上，遵义市斯诺高科技电子公司人力资源部经理石岩告诉我，她曾在公司里挑选出一名年轻的职员担任工程部的经理，原因在于工程部的员工虽然非常能干，但是效率一向不高，其他管理者曾试图使这个部门走向正轨，但是从来没有人成功过。

在新上任的年轻经理的管理下，奇迹出现了。不论他做什么都会产生积极的影响，员工的热诚和活力倍增，这个部门也变得极有效率。

这位新经理在接管工程部的几个月后，一位女同事对他说："你的部门是蒸蒸日上，我不敢相信你们在这一季度已经完成那么多的设计方案。"

这名年轻经理在女同事的奉承下变得得意忘形，脱口就说："是呀，在我接管工程部以前，这家公司从来没有一个真正的工程部。"

他的话在公司内迅速流传，不久以后就传到了工程部员工的耳朵里。短短几天内，工程部就又变成一个极没有效率的部门。

几个月后，这位在工程部创造奇迹的年轻经理被调到其他部门，他虽然曾试图挽回颓势，但是再也无法让部属信服。

告诉笔者这件事的人力资源部经理最后说："将员工的功劳归为己有竟造成如此严重的影响。"

这个年轻经理的案例警示每一个企业老板，任何一项工作都绝不可能始终靠企业老板一个人去完成，都必须是一个团队去完成的。可能在某些工作任务中，一部分员工贡献得相对较少，但是作为企业老板，哪怕得到员工一点协助，也必须由衷地向员工表示感谢，绝对不能否认员工在这项工作中的功劳。

把功劳尽可能让给员工

懂得分享是企业老板的一个必备素养，特别是要懂得把功劳让给员工。其实，把功劳让给员工是企业老板对员工劳动的尊重和认可。

企业老板必须明白，对员工劳动的尊重和认可可以令员工更加积极、主动、兢兢业业地工作。事实证明，伟大的老板之所以伟大，最主要的一个原因是他们能够尊重员工的成果，把功劳让给员工，从而让员工最大限度地发挥其价值；相反，如果企业老板经常与员工争功，不仅会激化员工与企业老板的矛盾，而且会引起员工的不满，从而使员工缺乏工作责任心。

俞敏洪曾告诫大学生，创业要有坚韧不拔、不怕失败的精神，要有足够的准备期，而且最重要的是要懂得与自己的合伙人以及职员一起分享。

俞敏洪多次谈道，要想创业成功，必须懂得与人分享。俞敏洪比喻说：

我用两个比喻来说明什么叫分享。我常常跟新东方的学生讲，大家要学会分享。你有六个苹果，你留下一个，把另外五个给别人吃。当你给别人吃的时候，你并不知道别人能还给你什么，但是你一定要给。因为别人吃了你的那个苹果以后，当他有了橘子，一定会给你一个，因为他记得你曾经给过他一个苹果。最后，你得到的水果总量可能不会增加，还是六个水果，但是你的生命的丰富性成倍增加，你看到了六种不同颜色的水果，吃到了六种不同的味道，更重要的是你学会了在六个人之间进行人与人最重要的精神、思想、物质的交换。这种交换能力一旦确立，你在这个世界上就会不断得到别人的帮助。这是第一个比喻。

还有，你生活中的痛苦和快乐一定要跟别人分享。因为如果你把痛苦压在心里，就像一座还没有爆发的活火山一样，早晚有一天会爆发。一旦爆发，力量就是毁灭性的，它可能会把你自己摧毁，也可能把别人摧毁。1980年，美国的圣海伦斯火山的爆发就是一个例子。圣海伦斯火山100多年没有爆发，人们认为它不会爆发。结果一夜之间爆发了，把周围几十英里的土地全部摧毁得一干二净，几个人一起才能抱拢的大树在一秒钟之内全部被烧毁。但是你到了夏威夷以后，你就敢站在火山口看岩浆源源不断地流出来，因为你知道有岩浆源源不断地流出来，它就不可能爆发。同样道理，当你心中有压抑和痛苦的时候，你需要朋友、同事、领导和你一起分享。当你和别人分享的时候，你就会发现你的心灵是平静的，而人的心灵的平静是一切幸福和快乐的根本保证。

这是一个简单的道理，但在创业过程中有些人却没有看到分享的重要性。

俞敏洪谈道，他看到"不少大学生，几个朋友在一起创业，刚刚做到有欣欣向荣的迹象的时候，却因为有利润了，开始计较分多分少的问题，最后就散伙了，在创业还未达到顶级状态的时候就倒闭了，所以分享的精神在创业过程中也是非常重要的"。

对此，长虹集团前CEO倪润峰认为："一个喜欢抢夺员工功劳的老板是不可能成功的，他得到近利，却忽视了远利。反之，一个不与员工抢功劳的老板，才有可能成功。"

从倪润峰的话中不难看出，作为企业老板，把功劳尽可能让给员工，不仅体现了企业老板自身的影响力，而且提升了员工的岗位效率。

可能读者会问，作为企业老板，如何才能把功劳尽可能让给员工呢？方法有以下三个（见表50-1）。

表50-1　把功劳尽可能让给员工的三个方法

方法	具体内容
与员工分享功劳，甚至是把功劳让给员工	一个卓越的企业老板应该与员工分享功劳，甚至是把功劳让给员工，这样才能最大限度地激励员工，创造一个优秀的团队；反之，是得了近利，但必有远忧
将功劳让给员工时，切勿要求员工报恩	当企业老板将功劳让给员工时，切勿要求员工报恩，或者摆出威风凛凛的姿态。因为员工可能会因此产生逆反心理，甚至感到自尊心受损，进而采取反抗的行动。如此一来，反而得不偿失
心甘情愿地把功劳让给员工，并且对其表达感谢之意	企业老板该换个角度想，自己身在一个可以"施惠"的公司，并且拥有值得"相让"的员工，可以让员工尝到满足的滋味，这一切都是值得感恩的

参考文献

[1] 陈寿. 三国志[M]. 北京：中华书局，1959.

[2] 陈莹莹. 朱中一：房企不要盲目进入商业地产[N]. 中国证券报，2011-12-14.

[3] 陈光. 雅戈尔急救资金链：分析师称"涉足地产是错误"[N]. 理财周报，2008-11-24.

[4] 曹建海. 突破家族企业发展局限 向现代企业制度过渡[J]. 四川经济研究，2003（1）.

[5] 曹俊杰. 金钱游戏：用智慧实现你的发财梦[M]. 北京：西苑出版社，2004.

[6] 国语洋，张蕊. 盲目跟风开店 香辣鸭脖子店关门一大半[N]. 新晚报，2007-02-06.

[7] 甘卿灼. 浅谈企业财务报表分析的缺陷与完善措施[J]. 财经界（学术版），2014（9）.

[8] 戈晓芳，李静莉. 当初扎堆养土鸡如今无奈愁销路 自主创业莫盲目跟风[N]. 洛阳日报，2012-02-27.

[9] 郭珍. "九头鸟"家族兵变内幕[J]. 当代经理人，2002（4）.

[10] 顾永强. 不尊重员工不能提拔[N]. 中国化工报，2006-07-13.

[11] 金错刀. 马云管理日志[M]. 北京：中信出版社，2009.

[12]《解放日报》编辑部. 马云商道真经：别把飞机引擎装在拖拉机上[N]. 解放日报，2008-09-09.

[13] 林景新. 企业如何应对"广告门"危机[N]. 中国证券报，2008-04-21.

[14] 刘文瑞.《隆中对》的战略失误[J]. 管理学家（实践版），2009（6）.

[15] 刘岷. 如何消灭企业潜规则[J]. 中国新时代，2005（7）.

[16] 刘小俊，邓鹏. 我国家族企业管理模式优劣势探析[J]，重庆科技学院学报（社会科学版），2007（1）.

[17] 李冰心. 周鸿祎：选择伙伴韧性比激情更重要[N]. 中国青年报，2007-04-30.

[18] 马云. 马云：不要迷信MBA[N]. 中国食品报·冷冻产业周刊，2010-04-05.

[19] 庞亚辉. 明星代言时代的企业危机应对策略[J]. 销售与市场，2007（5）.

[20] 乔木. 柳传志与马云的政治经：在商言商 寻求妥协[J]. 彭博商业周刊，2013（7）.

[21] 齐馨. 广告创意存在营销风险 争议广告是把双刃剑[N]. 市场报，2004-01-07.

[22] 苏龙飞. 雷士照明：资本猎手之间的博弈[J]. 经理人，2010（12）.

[23] 沈端民. 拜金主义："梁山聚义"失败的根本原因[J]. 湖南财政经济学院学报，2011（3）.

[24] 司马光. 资治通鉴[M]. 北京：中华书局，2009.

[25] 宋凌，武雅婷，肖斌. 北京专家来襄传授"创业经" 选对项目很重要[N]. 襄阳晚报，2012-12-17.

[26]《时代商报》编辑部. 马云"退而不休"[N]. 时代商报，2013-01-17.

[27] 吴晓波.大败局[M].杭州：浙江人民出版社，2001.
[28] 吴芳兰.长三角制造业投资房产重创 浙90%房企将出局[N].上海证券报，2008-07-10.
[29] 徐静，廖婧文，刘沛思，等.中小企业平均寿命仅2.9年[N].广州日报，2008-07-24.
[30] 夏晨.颤抖的资金链：监管部门调查上海房企钱荒[N].21世纪经济报道，2008-09-09.
[31] 徐宪江.富人不说，穷人不懂[M].苏州：古吴轩出版社，2011.
[32] 薛松.马云忆当年融资难：一家家敲门一家家被拒[N].广州日报，2009-09-17.
[33] 《赢在中国》项目组.马云点评创业[M].北京：中国民主法制出版社，2007.
[34] 一凡.照明企业：合资办企不能光靠讲义气[N].古镇灯饰报，2009-08-28.
[35] 岳淼."中国制造"的真实困境[N].环球企业家，2008-05-23.
[36] 《扬子晚报》编辑部.马云炮轰银行贷款嫌贫爱富[N].扬子晚报，2009-09-14.
[37] 《中国青年报》编辑部.马云谈离沪初衷：回杭州能得到更多重视[N].中国青年报，2008-03-03.
[38] 章振东.试论中小企业财务管理现状、成因及对策[J].湖南财经高等专科学校学报，2004（1）.
[39] 邹芸.家电单品自建渠道 开专卖店切忌乱跟风[N].成都商报，2007-06-21.
[40] 郑巧伟，邱凌蓝.盲目进入房地产企业发展面临缺血[N].泉州晚报，2005-01-07.
[41] 张金江，王方，李琰，等.西班牙雪铁龙广告轻慢毛泽东 当地华人反应强烈[N].环球时报，2008-01-14.
[42] 张绪旺.马云：创业者不怕竞争怕没诚信[N].北京商报，2010-09-08.
[43] 朱剑平，王春.亚星化学山东海龙陨落 大股东"抽血"不断[N].上海证券报，2012-09-25.

后　记

当写完最后一行字时，天已经大亮，一束阳光洒在我的案头上。尽管此刻有着几分困意，但是我却兴奋不已。

回顾写作的这段日子，可谓感慨颇多。究其原因，在写作之前，当看到中国传统企业转型失败的新闻屡屡出现在媒体的头条时，我的心情无比沉重。作为一个研究传统企业的财经作家，必须为此出谋划策。因此，我和我的团队经过几个月的奋战，终于完成了中国传统企业如何转型这个课题。这就是我熬夜苦战的动力，也是我为之兴奋的原因。

在当下的镀金时代，我们能从博士返乡的文章中读出时代的多元性，但是我们不能苛求中国精英人士必须为我们的国家出谋划策，也不能苛求中国传统企业家客观正确地评价传统企业的转型之死，而我和我的团队可以用我们的汗水和热情为我们的国家做点什么。

为此，我常常想到美国第35任总统肯尼迪演讲时说的话："在漫长的世界历史中，只有少数几代人在自由处于最危急的时刻被赋予保卫自由的责任。我不会推卸这一责任，我欢迎这一责任。我不相信我们中间有人想同其他人或其他时代的人交换位置。我们为这一努力所奉献的精力、信念和虔诚，将照亮我们的国家和所有为国效劳的人——而这火焰发出的光芒定能照亮这个世界。因此，我的美国同胞们，不要问你们的国家能为你们做些什么，而要问你们能为你们的国家做些什么。"

在肯尼迪看来，为国家做贡献是全民的责任和义务。因此，我们应肩负起帮助中国传统企业成功转型的重担，在慢慢摸索中前行。其间，我们得到了很多教授、培训师、企业家的认可，同时也遭到了一些人的冷嘲热讽。

支持者认为，我和我的团队为国家做了一件大好事。反对者认为"肉食者谋之，又何间焉？"在这样肯定和否定的声音中，我们终于完成了这个课题，实在是很欣慰。

众所周知，2018年，中美贸易大战正酣，中国出口企业遭遇前所未有的压力。让中国企业老板欣喜的是，随着中国互联网技术继续发力，有些技术正在颠覆传统的商业思维。

在这样的情况下，有学者断言，传统企业不转型如同等死。他们的依据是，当下是"沿海地区中小制造企业最困难的一个时间点，从今往后三年到五年内，还会非常非常困难"。

在这样的背景下，摆在传统企业经营者面前的只有一条路——成功转型，否则将万劫不复。正如19世纪英国批判现实主义小说家查尔斯·狄更斯在《双城记》一书中写的："这是一个最好的时代，也是一个最坏的时代。"对于中小企业老板而言，也可以说，眼下是"做强做大企业最好的时代，也是最坏的时代"。

说是最好的时代，主要是针对那些准备充分、思维敏锐的中小企业老板而言的；而说是最坏的时代，主要是指在商品经济大潮的冲击下，许多中小企业老板尽管热情很高，但由于毫无准备，结果不是因投资失误，就是因管理不善而步履维艰，甚至惨遭淘汰。

近年来，民企失败率很高，民企的寿命越来越短。究其原因，就是很多中小企业老板在投资过程中常常一时冲动，或憧憬一夜暴富。当然，也有很多人将民企寿命短的原因归咎于缺乏核心竞争力。有人说，企业有了核心竞争力就有了优势。

但通过对全国，尤其是江浙数千家企业的研究，我认为核心竞争力是可以通过别的途径复制的，民企的核心竞争力还是老板个人的竞争力，是装在企业家的脑袋里，而别人拿不到也去不掉的那些东西，如个人素质、眼光等。

事实上，在中国，向来不缺乏优秀的品牌制造者，但是却缺乏优秀的经营管理者。有很多看似非常耀眼的中小企业在一夜间成名，叱咤风云三五年，却往往在遭到一两个及时采取措施就完全可以控制的"小麻烦"后，便如多米诺骨牌一样无情地垮下去，并且是一发不可收拾。

商务部的资料显示，中国每年注册数十万家中小企业，同时每年倒闭的中小企业也在10万家以上，有60%的中小企业在5年内倒闭，而85%的中小企业在10年内破产，其平均寿命只有2.9年。

中小企业死亡的最重要原因，就是中小企业老板在企业问题的处理上经常犯一些不应该犯的错误，导致企业在短时间内衰亡。

在一批批企业倒下的同时，我们也看到一些公司依然发展安稳，仍旧能够在竞争激烈的市场上乘风破浪。归根结底，中小企业老板只有避免自己最可能犯下的错误，才能使企业持续发展和永续经营。

对于白手起家的中小企业老板来说，如何正确投资，回避投资误区，成为中小企业做强做大的关键，也成为将中小企业打造成百年老店的必修课。

这里，感谢"财富商学院书系"的优秀人员，他们参与了本书的前期策

后 记

划、市场论证、资料收集、书稿校对、文字修改和图表制作。

以下人员对本书的完成亦有贡献，在此一并感谢：周梅梅、吴旭芳、简再飞、周芝琴、吴江龙、吴抄男、赵丽蓉、周斌、周凤琴、周玲玲、金易、汪洋、兰世辉、徐世明、周云成、周天刚、丁启维、吴雨凤、张著书、蒋建平、张大德、何庆、李嘉燕、陈德生、丁芸芸、徐思、李艾丽、李言、黄坤山、李文强、陈放、赵晓棠、熊娜、苟斌、佘玮、欧阳春梅、文淑霞、占小红、史霞、杨丹萍、沈娟、刘炳全、吴雨来、王建、庞志东、姚信誉、周晶晶、蔡跃、姜玲玲、霍红建、赵立军、王彦、厉蓉、丁文、李爱军、叶建国等。

任何一本书的写作，都是建立在众多研究成果基础之上的。在写作过程中，笔者参阅了相关资料，包括电视、图书、网络、视频、报纸、杂志等。所参考的文献凡属专门引述的，我们尽可能地注明了出处，其他情况则在书后参考文献中列出。在此，向有关文献的作者表示衷心的感谢，如有疏漏之处，还望谅解。

本书在出版过程中得到了许多专家以及出版社编辑等的大力支持和热心帮助，在此衷心表示感谢。

另外，感谢本书的法律顾问丁应桥律师。

由于时间仓促，书中难免存在纰漏，欢迎读者批评指正（E-mail：zhouyusi@sina.com）。同时，欢迎约稿、约课和战略合作。

周锡冰
2018年9月27日于财富书坊